第三届"一带一路"上海国际论坛论文集
Сборник статей Третьего Шанхайского Международного Форума «Один пояс, один путь»

丝绸之路与欧亚的繁荣稳定

Шелковый путь и стабильность, процветание в Евразии

张恒龙 主编

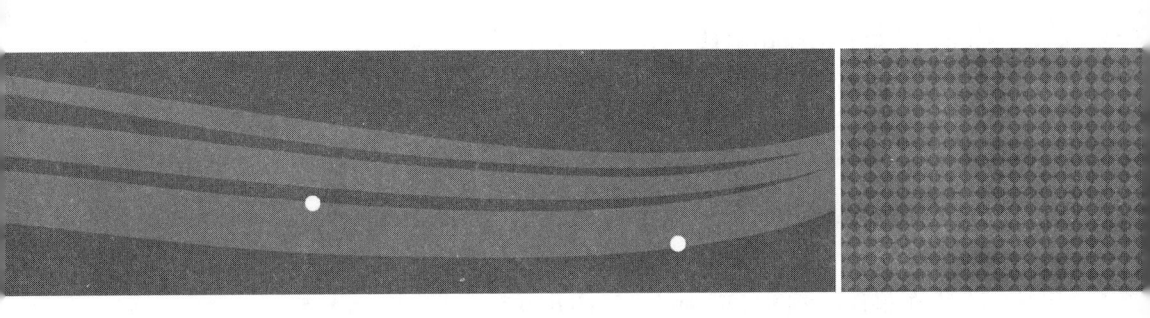

时事出版社
北京

图书在版编目（CIP）数据

丝绸之路与欧亚的繁荣稳定/ 张恒龙主编 .—北京：时事出版社，2019.8
ISBN 978-7-5195-0334-5

Ⅰ.①丝… Ⅱ.①张… Ⅲ.①"一带一路"—国际合作—文集 Ⅳ.①F125 – 53

中国版本图书馆 CIP 数据核字（2019）第 160402 号

出 版 发 行：时事出版社
地　　　址：北京市海淀区万寿寺甲2号
邮　　　编：100081
发 行 热 线：（010）88547590　88547591
读者服务部：（010）88547595
传　　　真：（010）88547592
电 子 邮 箱：shishichubanshe@ sina. com
网　　　址：www. shishishe. com
印　　　刷：北京旺都印务有限公司

开本：787×1092　1/16　印张：18.5　字数：390 千字
2019 年 8 月第 1 版　2019 年 8 月第 1 次印刷
定价：118.00 元

（如有印装质量问题，请与本社发行部联系调换）

序　一

（在论坛开幕式上的致辞）

孙　力[*]

尊敬的各位领导、各位同事、各位朋友，上午好！

首先我代表中国社会科学院俄罗斯东欧中亚研究所热烈祝贺第三届"一带一路"上海国际论坛召开，对远道而来的各国朋友表示热烈欢迎，对出席今天会议的国内各部委、科研机构和高校的领导、专家学者表示热烈欢迎和衷心的感谢。

五年前，中国国家主席习近平提出"一带一路"重大倡议，为跨国、跨地区合作开启全新模式。"一带一路"倡议既是维护开放型世界经济体系、实现包容性可持续发展的中国方案，也是深化区域合作、加强文明互动交流、维护世界和平稳定的中国主张，更体现了中国作为最大发展中国家和世界第二大经济体推动国际秩序和全球治理体系向着更加公平、公正、合理方向发展的责任担当。

"一带一路"坚持共商、共建、共享原则，致力于与沿线国家的共同发展，得到国际社会的高度关注和很多国家的积极响应。共建"一带一路"倡议提出五年以来，已成为广受欢迎、惠及各方的国际公共产品，这也是中国坚持对外开放、与世界共享发展机遇的有力证明。截至目前，中国已经与131个国家和国际组织签署了共建"一带一路"的合作协议。以互联互通和国际产能合作为双核心，完成了一大批务实合作项目。截至2018年6月，中国与沿线国家货物贸易累计超过5万亿美元，对外直接投资超过700亿美元。中国企业在沿线国家建设境外经贸合作区共82个，累计投资289亿美元，入区企业将近4000家，上缴东道国税费累计20.1亿美元，为当地创造24.4万个就业岗位。

欧亚地区是"一带一路"建设的重点地区。五年来，在"一带一路"框架下，中国与欧亚地区国家之间的务实合作硕果累累，成绩喜人。但现

---

[*] 中国社会科学院俄罗斯东欧中亚研究所副所长。

实看，在这一地区落实"一带一路"倡议还存在一些值得关注的问题：

一是对接和融合的问题。五年来，中国推动"一带一路"倡议与沿线国家战略对接，其中蕴含着更具中长期战略意愿的期待与设想，如果用更加准确的词来概括，不仅包括项目合作领域的"对接"，更是一种深度的项目"融合"。从合作层面看，开展有形项目合作的同时，也要更加注重人文、观念、制度等"软环境"融合，从对接走向融合是解决合作中出现问题的有效途径。

二是意识和理念问题。沿线国家的文化差异使得思维方式存在很大的不同，必然导致行为方式的差异。如中亚生活着一百多个民族，各种文化、思想、宗教相互冲撞，地方势力和部族势力对于国家政治生活有着重要的影响。中国在与一些国家开展合作时，一个无法绕开的问题就是文化差异。在一些国家社会层面，甚至在地方官员当中还不同程度地存在"中国威胁论"和"经济附庸论"。

因此，需要形成一致的合作理念，即互惠共赢。在各国认同同一理念和规则的前提下，以平等、互利、共赢的方式扩大经济交流，减少不利因素的干扰，共同应对国际市场的变化。开创一种全新的合作模式，开展务实灵活的经济合作，它不是中国独享的，而是团结和包容的。从这个意义上讲，"一带一路"是一种促进贸易和合作便利化的过程，合作过程中并不要求任何主权让渡，而是各国独立自主的参与。这个过程将是经济互补、市场共荣、利益共享、共同发展的过程。

三是经济效益和社会效益问题。党的十八大以后，习近平总书记提出了正确义利观。当前，经济全球化、区域一体化快速发展，不同国家和地区结成了你中有我、我中有你、一荣俱荣、一损俱损的关系。在处理国际关系时必须摒弃过时的零和思维，不能只追求你少我多、损人利己，更不能搞你输我赢、一家通吃。只有义利兼顾才能义利兼得，只有义利平衡才能义利共赢。

当前世界政治经济格局处于深刻变化中，世界经济增长形势总体不乐观。逆全球化和贸易保护主义抬头，大国之间地缘政治博弈加剧，传统安全与非传统安全威胁叠加，地区冲突和局部危机难解难分，所有这些因素既增加了世界形势发展的不确定性，又对经济产生极其负面的影响。在这种情况下，讨论"一带一路"与欧亚地区的繁荣发展具有特殊意义，相信这次论坛一定能为"一带一路"建设和欧亚地区繁荣发展贡献智慧。最后，预祝论坛取得圆满成功！谢谢大家！

序 二

（在论坛开幕式上的致辞）

达夫拉特佐达·帕尔维兹[*]

尊敬的各位领导、专家，大家好！

非常感谢上海大学和中国社会科学院俄罗斯东欧中亚研究所邀请我参加第三届"一带一路"上海国际论坛。论坛给我们创造了非常好的机会，让我们能够就"丝绸之路"持续振兴背景下的国际合作进行深入的探讨。五年以来，我们看到"丝绸之路"正在全面的复兴，在这一非常宏大的创造性的进程中，"一带一路"能够惠及全球一半的居民，尤为欣慰的是中方所推行的非常有效的和具有针对性的"一带一路"政策能够使得中国经济持续发展，并逐步地提升中国的国际地位。

我们看到中方正在付出积极和无私的努力，帮助我们的全球治理朝着更加和谐的方向发展。尊敬的各位同行，塔吉克斯坦一贯认为"一带一路"倡议是中方提出的非常友好的邀请，让我们共同维护和平、繁荣和开展互利合作。塔吉克斯坦和中国有着数百年非常友好的关系，古丝绸之路就通过现在的塔吉克斯坦，这也为欧亚文明相互作用、相互滋养做出了自己的贡献。中国率先承认了塔吉克斯坦的独立，建交以来，中塔关系健康发展，我们已经从睦邻友好关系全面提升至战略合作伙伴关系。尤为令人欣慰的是塔吉克斯坦埃莫马利·拉赫蒙总统和中国国家主席习近平是非常好的朋友，两人建立了非常亲密的私人关系。每年两国元首都要举行多次高层会晤，中塔两国元首共同确定了2020年合作规划，在双边范围内，双方正在开展各个领域的很多合作项目，正是因为两国元首之间的友好关系以及两国之间政治高度互信，合作睦邻互利，在最近几年中塔关系取得了长足的发展。

我想指出的是，今年拉赫蒙总统和习近平主席已经见了两次面，在拉赫蒙总统正式访华期间，两国元首举行了会谈，这次拉赫蒙总统的国事访

---

[*] 塔吉克斯坦驻华大使。

问为两国关系的进一步发展注入了新的动力。这里我想再举一个中塔关系蓬勃发展的例子，而且这个例子恰恰和我们今天这次会议的主题是非常相符合的。这就是2014年9月习近平主席对塔吉克斯坦的国事访问。正是在这次访问期间，塔吉克斯坦成为世界上第一个和中国签署共建"丝绸之路经济带"的国家。

在去年拉赫蒙总统访华期间，中塔双方签署了合作纲要，这份合作纲要同时和塔吉克斯坦2030年前国家发展战略相符合。今年6月拉赫蒙总统在上海合作组织青岛峰会期间与习近平主席举行会晤。10月初上合组织政府元首峰会期间，李克强总理对塔吉克斯坦进行了正式访问。我们相信在李总理访塔期间所达成的这些共识一定能够为塔中全面战略伙伴关系和全面合作增加新的务实内容。

可以十分肯定地说，中塔之间签署的一系列协议和声明，充分证明中国和塔吉克斯坦的双边关系正处于历史最好时期，这是非常明显的。我们可以看到中塔两国在安全、经贸、人文合作领域正在取得越来越多的成绩，同时中塔两国也在国际舞台上协调双方的立场，尤其是在联合国和上海合作组织的范围内。

尊敬的各位领导、专家，我们看到在过去的几年中，世界经济和投资的发展还有经济全球发展的重心正在从美国、欧洲转向亚太，尤其是中国，我们看到五百年之后"丝绸之路"再次成为世界发展的一个非常重要的理念。在这一背景下，跨境的基础设施路线的建设和发展显得尤为重要。换句话说，我们目前正处于一个新时代的开端，正在迈上一条全新的发展道路。这就要求我们大力推动新科技、新经济、新文化、新旅游的发展，我们愿意继续与中方共建"一带一路"。因为"一带一路"符合塔吉克斯坦国家发展和人民生活改善的利益。中塔双方愿意共同维护本地区的和平与稳定。塔吉克斯坦和多数中亚国家一样是一个山地国家，没有出海口，而且塔吉克斯坦离世界主要的运输通道比较远，缺少铁路和现代化的高规格公路，为此我们也不得不支付非常高额的货物运输过境费。所以我们认为"一带一路"对塔吉克斯坦，包括对整个中亚地区来说都意味着能够建设新的经济交通走廊。

我们看到中塔之间的过境交通通道建设正在蓬勃发展，这里包括几个重大项目，例如杜尚别—中国喀什的公路建设，可以说这条公路能够使塔吉克斯坦帕米尔山区经济发展的面貌发生根本的改善。目前中国还在帮助塔吉克斯坦建设跨境公路，这样中方可以获得通往阿富汗、伊朗以及波斯湾的公路通道，而对于塔吉克斯坦来说，在中塔公路重新升级之后，我们可以与中国、巴基斯坦、印度增强互联互通。目前正在继续推进塔吉克斯坦—乌兹别克斯坦—阿富汗公路的建设。

我们看到中国和中亚之间的基础设施建设正在为中亚的经济发展带来全新的机遇，我们也希望能够在此基础上进一步发展国际都市物流中心。进一步吸引来自中国的直接投资，对塔吉克斯坦的经济发展、交通运输发展都是非常关键的。塔吉克斯坦与中国的合作旨在解决各种各样的问题，这些问题主要是要确保中亚经济社会的稳定和建设发展，繁荣稳定的中亚是中国西部健康发展的需要，所有中亚主权国家捍卫独立，坚持本国特色的发展道路，也需要一个强大和稳定的中国。我们看到今天我们的世界正在面临着越来越多的威胁，有各种各样的自然灾害和人文灾害，我们只有肩并肩、手拉手才能保护我们的国家，保护我们自己，维护我们的国家利益。在这样复杂的局势下，习近平主席提出的建设"人类命运共同体"，正是我们共同的理想，而"一带一路"倡议恰恰是实现这一理想的重要平台。最后，预祝论坛取得圆满成功！谢谢大家！

目　录

第一篇　欧亚地区的政治稳定与安全挑战

中国与欧亚地区的安全／巴格达萨良·苏连／3
"一带一路"框架下欧亚国家通过国际合作实现现代化的潜力／
　　　　　　　　　　　　　　　　　　迪米特里·萨夫金／16
特朗普新政背景下的欧亚稳定与合作
　　　　　　　　　　——以中俄合作为例／王丰／18
中亚在全球转型条件下的安全问题／奥玛洛夫·梅伊拉特／22
论中国在"一带一路"之中亚地区的利益安全保护／张杰／30
空间政治学视野下网络治理的多维考量／马溯川／38

第二篇　"一带一路"框架内的人文与科技合作

关于区域研究人才培养的几点思考／宁琦／47
以全球创新网络的形式发展国际科技合作／安东纽克·拉里萨／50
中国的"一带一路"倡议：上合组织双边多边关系的典范／
　　　　　　　　　　　　　　　　　　罗拉·萨伊多娃／81
"一带一路"倡议下乌克兰的社会组织和科研教育中心／
　　　　　　　　　　　　　　　　　　维克多·基柯腾科／90
"一带一路"倡议背景下中亚语言专业的建设／
　　　　　　　　——以上海外国语大学为例／吴爱荣／114
中国为何常被误判：跨文化视角解读／庄恩平／120
塔吉克斯坦创新政策的形成／罗兹科夫·马赫马德萨义德／122

"一带一路"倡议作为双边关系发展战略符合中吉两国人民的利益 /

阿赫玛德江·马赫姆马多夫 / 127

关于在"一带一路"框架内加强与中亚国家人文合作的几点建议 /

王宪举 / 133

"一带一路"框架下多维度开发中亚旅游资源的可行性研究 / 吴娜娜 / 136

第三篇 上海合作组织发展的新机遇

构建"上合组织命运共同体"的基本路径 / 王海运 / 145
上海合作组织新的发展机遇：合作前景 / 阿克马利·布尔汉诺夫 / 149
青岛峰会后的上海合作组织：新职能、新使命与新挑战 / 许涛 / 154
"大欧亚"：俄罗斯与中国视角 / 李新 / 160
"一带一路"与中国的欧亚外交 / 邓浩 / 188
上海合作组织在践行"丝绸之路经济带"安全保障中的作用 /

弗拉基米尔·彼得罗夫斯基 / 194

上海合作组织扩员后面临的新机遇、新挑战及未来人文合作 / 汪金国 / 208

第四篇 "一带一路"框架内欧亚地区经济合作

"一带一路"与欧亚经济联盟和上合组织区域经济一体化分析 /

冯宗宪 / 221

"丝绸之路经济带"与欧亚经济联盟对接合作：

相互认知、合作模式及其可能场景 / 张健荣 / 227

"一带一路"框架下助推投资合作 / 巴伊多列托夫·努拉季耶 / 241
强化创新合作引领是"一带一路"中蒙俄经济走廊加快发展的新路径 /

咸文海 / 246

新疆面向中亚的外贸经济发展趋势及观点建议

——"丝绸之路经济带"背景下的探讨 / 刘遵乐 / 251

俄罗斯养老金改革及其社会影响 / 王桂香 / 262
进口食品的国际市场化 / 奥尔加·佐罗塔列娃 / 270
"一带一路"沿线国家产业内贸易与经贸合作方向 / 徐坡岭 黄茜 / 281
后　记 / 284

第一篇

欧亚地区的政治稳定与安全挑战

/中国与欧亚地区的安全/

巴格达萨良·苏连[*]

很显然，我们的世界正处于一个非常关键的过渡时期，我们看到人类的基础生活方式正在发生改变，传统的国家治理体系也在发生改变，我们正在进入后工业时代。同时我们还看到有很多不确定、不稳定的因素，我们正在进入一个全新的发展阶段，发展模式和传统的国际经济体系正在遭遇各种各样的挑战，只有最能够适应新形势的国家才能够顺利发展。我们知道世界发展的中心正在转移到亚太地区，我们看到有一些国家正在试图凌驾于其他国家之上，在这一国际背景之下，我们认为中国的政策对国际关系具有至关重要的意义。

中国在国际政治中发挥着重要的作用，在今后一段时间中国的作用仍将非常重要。在过去几十年，中国的经济发展显著，中国的国防实力在增强，中国在很多世界关键区域的影响力在逐步增长。我们看到中国的外交政策致力于预防各种各样的全球和地区冲突，同时"一带一路"倡议也是上海合作组织框架内合作的一个重要平台，正在推动的上合空间的投资和经贸合作，在改变着整个欧亚地区的政治和经济形势。我认为对于欧亚地区来说，很重要的一个问题是中亚的安全，国境的安全。对中国来说，周边国家的安全是重要方向，尤其是在打击恐怖主义方面。中国必须要积极应对各种各样的外部危险，同时还要维护能源安全，要确保从欧亚地区稳定安全地向中国输入能源。因此，需要持续地增强上海合作组织的作用，将上合组织发展成为地区稳定、发展，以及整个欧亚地区繁荣的基础。习近平主席在2013年提出的"一带一路"倡议能够促进中国经济的转型，也能够带动整个欧亚地区的发展，并帮助欧亚地区进一步融入全球经济体系。"一带一路"能够让欧亚地区的国家充分发挥自己交通过境的区位优势，但同时我们也看到整个欧亚地区存在很多安全威胁，例如"三股势力"以及边境安全的问题。

所以为了确保欧亚地区的安全，本地区国家之间的政治互信还有待增强。另外我们看到欧亚国家之间在经贸领域以及安全领域合作的范围和深

---

[*] 亚美尼亚驻华大使馆一等秘书。

度还不够广博、深入。中国的经济、外交正在改变欧亚国家之间的关系。中国也面临发展和安全的问题，对中国政府和中国的领导人来说，推动整个欧亚地区和全球的和平稳定、发展是非常关键的中国外交的优先方向，中国国家主席习近平指出，国家的经济增长安全和整个地区的安全以及全球的稳定发展密切相关。

欧亚的安全是中国能够顺利发展的前提，我们看到，能够解决安全问题的正是经济发展，这里既包括内生性的安全问题，也有外生性的安全问题。而中国的稳定和发展也离不开良好、安全、稳定的周边环境。所以中国正在积极地推动与"一带一路"共建国家的经济合作，中国提出的"一带一路"倡议符合互利共赢和平等合作的原则，我们看到"一带一路"最首要的目的首先是要促进沿线国家的经济发展，通过向这些国家的基础设施项目以及其他重大的国计民生项目的投资来实现。中国的国内政策和外交政策是相互联动的，"一带一路"倡议目前已经涵盖了亚欧非三大陆的60多个国家，是一个非常宏大的中国倡议，对中国来说，对中国的合作伙伴来说，这都是非常重要的全球性的项目。中国具有非常强大的实力，所以"一带一路"在未来很有可能是要改变解决全球生产总值的变化、全球气候变化等一系列问题的前景。

在总体复杂的国际背景之下，对俄罗斯东欧中亚这些国家来说，如何处理好与西方的关系，以及在这个背景下处理好与中国的关系是很重要的。所以中国高度关切维护欧亚地区的稳定，欧亚的大多数国家都非常希望能够获得中国更多的财政和投资支持，如格鲁吉亚已经与中国签署了自贸协定，摩尔多瓦正在与中国磋商有关政策协定的相关问题，摩洛哥与亚美尼亚也正在积极与中国发展合作，我的国家亚美尼亚与中国的经济关系发展得非常好，目前看到格鲁吉亚、阿塞拜疆和亚美尼亚对中国游客实施了落地免签的制度。中国始终支持不同的国家在地区和国际组织之间进行经济合作，对中国来说欧洲和亚洲的稳定是非常重要的，所以中方也推出了"新安全观"的理念。我们看到东欧和南高加索地区目前对中国外交的重要性正在逐渐增长。

在经济制度建设方面，因为中国和西欧的贸易额非常大，所以东欧和高加索地区国家可以在中欧之间的货物贸易中发挥更大的作用以及更进一步地挖掘过境潜力。我们看到古丝绸之路包括现在的"丝绸之路经济带"最首要的目的都是发展经贸关系和基础设施建设。我们知道中方在"一带一路"倡议内没有强加任何的地缘政治目的，但是很遗憾目前中国的国家领导人包括政府总理，甚至中国的部长们都很少到访高加索地区国家，我们非常期望未来会有更高层次的正式访问甚至是国事访问。中国在南高加索地区目前主要是在双边框架内和不同的高加索地区国家开展经贸方面的协作和合作。这个地区的局势尤其是南高加索地区的安全局势是比较复杂的。中国和亚美尼亚之间的经贸合作其实还有非常巨大的潜力可以挖掘。

我们希望中国和南高加索地区之间的关系能够进一步巩固中国在高加索地区的国际地位。无论是中国还是俄罗斯，甚至欧盟都无法改变高加索所面临的外部局势。独立以来的亚美尼亚和中国建立了非常健康、迅速发展的关系，中国国家领导人一直表示亚美尼亚是中国非常可靠的合作伙伴，而对于亚美尼亚来说，中国也是外交的优先方向，是我们非常重要的贸易伙伴。亚美尼亚始终位于东西方交界的复杂的地缘环境中。我们欢迎"一带一路"倡议，我们认为这不仅仅是一个商业的经济项目，而且也具有非常强大的综合性的效果和功能，所以亚美尼亚希望进一步参与共建"一带一路"。我们可以通过具体的项目来参与"一带一路"的建设，比如说中国的企业可以更多地到亚美尼亚来投资，以及利用亚美尼亚的过境潜力，我们也希望能够在"人类命运共同体"这个共同理想的指引之下，和中国实现互利合作和共同发展繁荣。

（根据现场同传速记稿整理）

【俄文原文】

Китай и безопасность Евразии

Сурен Багдасарян[*]

Очевидно, что мир находится на серьезном этапе перехода в своем развитии. Мы видим изменение технологического уклада жизни человечества, изменение идей традиционных государственных систем и их переход в постиндустриальную эпоху, где будут превалировать новые смыслы, знания и технологии. В то же время такие фазы непредсказуемы и

---

[*] К. и. н., Первый Секретарь Посольства Армении в КНР.

также потенциально нестабильны. Мы вступаем в новый период развития, когда международная модель и мировой порядок сталкиваются с огромными проблемами неопределенности и нестабильности. Выигравшим в этом переходе станет тот, кто способен лучше всего адаптироваться и изменяться.

Мировой центр тяжести смещается в сторону Азиатско-Тихоокеанского региона. И в этот переходный период более важно понимать не то, как нации и государства вступают в войны и конфликты, но как они сотрудничают, взаимодействуют и коммуницируют друг с другом, чтобы найти взаимные интересы, а не пытаться доминировать или командовать над друг другом.

В этом плане политика Китайской Народной Республики приобретает особую важность в системе международных отношений. Очевидно, что эта страна играет очень важную роль в мировой политике и что эта роль будет продолжать расти с течением времени.

В течение последних нескольких десятилетий Китай добился феноменального прогресса в своем экономическом развитии и в укреплении своего оборонного потенциала, а также заметно укрепил свои позиции в некоторых стратегически важных регионах мира. Уверенно можно сказать, что в предстоящие годы Китай продолжит курс активной внешней политики, направленный на предотвращение любой конфликтной ситуации с глобальными и региональными субъектами. В то же время Пекин с его инициативой «Один пояс и один путь», активными лидирующими позициями в Шанхайской организации сотрудничества, БРИКС, Азиатском банке инфраструктуры и инвестиций, получит возможность сформировать новую геополитическую и геоэкономическую среду в Евразии.

Государства и регионы Центральной Евразии (Центральная Азия, включая Афганистан, Иран, Южный Кавказ, Турция) имеют ключевое значение для мировой истории и глобальной политики из-за их ресурсов и географии. Изменения, которые происходят в этом регионе, связаны с безопасностью и взаимозависимостью, перераспределением власти, демографией, религиозным фундаментализмом и социальными преобразованиями. Те лидеры и страны, которые понимают, куда ведут происходящие и грядущие перемены, смогут обеспечить, чтобы следующее поколение было готово воспользоваться возможностями, а также встретить вызовы. Поэтому Китай придерживается принципов сотрудничества, а не конфронтации, что является весьма полезными в ходе этих изменений.

Для Китая в Евразии существует несколько приоритетов. Первое – это безопасность границ страны, поэтому развитие конструктивных, добрососедских отношений с пограничными государствами является стратегическим приоритетом Китая. Кроме того, Китай заинтересован в гарантиях стабильности в борьбе с терроризмом и сепаратизмом (например, в Синьцзян-Уйгурском автономном округе и борьбе с «Исламским движением Восточного Туркестана»).

Второй приоритет – обеспечение благоприятной внешней среды для политики реформ и открытости Китая. Поэтому Пекин считает важным предотвращение какой-либо стратегической угрозы или военных и политических блоков против КНР.

Третий стратегический интерес Китая в Евразии заключается в обеспечении энергетической безопасности страны путем обеспечения стабильных и надежных поставок энергоресурсов из региона. Рационально используя свои собственные ресурсы, Китай готов диверсифицировать свой импорт энергии.

В-четвертых, Китай заинтересован в постоянном институциональном строительстве Шанхайской организации сотрудничества, создавая ее как структуру, которая сможет сделать больший вклад в региональную систему безопасности и развитие Евразии.

В-пятых, концепция «Один пояс и один путь» способствует модернизации как экономики Китая, так и стран региона, а также их интеграции в глобальную экономическую систему. Она сможет предоставить странам региона возможность полностью реализовать свой транзитный потенциал, а также вывести свои товары на международные рынки.

Однако некоторые конфликты в регионе создают серьезные проблемы безопасности, такие как пограничные споры, военная конфронтация, терроризм, экстремизм, религиозный фундаментализм. Соединенные Штаты, Китай, Европейский Союз, Россия не имеют единого мнения по вопросам безопасности в Евразии. Мы видим выражения взаимного недоверия. Мы также видим большой разрыв между стремлением к экономическому сотрудничеству и низким уровнем сотрудничества в сфере безопасности.

В условиях запуска таких масштабных проектов, как «Один пояс и один путь» и Азиатский банк инфраструктурных инвестиций, не говоря уже об общей активизации китайской экономической дипломатии, все более актуальным становится определение взаимосвязи между экономическим и политическим аспектами внешней политики Китая, в частности между вопросами развития и безопасности.

Согласно концепции мирного развития Китая, исповедуемой руководством страны, движение по пути экономического роста будет способствовать процветанию, безопасности и стабильности как страны, так и мира в целом.

Поэтому ключом к пониманию роли Китая на международной арене должен стать принцип рассмотрения вопросов экономического развития в тесной связи с проблемами безопасности. Председатель КНР Си Цзинпин прямо заявил, что экономический рост страны и безопасность и стабильность в регионе и во всем мире связаны напрямую. В марте 2014 года он отметил на конференции по безопасности в Азии, что «развити е — это основа безопасности, а безопасность — необходимая предпосылка развития».

По сути, эта концепция демонстрирует четкое понимание того, как экономическое развитие помогает мирно решать вопросы международной политики и безопасности, а также внутренней стабильности. В то же время если развитие китайской экономики зависит от мира и стабильности в регионе и в других частях света, то активное участие Китая в международной торговле, инвестициях и финансах помогает поддержанию стабильности и мира, поскольку способствует глобальному экономическому развитию.

Продвижение новых внешнеэкономических инициатив соответствует логике парадигмы и распространяет ее на новые направления. Китай представляет «Один пояс и один путь» и Азиатский банк инфраструктурных инвестиций в первую очередь как инициативы экономического развития, призванные связать его с ближними и дальними странами через финансирование и строительство транспортной инфраструктуры и других проектов, способствующих укреплению международных связей.

Очевидно, Пекин в рамках своей внешней политики пытается с помощью этих инициатив выстроить взаимовыгодную политико-экономическую логику мирного развития и одновременно расширить область ее применения. По мнению китайского правительства, выдвинутые им инициативы поспособствуют экономическому развитию собственных китайских бедных западных территорий и многих других стран и что их развитие, в свою очередь, внесет вклад в укрепление стабильности и, главное, безопасности.

Осознание угроз собственным экономическим интересам и развитию существующего миропорядка ставит перед КНР необходимость обозначить свою готовность способствовать урегулированию возникших конфликтов и нейтрализации угроз безопасности.

Упомянутая программа «Один пояс и один путь» в обозримом будущем будет определять курс внешней и внутренней политики Китая. Эта инициатива действительно является новаторской в масштабах ее амбиций, охватывая более 65 стран на четырех континентах, с потенциалом повышения уровня жизни 70% мирового населения. Это проект создания пространства, благоприятного как для Китая, так и для его партнеров. Следует подчеркнуть, что «Один пояс и один путь» является вкладом Китая в глобальную и региональную стабильность и развитие. Со своим потенциалом эта инициатива способна переф-орматировать глобальную политику, идентичности, перераспределение глобального ВНП, экологию. Все будет зависеть от эффективной реализации, и это, совершенно очевидно, хорошо понимают в Пекине.

На фоне кризиса системы европейской безопасности в странах Восточной Европы и Южного Кавказа появление третьей стороны в лице Китая может снять возникшее напряжение между Западом и Россией в регионе. Большинство стран региона входят в «Экономический Пояс Шелкового Пути», что является серьезным мотиватором для Китая обеспечить социально-политическую стабильность в регионе и защитить свои инвестиции.

Для стран Восточной Европы и Евразии Китай стал альтернативным экспортным рынком, источником инвестиций и политической поддержки. Грузия заключила соглашение о свободной торговле с Китаем. Молдова также ведет переговоры с Китаем о таком соглашении. Китай входит в пятерку крупнейших торговых партнеров Азербайджана, Белоруссии, Грузии, Молдовы, Армении и Украины. Так, Китай импортирует из Молдовы и Грузии больше вина, чем Россия. Армения также наращивает свое экономическое сотрудничество с Китаем, которое скоро обойдет объемы товарооборота с Россией. Китай осуществляет также крупные инвестиционные проекты в регионе.

Транспортные и туристические связи тоже расширяются. Смягчился визовый режим между КНР, с одной стороны, и Украиной, Беларусью, Грузией и Арменией, с другой.

Стоит отметить, что Китай всегда занимал объективную и беспристрастную позицию по конфликтным проблемам в Восточной Европе и Южном Кавказе. Пекин всегда поддерживает соответствующие международные координационные механизмы, помогающие более активным усилиям по содействию мирным переговорам.

В связи с этим, Китай как один из базовых конструктов безопасности в Европе и Азии, может сыграть стабилизирующую роль, сбалансировав интересы всех ключевых сторон, на территории тех же постсоветских стран. Укрепив тем самым свои позиции в международных институтах (СБ ООН, ШОС ит. д.), Китай получит гарантии безопасности для своих инвестиций в проекте строительства «Один пояс и один путь» и возможность сохранения динамики экономического роста.

Сегодня «китайское плечо» рассматривается странами Восточной Европы и Южного Кавказа как достаточно серьезным подспорье в формировании новых гарантий и механизмов обеспечения безопасности в данном регионе.

Более того, для находящегося в кризисе ЕС и стран Западной Европы Китай сможет стать сильным партнером в развитии стран Центральной и Восточной Европы и Южного Кавказа. В этом контексте сотрудничество Китая и Европы имеет глобальное значение в управлении направлением глобальных изменений.

На протяжении столетий одной из заметных точек соприкосновения Китая с Южным Кавказом был Великий Шелковый путь. Однако эти контакты по сей день связаны, прежде всего, с торговлей, экономическими и культурными отношениями связями, и Южный Кавказ никогда прежде не являлся элементом геополитических интересов Китая. Стоит отметить, что и сегодня Южный Кавказ не является приоритетным вектором китайской дипломатии. Например, ни Председатель, ни Премьер Госсовета никогда не совершали визит в страны региона. Даже китайские министры редко посещают регион. Тем не менее, в бл-ижайшем будущем отношения между Китаем и странами Южного Кавказа могут измениться, поскольку в силу своего географического положения регион призван привлечь участие Китая в своей геополитике и безопасности.

Деятельность Китая на Южном Кавказе в данный момент ориентирована на укрепление экономических связей с региональными странами и улучшение социально-экономической ситуации в них, что может снизить влияние таких трендов, как исламский фундаментализм и пантюркизм, которые Китай считаем угрозами для своей безопасности.

В настоящее время Китайская Народная Республика наращивает свои связи с Южно-Кавказским регионом. Стремление Китая реализовать свои экономические возможности на Южном Кавказе может оказаться полезным с точки зрения развития сети международных торговых и политических связей Армении, Азербайджана и Грузии. Это могло бы усилить международную поддержку глобальной интеграции этих стран.

Во-вторых, поддержка независимости и суверенитета стран Южного Кавказа была, есть и будет основой политики КНР в регионе. Этой цели можно достигнуть разными средствами. Китай, как впрочем и США, ЕС и Россия не могут изменить внешнее окружение южнокавказских государств, однако способны сосредоточить свои усилия и поддержку на повышении их способности к преодолению внутренних проблем и противостоянию внешним вызовам.

Следует отметить, что с момента установления независимости Армения наладила теплые и динамичные отношения с Китаем. Всестороннее сотрудничество с КНР является одним из приоритетов внешней политики Армении как по объему, так и по содержанию. Обе стороны высоко ценят двустороннее сотрудничество. Например, китайские лидеры неоднократно называли Армению «надежным другом» и призывали к дальнейшему расширению двусторонних политических, экономических и культурных связей. По словам лидеров Армении, развитие отношений с Китаем является одним из приоритетов внешней политики страны. Китай стал одним из крупнейших торговых партнеров Армении.

На протяжении всей своей истории Армения всегда находилась на границе между двумя мирами – Востоком и Западом, что сделало армянский народ восприимчивым как к Европе, так и к Азии. Это восприятие стало возможным и благодаря древнему Великому Шелковому Пути, проходившего через Армению много веков тому назад. Именно тогда армянские товары пользовались популярностью на китайских рынках, а армянские торговые суда использовали восточные порты Азии.

И именно поэтому Армения приветствовала идею строительства Экономического пояса Шелкового пути, предложенного Председателем Си Цзинпином. В Армении инициативу «Один пояс и один путь» рассматривают не только как бизнес – проект, но и как многофункциональную программу, которая предлагает всем своим участникам благоприятные условия на основе возможностей подключения к ней. Мы являемся свидетелями создания различных типов инфраструктур, инноваций и логистических сетей, и это может стать «проектом века», несущим не только экономическую, но и цивилизационную миссию. Таким образом, мы можем рассматривать «Один пояс и один путь» как стратегию обеспечения безопасности и развития для Евразии.

Участие Армении в программе «Один пояс и один путь» может быть отмечено реализацией определенных проектов, относящихся к экономической и культурной сферам. В этой связи, полагается, китайские компании могут активно участвовать в строительстве одного из коридоров OBOR через Армению. Это обеспечило бы сбалансированное развитие региона, которое полностью соответствовало бы концепциям «сообщества общей судьбы» и взаимовыгодного сотрудничества между странами. В свою очередь, вовлечение Китая в проект строительства одного из транспортных коридоров по территории Армении способствовало бы повышению эффективности и пропускной способности всей программы Экономического Пояса Шелкового Пути.

Источники

1. Matt Ferchen, Китай, экономическое развитие и международная безопасность: заполнение пробелов, https://carnegie.ru/2017/02/03/ru-pub-67834.

2. China Eclipses U. S. as Biggest Trading Nation. — Bloomberg News. — 2013. — February 10 //http://www.bloomberg.com/news/articles/2013-02-09/china-passes-u-s-to-become-the-world-s-biggest-trading-nation.

3. Shirk S. L. China: Fragile Superpower. — Oxford University Press. — 2007// https://www.amazon.com/China-Superpower-Susan-L-Shirk/dp/0195373197; Shambaugh D. China Goes Global. — Oxford University Press. — 2013//https://www.amazon.com/China-Goes-Global-Partial-Power/dp/0199361037.

4. Jacques M. When China Rules the World: The End of the Western World and the Birth of a New Global Order. 2nd ed. — Penguin Group. — 2009 // https://www.amazon.com/When-China-Rules-World-Western/dp/0143118005.

5. Global Agenda Council on Geo-Economics. — Geo-Economics With Chinese Characteristics: How China's Economic Might Is Reshaping World Politics. — World Economic Forum. — 2016. — January 2016 //http://www3.weforum.org/docs/WEF_Geoeconomics_with_Chinese_Characteristics.pdf.

6. Information Office of the State Council. — China's Peaceful Development. — State Council of the People 俄罗斯伊尔库茨克国立研究技术大学副校长，金砖国家贝加尔研究学院院长暨创始人 s Republic of China. — 2011. — September 2011 //http://english.gov.cn/archive/white_paper/2014/09/09/content_281474986284646.htm.

7. Glosny M. A. Chinese Assessments of China's Influence in Developing Asia. — Rising China's Influence in Developing Asia, ed. Evelyn Goh. — Oxford

University Press. — 2016.

8. Shen S. How China's 'Belt and Road' Compares to the Marshall Plan. — Diplomat. — 2016. — February 6 // http：//thediplomat.com/2016/02/how‑chinas‑belt‑and‑road‑compares‑to‑the‑marshall‑plan/.

9. Zhongping F., Jing H. China's Strategic Partnership Diplomacy：Engaging With a Changing World. — FRIDE European Strategic Partnership Observatory. — 2014. — June.

10. Leonard M. Geo‑Economics with Chinese Characteristics. — World Economic Forum.

11. Tianbiao Z., Pearson M. Globalization and the Role of the State：Reflections on Chinese International and Comparative Political Economy Scholarship. — Review of International Political Economy 20. — № 6. — 2013. — P. 1215‑43.

12. Xi Jinping. New Asian Security Concept for New Progress in Security Cooperation, speech given at the Fourth Summit of the Conference on Interaction and Confidence Building Measures in Asia. — Ministry of Foreign Affairs of the People's Republic of China. — 2014. — May 21 // http：//www.fmprc.gov.cn/mfa_ eng/zxxx_ 662805/t1159951.shtml.

13. Full Text of Xi Jinping keynote at the World Economic Forum, https：//america.cgtn.com/2017/01/17/full‑text‑of‑xi‑jinping‑keynote‑at‑the‑world‑economic‑forum.

14. Jia Xiudong, China supports a rules‑based order that's fair and just, http：//www.ciis.org.cn/english/2018‑06/05/content_ 40371497.htm.

15. Jia Xiudong, What can we expect from the SCO summit in Qingdao?, http：//www.ciis.org.cn/english/2018‑06/05/content_ 40371502.htm.

16. Cui Hongjian, China, EU stand together to face the world's challenges, http：//www.ciis.org.cn/english/2018‑09/30/content_ 40524244.htm.

17. Zhao Mingwen, Shanghai Cooperation Organization：A New Stage, New Challenges, and A New Journey, http：//www.ciis.org.cn/english/2018‑08/10/content_ 40456539.htm.

18. Chen Xulong, Win‑Win Cooperation：Formation, Development and Characteristics, http：//www.ciis.org.cn/english/2017‑11/17/content_ 40072596.htm.

19. Ruan Zongze, Towards a New Type of Cooperation and Win‑Win International Relations, http：//www.ciis.org.cn/english/2016‑08/19/content_ 8975308.htm.

20. Armenian – Chinese high – level negotiations take place in Beijing, http://www.president.am/en/press – release/item/2015/03/25/President – Serzh – Sargsyan – state – visit – to – China – day – 1.

"一带一路"框架下欧亚国家通过国际合作实现现代化的潜力

迪米特里·萨夫金[*]

许多同行已经谈到"一带一路"是一个非常重要的项目，为全球治理提供了新的平台，我认为"一带一路"还有个非常重要的功能，就是它是一个非常强大的实现全球现代化的平台和项目。因为我们知道，经济的现代化发展既包括经济发展模式的转型也包括交通的发展以及物流、运输的发展，这样可以加强各地区之间的经济联系，促进经贸往来。正是在这方面，"一带一路"是一个促进经济现代化的项目。这是我认为它的第一个特点。

第二个特点，我认为"一带一路"倡议一个非常重要的特点是它没有任何的意识形态的内容。我们看到，美国在输出本国民主方式方面是非常不遗余力的。而"一带一路"沿线国家和表示支持"一带一路"、愿意参与共建"一带一路"的国家与中国开展的都是非常平等的合作。

我认为"一带一路"的第三个重要的特点，就是为中国的企业和沿线各国的企业开展合作创造了一个非常良好的舆论氛围。我们认为在这一倡议下，中国企业走出去可以对冲很多中国在开展国际经贸合作上的风险。

"一带一路"的第四大特点，在我看来是中国的倡议非常适合那些不稳定国家通过经济发展和社会稳定的方式来解决面临的安全问题和发展问题。我们看到阿富汗还有伊拉克等国都面临经济发展的问题，而其实"一带一路"可以为它们提供各种复合型的工具，包括经贸、基础设施以及各种维护地区安全的公共产品。

第五个特点是中国"一带一路"倡议内的经济性项目没有强加自己的经济制度，与不同的国家在双边和多边合作的模式非常灵活。尤其是在欧亚地区，例如中国在阿富汗的经济发展和经济重建以及解决阿富汗安全问题方面发挥了非常重要的作用。我们看到中国已经在阿富汗北部实施了一些经济项目。

---

[*] 俄罗斯伊尔库茨克国立理工大学副校长，金砖国家贝加尔学院院长暨创始人。

最后一个特点，就是"一带一路"提供了机遇，尤其是技术转型和技术商业化的机遇。在"一带一路"的框架下不仅仅可以推动高科技的发展，还能够推动用于改善民生的技术的发展。我们看到例如智慧城市，包括新型的社会治理的方式，也是"一带一路"人文交流合作中非常重要的一个内容。

接下来我想谈几个"一带一路"面临的困境或者说挑战。第一，中国有关政府部门和欧亚国家的政治精英、领导层的接触还并不能确保"一带一路"能够顺利地落地实施。第二，中国的企业在"一带一路"框架内走出去的过程中，尤其是在欧亚国家受其体制特点的影响，基本上还是以和高层的接触和国有企业接触为主。在欧亚地区目前还缺乏一些必要的对冲投资风险相关的工具和机制，包括中国投资是否能够保证利润率，中国的投资今后如何能够保证安全和顺利回收是中方要认真考虑的问题。还有一个问题就是"一带一路"目前多边合作还相对薄弱，以双边为主。最后我想简单说两句，我来自伊尔库茨克，离蒙古国不远。目前伊尔库茨克州正在积极地讨论如何能够加入中俄蒙经济走廊北段的建设项目。

特朗普新政背景下的欧亚稳定与合作
——以中俄合作为例

王 丰[*]

2017年特朗普总统上任以来，美国政府一改前任奥巴马政权时期的对外政策，以"美国优先"为纲领和口号，在全球范围内推行激进的特朗普新政。在经济方面，特朗普总统本人及其核心团队以"贸易不均衡"为由对几乎所有美国的主要贸易伙伴都采取了制裁或威胁制裁的行动，迫使后者做出让步和妥协，世界各国为之哗然。在外交领域，新一届美国政府放弃奥巴马在任期间的协调主义路线，对包括加拿大、日本、韩国以及北约成员国在内的盟邦都进行了外交施压，使得后者不得不被动调整对美政策。在此过程中，一些国家被迫采取更为亲美的政策，而另一些国家则表达了寻求更加独立和自主的意愿。除了美国的伙伴及盟友以外，特朗普新政还对其他国家和地区在经济、贸易、外交、国防等领域的政策产生了重大影响。其中，欧亚地区作为世界大国博弈的热点和全球经济增长的重要引擎，一直以来备受世界各国关注和重视，特朗普新政也不可避免地对欧亚地区的发展、繁荣和稳定带来了冲击。

中俄两国作为欧亚地区大国，同时也是联合国安理会常任理事国在地区和国际事务中扮演重要角色，肩负重要责任。特朗普新政实施以来，中俄两国在美国政府出台的新版《国家安全战略》中被定性为"战略对手"并一直受到后者的密切关注和打压。众所周知，俄罗斯由于乌克兰危机而受到以美国为首的西方国家的长期制裁，经济发展受到很大限制。中国则在贸易和传统安全等领域与美国长期存有不同意见，特朗普上台以后加紧了对中国在贸易和安全领域的打压，使得两国关系在经历建交40年风雨以后重新站在了历史的十字路口。

习近平主席曾指出，"放眼世界，我们面对的是百年未有之大变局"。在国际关系大调整、大变革，国际格局经历深刻复杂变化的重要历史时期，为有效应对单边主义、恐怖主义和贸易保护主义，中俄两国作为欧亚地区的当事国和世界有影响力的大国更应进一步合作、增强沟通与互信，

---

[*] 国家开发银行青岛分行规划经理。

妥善应对各类危机与挑战，为欧亚地区乃至世界的和平与稳定做出更多贡献。

在政治领域，中俄两国高层进行了频繁互动。2018年两国首脑成功实现互访。6月，普京总统率团来华参加上海合作组织青岛峰会，两国元首为新形势下中俄联合推动上合组织未来合作与发展，共同维护欧亚地区和平、稳定指明了方向。此外，双方还进一步确认了"一带一路"倡议和欧亚经济联盟战略对接的重要共识，明确向世界发出了中俄共同反对单边主义和贸易保护主义、促进贸易全球化和自由化、推动欧亚地区全方位发展与繁荣的时代强音。9月，习近平主席赴符拉迪沃斯托克参加东方经济论坛，两国元首为进一步深化双边经贸合作，共创中俄美好未来做出了重要部署。仅仅时隔三个月，习近平主席和普京总统在阿根廷G20峰会期间再次进行了元首会谈。习近平主席指出，"中俄关系发展顺应时代潮流和两国人民共同愿望，具有强大内生动力和广阔前景。今年以来，中俄双方共同努力，推动各领域合作取得一系列新的成果"，并强调，"中俄要继续保持元首年度互访的传统。相信在两国元首引领下，中俄关系定将蓬勃发展"。普京总统指出，"俄中保持密切高层交往十分重要。当前俄中各领域合作取得显著成效，双边贸易迅速增长，制造业、高科技、农业领域合作稳步推进，大项目顺利实施，在国际和地区事务中有效协调"，"俄方致力于同中方深入推进各领域务实合作，继续密切协调，为维护全球和平与安全、建设开放型世界经济共同努力"。在单边主义和贸易保护主义有所抬头的背景下，两国元首高频度互访为中俄携手积极维护现有国际秩序、促进经济全球化奠定了重要基础，同时也为复杂国际形势下，特别是美国新政府对外政策调整后的国际政治平衡做出了重要贡献。

除了两国最高领导人直接会见以外，中俄在工作层面上也进行了较为频繁、良好和富有成果的交流与沟通。中国方面，中央政治局委员、中央外事工作办公室主任杨洁篪在2018年8月和10月先后到访索契和莫斯科，积极协调两国外交关系，并会见了包括普京总统在内的俄政府高官与要员。国务委员、国防部长魏凤和9月赴俄观摩"东方—2018"大型军事演习，向外界传递了中俄加强在传统安全领域合作的决心与意愿。俄罗斯方面，总统办公厅主任瓦伊诺、国防部长绍伊古在10月先后访问北京，并受到习近平主席的亲切接见。中俄政府要员频繁的互动不仅彰显了两国亲密的外交合作，增进了两国各领域、各层级之间的沟通与互信，还为复杂国际形势下欧亚地区的和平、合作与稳定注入了活力，增添了动力。

在经贸合作领域，2015年，由于受到西方对俄制裁干扰与影响，中俄贸易总额为680.6亿美元，较前一年下降28.6%。此后，两国贸易呈现持续逐年增长势头，2016年上涨至695.6亿美元，2017年更是增长20.8%，达到前所未有的840.7亿美元。中国已经连续8年保持俄罗斯第一大贸易伙伴国地位，俄罗斯在中国主要贸易伙伴中的排名也升至第11位。2018年以来，尽管面临美国进一步对俄制裁以及中美贸易摩擦等不利局面，中俄经贸合作仍克服了重重阻力，保持了持续、健康、快速发展的良好势头。2018年前11个月，中俄双边贸易已超过980亿美元，同比增长38%。此外，中俄在投资领域的合作也取得了较好的成效。根据俄罗斯驻华大使馆公布数据，截至2017年底，中国在俄罗斯累计投资已经达到300亿美元，在2018年底将增至350亿美元。项目合作方面，两国共同筹备酝酿了70多个合作项目，总投资达1200亿美元。其中11个项目已经落地实施，另有15个项目正在积极推进。鉴于美国对俄罗斯实施的金融制裁，中俄在全面推进双边贸易、投资合作的过程中还注重加强本币结算。目前，双边本币结算的比例已经达到15%，为中俄经贸合作"去美元化"，共同推动国际货币体系向着更加合理、均衡的方向发展贡献了力量。

近年来，中俄全方位合作取得了令人瞩目的可喜成绩，两国合作堪称当今世界国际关系的典范。回顾过去，成绩来之不易，经验弥足珍贵，值得两国认真总结，倍加珍惜。当前，在国际格局发生深刻变化，大国间关系面临新的考验，特别普政府大力推行"美国优先"政策的复杂背景下，如何保持和推动中俄关系朝着更加紧密、务实、富有活力的方向发展，需要两国政府、智库以及企业界人士共同思考，协力谋划。作为中俄睦邻友好的支持者和两国民间友谊的推动者，笔者认为未来中俄两国应在以下三个方面加强交流与合作：

第一，中俄应积极维护双方高水平战略互信，推动双边关系持续高位运行。具体来讲，就是要保持中俄高层次互访频度，特别是保持两国元首互访的传统，推进双边各层级、各领域沟通、交流，进一步加强两国战略对话，以高访促合作，以高访促友谊。

第二，要强化落实中俄两国已达成的合作协议。具体来讲，就是要进一步推动中方提出的"一带一路"倡议与俄罗斯提出的欧亚经济联盟战略对接，扎实做好"一带一盟"对接项目的具体落实工作。充实中俄中长期项目库，把中俄经济、贸易、金融合作推向深入。与此同时，还要重视中俄在上海合作组织、金砖国家以及二十国集团框架内的合作与协调。注重将中亚、南亚、东欧等欧亚各国纳入中俄全方位合作中，争取将经济发展的成果更多惠及周边和沿线各国，以实际行动支持经济全球化和贸易自由化。

第三，要强化两国人员交流和民间交往。习近平主席曾指出，"国之交在于民相亲"，频繁的人员往来与互动以及密切的民间沟通对于中俄世代友好具有深远和重要意义。很高兴看到俄罗斯已经成为中国游客的重要旅行目的地，未来随着中俄互相开放签证政策的落地实施，相信必将有更多的两国民众参与到支持中俄世代友好的伟业中来。

中亚在全球转型条件下的安全问题

奥玛洛夫·梅伊拉特[*]

我们看到国际政治在最近这几年发生了剧烈的变化,而且这些变化也正在非常显著地影响着整个欧亚地区的局势,传统的国际秩序在一些大国的野心影响下正在发生非常重要的变化。世界大国之间的地缘政治竞争,使我们几乎处于第三次世界大战的边缘。一些大国直接介入了中东北非一些国家的国内冲突,这就导致地区安全体系受到了严重的威胁和破坏。我们也看到在世界不同地区出现了很多的恐怖组织,像"伊斯兰国"、"基地"组织等。在现代社会和当代国际政治局势下,我们看到传统的国际安全机制,例如联合国和北约的权威也正在受到影响。在世界很多地区都出现了混合战争。世界经济局势出现了恶化,这就导致恐怖主义的威胁进一步上升,对中亚地区来说主要就是阿富汗局势,我们看到一些阿富汗的武装分子已经开始潜入中亚地区,使整个中亚的局势和安全都受到了严重的威胁。

在这样的背景下,为了应对各种国内威胁和外部威胁,我们必须要加强地区的安全合作。在苏联时期,中亚地区出现了好几波一体化的迅速发展阶段。但遗憾的是,当时中亚在苏联时期没有能够形成一个完整的经济体系。因为缺乏必要的机制来维护中亚的集体安全,所以我们看到不同的大国和国际组织都在中亚进行竞争,世界三大主要国家都推出了与中亚相关的方案,其中美国的"新丝绸之路"计划、俄罗斯的欧亚经济联盟以及中国的"一带一路"倡议大家都非常了解,这里想特别谈一下"一带一路"倡议。"一带一路"为中亚地区带来了非常巨大的资金,可以说这对中亚整个能源行业的发展以及中亚整体交通面貌的改变都产生了非常积极的影响。

中国对中亚基础设施的投资,尤其是对哈萨克斯坦的这种产业化的投资,促进了中亚经济的现代化发展和转型。中亚的很多国家都制定了相应的国家发展战略,用来对接"一带一路"倡议。大欧亚目前正在出现各种各样的新趋势,据专家评估这个"大中亚地区"目前和中国面临的共同威

---

[*] 哈萨克斯坦总统下属国家公共政策学院副教授。

胁主要是安全威胁，尤其是"一带一路"框架内的项目安全问题。

所以在这一背景下，我认为"一带一路"提出的时间点恰恰和中亚转型发展的第二阶段开始的时间点相契合，而且近来我们看到中亚局势发生了比较大的变化，主要是在乌兹别克斯坦新总统米尔济约耶夫就任之后，整个中亚一体化出现了加速发展的特点。中亚各国再次提出了要形成中亚统一空间的倡议。中亚国家之间合作加强主要体现在以下四个方面。第一是中亚国家重新表达了成为一个整体区域的意愿。第二是中亚国家之间的相互贸易有所增长。第三是地区安全引起中亚五国的共同关注。第四是中亚国家历史上、民族上、文化上、历史上就有着密切的联系，这些联系在当今获得了发展。今年3月份召开了首次中亚国家元首峰会，我想强调的是中亚国家想表达的是进一步加强经济合作的意愿，大中亚或者统一的中亚不针对任何第三国。中亚的安全离不开稳定的阿富汗，而对中国和俄罗斯来说，中亚都是非常关键的地区。

与此同时，我们看到世界其他主要国家也对中亚表现出了非常强烈的兴趣，包括土耳其、韩国、日本也都提出了针对中亚的外交战略。我认为对于中亚国家和与中亚国家开展合作的世界大国来说，进一步加强经济合作都是巩固双边关系和多边关系非常重要的内容。

（根据现场同传速记稿整理）

【俄文原文】

Безопасность Центральной Азии в условиях глобальной трансформации

Омаров Меират[*]

Структура мирового порядка, основанная в 20 – м веке, сегодня все больше оспаривается под давлением новых амбициозных игроков. Геополитическое соперничество между ключевыми мировыми державами

---

[*] Доцент Национальной Школы Государственной Политики при Президенте Казахстан.

порождает риск начала III мировой войны и представляют угрозу для всего мира.

При этом мировая экономика остается неустойчивой, ее восстановление происходит на фоне серьезных структурных сдвигов и в условиях, сохраняющих рисков пузырей на фондовых рынках.

Ухудшающиеся социально-экономические условия могут привести к усилению позиций экстремистских и террористических идеологий в регионе. Угроза со стороны террористических групп является одним из основных препятствий на пути реализации ряда важных инфраструктурных проектов в Центральной Азии. Поэтому страны Центральной Азии должны обеспечить безопасные условия для их реализации, что поспособствует их процветанию в ближайшем будущем.

Следует отметить, что в настоящее время глобальная система безопасности и сотрудничества находится в кризисе. Военная власть становится одним из основных инструментов реализации национальных интересов государств. Прямое вмешательство иностранных держав во внутренние конфликты ряда государств на Ближнем Востоке и в Северной Африке.

Это привело к разрушению региональных систем безопасности во многих регионах и созданию террористических групп так называемых ИСИС, Талибан и «Аль-Каиды».

В современном мире наблюдается недееспособность гарантирующих безопасность традиционных международных институтов: ООН, ОБСЕ, НАТО, а там, где они появляются, очень скоро начинается гибридная война. Пример – Украина, Сирия, Ливия. В то же время руководители ведущих государств мира подчеркивают необходимость последовательно соблюдать нормы международного права. Следовательно, роль Совета Безопасности ООН сегодня возрастает в качестве инструмента обеспечения глобальной безопасности.

В этой связи следует отметить, что Центральная Азия определена как один из главных приоритетов Казахстана в рамках непостоянных членов Совета Безопасности ООН на 2017–2018 годы. Казахстан организовал широкие дискуссии по вопросам безопасности в регионе, обратив особое внимание на стабилизацию Афганистана.

В этих условиях для государств Центральной Азии и Казахстана, в частности, расположенных в непосредственной близости от России и Китая, которые активно выступают против Запада, в таких условиях становится очень сложно продолжать проведение многовекторной дипломатии.

Проблемы региональной безопасности, должны решать сами региональные государства на основе взаимовыгодного сотрудничества. Для этого подходят кроме Совета Безопасности ООН, площадки ШОС и СВСМДА, что одновременно повысит международный авторитет форумов. На сегодняшний день на нашем пространстве играют четыре главных игрока: Россия, Китай, коллективный Запад и исламский мир. И каждый игрок имеет свой проект устройства Центральной Азии.

Совместная деятельность в этом направлении может заложить основу для формирования региональной системы безопасности и сотрудничества. Определение общих интересов и целей, основанных на противодействии общим вызовам и угрозам, исходящим как внутри, так и за пределами региона, создаст условия для запуска интеграционных проектов.

В то время как Казахстан, со своей стороны, анонсировал ранее стремление к более тесной кооперации и намерен закрепить позитивные тенденции как политически, так и экономически, отношения внутри Центральной Азии претерпевают существенные изменения, становятся более динамичными. Важным фактором для регионального климата остаются отношения между крупными странами региона – Казахстаном и Узбекистаном.

Необходимо использовать окно возможностей, которое было открыто с потеплением отношений между странами Центральной Азии после избрания нового президента Узбекистана Шавката Мирзиеева и активизировать региональное сотрудничество.

Сегодня ситуация изменилась. Ташкент поддерживает казахстанские инициативы, другие наши коллеги углубляют понимание важности регионального сотрудничества. Об этом свидетельствуют события в Туркменистане, новый курс Узбекистана. Есть такое выражение: «Чтобы объединиться вместе, вам нужно хорошо отделиться». Похоже, что после нескольких безуспешных попыток объединиться, для региона есть возможность реализовать что – то вместе.

Ветер перемен, происходящих в регионе сегодня, дает достаточно оснований для оптимистического оптимизма и основы для того, чтобы полагать, что центральноазиаты смогут использовать позитивные тенденции.

Сейчас становится ясно, что, несмотря на все препятствия на пути региональной интеграции в Центральной Азии, политическая воля лидеров государств является ключевым фактором регионального сотрудничества и интеграции.

Сегодня Центральная Азия имеет редкую возможность объединиться перед лицом серьезных проблем, возникающих как внутри, так и за пределами региона. Они включают, но не ограничиваются, вопросами окружающей среды, напряженной водной и энергетической ситуацией, ростом уровня трудовой миграции, коррупции, и это лишь некоторые из них. Риск дестабилизации в Афганистане, угроза ИСИС и его бойцов, стремящихся вернуться в регион, незаконный оборот наркотиков и новая и непредсказуемая геополитическая обстановка в Евразии – все это серьезно подвергает испытанию устойчивость и стабильность всего региона.

На самом деле представляется целесообразным активизировать экономическое сотрудничество между странами Центральной Азии; возродить планы формирования единого экономического пространства в Центральной Азии и превратить регион в модельную зону мира, безопасности и экономического развития с использованием сегодняшних благоприятных условий. Экономическое развитие в Центральной Азии станет основой для долгосрочной безопасности в регионе, являющейся краеугольным камнем регионального сотрудничества и интеграции.

Во-первых, объединение потенциала наших государств выгодно для всех народов. Во-вторых, увеличение внутрирегиональной торговли, у нас короткие перевозки плеч, у нас есть взаимодополняющая экономика, это выгодно. В - третьих, усиление региональной безопасности вызывает озабоченность у всех нас. В-четвертых, сближение народов тесно связано исторически, этнически и культурно.

Фактически, в постсоветский период в Центральной Азии предпринимались многочисленные попытки интегрировать государства региона на политической, экономической и военной основе. К сожалению, организации, которые будут включать только государства региона и преследуют цель обеспечения как общей безопасности для региона, так и безопасности каждой отдельной страны, по-прежнему не существуют.

Я считаю, что региональная система безопасности должна развиваться на основе интересов стран региона и общих оснований для региональной идентичности, превращая Центральную Азию в реальный субъект международных отношений и мировой политики, которые смогут сыграть независимые роли и принимать решения, основанные на собственных интересах и играть более важную роль в мировой политике и экономике.

Тем более, что население Центральной Азии в 2018 году превысило 71,5 миллиона человек, что сопоставимо с такими государствами, как Иран или Турция, с самодостаточной экономикой, емким рынком и сильным военным потенциалом.

Тем не менее, такое региональное объединение не будет направлено ни на одно из государств мира, и интересы всех глобальных и региональных игроков должны быть приняты во внимание. Поскольку Россия играет решающую роль в обеспечении безопасности в Центральной Азии, создание этой системы должно основываться на тесном сотрудничестве с этой страной.

Центральная Азия обладает большим потенциалом в области развития транспортной инфраструктуры и логистики. Среди главных приоритетов-создание эффективной транспортно-логистической системы, поскольку так или иначе все маршруты, включая воздушные маршруты, пересекают и связывают регион вместе. Считается, что все государства заинтересованы в наличии прозрачной, эффективной и взаимовыгодной формулы распределения водных ресурсов. Таким образом, у вышеперечисленных государств, таких как Кыргызстан и Таджикистан, будут свои собственные определенные права и обязательства, в то время как нижестоящие государства-Казахстан, Туркменистан и Узбекистан-могут использовать ресурс для ирригационного периода.

На самом деле, Центральная Азия характеризуется тремя конкурирующими и взаимоисключающими друг с другом проектами сотрудничества в регионе, которые основаны на участии таких великих держав, как США, Китай и Россия: Новая инициатива «Шелковый путь», «Один пояс и один путь» и «Евразийский союз». Принимая во внимание современные геополитические процессы отражающиеся на положении ЦА следует подробнее остановиться на инициативе КНР-Один пояс один путь.

Из них самый перспективным, на мой взгляд, является китайский проект «Один пояс и один путь», поскольку обладает наиболее жизнеспособной финансовой базой и совпадает с инфраструктурными программами развития самих стран региона.

Таким образом, появляются возможности для Центральной Азии, эти возможности нужно использовать. Но в тоже время Центральная Азия не должна и не может развиваться как замкнутый регион, самодостаточный регион в силу многих причин. Поэтому Центральная Азия должна быть интегрирована в более крупные именно экономические проекты, которые существуют и развиваются на континенте. Это Евразийский экономический союз. Речь идет о нахождении правильной формулы взаимоотношений. Это китайские стратегические перспективные проекты-Экономический Пояс Шёлкового Пути «Один пояс и один путь» в более глобальном выражении. После распада Советского Союза экономические связи были нарушены. «ОБОР» напротив будет способствовать тесной экономической и инфраструктурной взаимосвязи государств региона.

Кроме того, государства региона должны также учитывать тот факт, что ряд ведущих мировых держав-геополитических и геоэкономических конкурентов Китая-вероятно, будут активно выступать против реализации ЭПС в Центральной Азии. Китайская инициатива «Экономический пояс Шелкового пути» потребует обеспечения безопасности транспортной и логистической инфраструктуры, построенной на территориях стран региона. Вполне вероятно, что КНР, продвигающая свой глобальный проект, начнет активно участвовать в предотвращении возможности диверсий и больших кампаний по срыву дальнейшего строительства транспортных путей в регионе. Это создаст благоприятные условия для сотрудничества не только в экономической сфере, но и в области безопасности.

Поэтому региональная система безопасности должна развиваться на основе интересов стран региона и общих оснований для региональной идентичности, но, конечно, с учетом интересов всех глобальных и региональных игроков. Поскольку Россия играет решающую роль в обеспечении безопасности в Центральной Азии, создание этой системы должно основываться на тесной консультационной основе.

Кроме того, по моему мнению, единая Центральная Азия, включая стабильный Афганистан, станет прочным щитом в защите Китая и России от внешних и внутренних угроз, а также религиозного экстремизма и терроризма.

Таким образом, вопросы экономического развития, региональная идентичность и проблемы безопасности являются тремя основами для создания регионального объединения в Центральной Азии. Несмотря на то, что существуют разные оценки, как поддерживающие, так и критические относительно возможности региональной интеграции в Центральной Азии, эта тенденция постепенно набирает силу, и в конечном итоге мы добьемся необходимых результатов.

论中国在"一带一路"之中亚地区的利益安全保护

张 杰[*]

  本文从"一带一路"的地缘政治及其非传统安全风险角度透视特定地区海外安全保护及安全治理对策，探索海外安全保护的规律。海外安全保护问题是涉及国际警务、海外私营保护、国际政治、外交与领事保护等领域的综合实践活动。"一带一路"的本质、内涵对中国有着划时代意义，同时，它也惠及沿线国。2018 年正逢"一带一路"倡议提出五周年。历史的经验与未来的挑战都要求进一步观察当前地区存在的安全问题。

  "一带一路"倡议对中国有着划时代意义，它有着惠及沿线国的内涵与本质。中国作为公民数量和出境人口数量巨大的国家，对海外利益、公民保护责任之艰巨是世界上任何一国家无法比拟的，这也决定了国家要积极做有效提高海外利益和公民安全的实践尝试。然而，这里没有先验的经验可以借鉴。

  保护本国的国民在海外的利益与安全是国家的义务，中国宪法对此有明确规定。例如《宪法》规定国务院职权包括"保护华侨正当的权利和利益，保护归侨和侨眷的合法的权利和利益"。此外，公民受国籍所属国的保护不因其离开国境而消失。国籍国对离开本国而进入他国境内的公民有权实施保护管辖。国家通过保护公民安全和自由来体现对公民的尊重。

  从国际法的角度看，保护是国际刑事管辖[①]理论的重要实践，尤其是行使被保护管辖权、属人管辖权的实践。保护本国利益与公民在海外的安全既是一国国内法的权利，也是国际法赋予的权利。主权国家主张和积极保护境外利益与本国公民的安全，是国家行使被保护管辖权、属人管辖权的体现，也是责任主权观的体现，是相关国家积极进取的责任。

  "一带一路"沿线国存在的主要安全风险包括：绑架、赌博、拐卖、抢劫、诈骗、恐怖袭击等。对企业、机构、设施、工地构成安全威胁的风险因素则更复杂一些。在繁荣的蓄势待发的跨国经济活动中，国际非传统

---

[*] 中国人民公安大学教授，博士生导师。
[①] 国际刑事管辖包括领土管辖、属人管辖、被保护管辖和普遍管辖。

安全形势复杂化，"三股势力"猖獗，跨国贩毒活动、有组织犯罪、轻小武器的走私、逡巡的盗油集团、治安安全风险、贸易保护主义、民粹主义等问题相互交织、彼此关联。"一带一路"沿线防范地区非传统安全威胁能力不平衡，"伊斯兰国"覆灭后的残余势力的回流给一些地区的安全形势蒙上不确定性，地区安全风险动态性变化和不可预见性增强，安全问题的联动性、跨国性、多样性更加突出。

21世纪进入了相对活跃的时期。恐怖袭击风险较大的地区在南亚、西亚、中亚、非洲地区。恐怖主义风险有趋同发展倾向，也有地区性差异。同时，必须警惕起来，境外恐怖主义活动与境内恐怖组织的活动关联性越来越强。从地理空间看，"一带一路"沿线国的安全风险体现出如下特征：

第一，恐怖主义不是贫穷地区或者特殊地区的专属，它已然成为威胁各国公民的共同敌人。虽然各国在恐怖主义的概念上未能统一，但是恐怖主义活动显示极端势力和跨国恐怖组织勾结、策划实施的暴恐袭击，伤及的人员往往来自多个国家，利益所属的国家也更多元。如，2005年7月23日埃及沙姆沙伊赫连环爆炸案死者中有九人是外国游客。案件中被不幸袭击的受害人为不同国籍，他们已然成为安全命运共同体。伤害对象及后果不限于事发地地理范围内，相反，危害范围往往涉及人身伤害、财产损失、政治动荡等广泛层面。人的海外安全保护，变得越发需要不同国籍国的相互合作。

第二，内、外安全一体化趋势显现。世界恐怖主义形势变化与本国的恐怖主义形势发展产生相关性。以俄罗斯为例，近年恐怖主义在其国内有所缓解，但在境外活动呈现复杂形势，国内和境外恐怖组织勾结、相互联系加强。人口在世界范围的流动给其自身安全带来一定风险。中国企业的走出去、公民的全球流动，降低了其自身安全度。移民的流动性使得一些地区的治安形势变得复杂化，跨国移民作为流动人口，往往是影响辖区治安形势的重要因素。既要重视合法移民的便利服务，又要关注对非法移民的预防和治理，二者不可偏废。移民作为流动人口，从不稳定地区、"三股势力"活动严峻的地区向外的流动，具备传播极端思想的条件，给社会秩序维护带来一些不确定性因素，某种程度上这对安全风险的趋同化进程产生一定刺激作用。

非传统安全在地区范围乃至世界范围发展形势一体化倾向，导致国家内外安全风险趋同化倾向。所谓趋同，是指安全威胁目标同一性、安全威胁手段相似性发展。如，驻外机构及人员成为海外恐袭的目标；跨国犯罪的跨国性、联结性、关联性增强。一些跨国案件往往是重大恐怖主义案件的案源；一种犯罪活动的治理效果已成为有效打击他类犯罪的前提。犯罪手段的趋同性及其恐怖组织的联合性，使得以保护共同安全和共同利益为出发点的国际合作朝着紧密关系的方向发展。中国当前面临的恐怖主义活动方式，与境外活跃着的恐怖主义组织活动方式具有同一性，即有组织性、有培训、有预谋。值得一提的是，恐怖主义组织在最大限度地利用全球最有影响力的网络工具，如推特（Twitter）、优兔（Youtube）等预谋、策划、培训、制造恐怖袭击活动。

恐怖主义活动空间从有形的现实空间，走向了无形的网络世界。这加速了它们活动的跨国界性，以及犯罪后果的跨国性影响。不同种类的犯罪组织、个人的相互合作、联系的密切性的加强，促进了恐怖主义同一性、趋同性、一致性特征的显现。恐怖主义组织间合作的密切性最不应该在反恐合作政策的制定中被忽略。(1) 恐怖主义组织联系的密切度比较容易提高，因为它们不用考虑地理上的国家主权问题。恐怖分子更善于充分利用网络技术的成果，从而缩短联合起来所需要的时间。(2) 它们合作的可能性和成功性更大。因为它们较少面临诸如主权国家间合作所面临的法律制度差异的问题，需要顾虑的法律制度的障碍较少，只要彼此有共同目的，就可能产生合作。这给预防犯罪提出了一定的挑战，即恐怖主义的同一性、趋同性、一致性特征显现。国境内外安全形势呈现一体化的倾向。

第三，多元族裔的融合对恐怖主义活动向松散型、灵活型、包容型方向的发展起到了推动作用。一些犯罪团伙是基于各种族裔群体而构成的。从中亚地区的犯罪形势来看，早期具有单一族裔特征，而现代的犯罪团伙其主体具有鲜明的多族裔特征。跨境民族众多对恐怖主义犯罪组织化倾向的发展构成一定的影响，多民族构成的犯罪团伙组织摆脱不了跨国民族众多因素带来的分化组织内部凝聚力的负面影响。

刑事犯罪造成的安全风险有时候不同于恐怖主义的风险。在一些地区，二者呈现反向的发展状态：恐怖主义案件多发地区，往往刑事治安案件较少。如，根据全球最具有影响力的数据库网站 Numbeo 2017 年上半年公布的代表全球社会治安状况的犯罪指数，格鲁吉亚安全指数为 79.08，排在 110 个被调查国当中的第 8 名，局势稳定，且针对中国人的绑架、枪击恶性案件较少发生。然而，此地恐怖主义问题较严重，格鲁吉亚极端宗教分子曾进入叙利亚和伊拉克为"伊斯兰国"等组织效力。

从中亚地区社会治安状况来看，哈萨克斯坦、吉尔吉斯斯坦、塔吉克斯坦三国不如土库曼斯坦、乌兹别克斯坦两国。中亚五国因地理上与动荡的阿富汗相邻，因而安全问题受到了较大影响，这里盗抢、治安案件是防范的重中之重。盗抢活动首先是对能源的盗抢。一些国际盗油集团活动很猖獗。根据哈萨克斯坦等国颁布的干线管道法、行政法、刑法，当地警方侦破了一些此类案件，并逮捕了有关犯罪嫌疑人，但类似活动一直困扰着中国海外油井管线的利益安全。另外，针对中国公民的袭击案件时有发生。塔吉克斯坦受阿富汗的影响深重，2010年起针对外国企业的袭击活动比较多。从时间轴上看，安全风险还有另一种情形——季节性的治安盗抢风险：岁末年初，易发生抢劫、偷盗等治安类、侵财类案件。2012年、2013年吉尔吉斯斯坦发生多起暴力抢劫中国公民的案件。2013年11月吉尔吉斯斯坦的比什凯克发生了九起偷盗抢劫中国人财务案件，中国公民遭受了15万索母和1.5万美元的损失①。治安盗抢案件容易转化为刑事伤害案件，在2013年年底比什凯克发生的多起当地犯罪团伙针对中国公民的暴力抢劫案件中有人因此受到不同程度的人身伤害。在一些危害人身安全的事件中，嫌犯不仅针对中国公民，也会针对韩国、伊朗等国公民实施抢劫，以劫财为目的的群体中既有无业游民、惯犯，也不排除有警匪勾结的犯罪团伙。对于企业及其安保公司来说，防范企业发生被盗抢案件，要在应急处置方案的制定、技能、现场应急能力的培养方面着重投入力量。

"一带一路"的安全风险和危机的化解与治理，需要复合型的多元化应对工具。各种海外安全保护的途径不能互相取代，例如中国国际警务服务于"一带一路"建设的特殊价值及其特定的执法安全合作模式和经验，在保护海外安全方面具有不可替代性。但这不意味着它是独一无二的，因为风险和危机是复杂的，各种途径应加以综合应用、交叉组合、互为补充。尤其当多元的安保途径在实践中加以组合应用时，会产生创新性保护效力和价值。在探索复合多元的海外安保过程中，谋求理念创新、职能更新，推动国内警务国际化、国际警务内化，在客观解读影响和决定海外安全度要素的同时，还要积极寻找海外私营安保发展与应用的出路，探索获得海外本土化安保的途径和方式。在认识"一带一路"沿线地缘安全风险及其特点的基础上，需要有国别研究和区别对待。"一带一路"安全风险具有一定趋同性，这决定了海外安保途径具有相互借鉴的价值和意义；当然，彼此的差异性又赋予了应对手段必然是差异化的和个性化的。

中国海外安全保护的对策变化和发展体现在如下方面：（1）出台了一

---

① В Киргизия нападают на граждан Китая, 2013.11.3, https://vesti.uz/v-kirgizii-napadayut-na-grazhdan-kitaya/.

系列相关法律，并加入了一些国际公约等；（2）安保对象在扩大化，国家更关注公民安全，对公民的保护范围也在扩大，更多地从人的安全视角探索途径，安全理念从保护国家安全发展至保护公民安全层面，人类进入了主权国家关注人的安全的时代；（3）从执法、私营安保领域挖掘保护海外利益免受安全袭击的资源，这正逐渐成为一种新的安全观；（4）海外安全保护正在从传统意义上对官员、代表团利益的特定保护发展到对更多更广泛的公民与企业、机构和公司的安全的保护。这不仅给各驻在国使馆提出挑战，也给整个国家、政府、强力部门、警务合作部门、商业机构的保护能力以及它们之间关系的发展提出挑战。

从国际警务保护途径来看，中国国际警务服务于"一带一路"建设的特殊价值，及其建立起来的执法安全合作模式和经验，在保护海外安全方面具有不可替代性。推动国内警务国际化、促进国际警务内化的路径，密切关注国际非传统安全的动态变化形势，探索复合而多元的海外安全保护方略，创新理念，才能寻找海外安全保护的形态、方式及复合型的途径。

一个地区的安保途径对另一个地区有一定的借鉴意义。同时，各种海外安全保护的途径具有其不可替代的价值，可以综合应用和相互组合。尤其是当多元的安保途径在实践中加以组合时，会形成新的创新性保护途径和价值。例如，将安保、保险、物流紧密结合是很多欧美国家相关行业的通行操作模式。撤侨、领事保护、联席会议机制等实施过程，并非哪个部门可以单独完成的。警察在撤侨、维和行动中发挥着重要作用。驻外警务联络官在撤侨活动中，就查验证件、确定公民身份、搜集撤离信息和资源、维持撤离秩序和执行撤离等方面发挥了不可替代的作用。此外，我国的境外中国公民和机构安全保护工作部际联席会议也发挥了重要的制度作用。

"一带一路"建设不仅为地区经济发展提供了优选出路，同时也为国际执法安全合作深层次发展开辟了道路。因维护地区秩序的需要而发展国际警务保护的功能和价值，密切国际警务关系。"一带一路"沿线国彼此在经济领域共融，商品输出、技术植入、企业"走出去"以及理念、软实力、文化的输出与交流，都需要安全环境作为保障。执法安全合作，既要维护地区政治安全与稳定，又要保障地区治安秩序安全，为"一带一路"建设营造安全环境。"一带一路"参与各方应加强国际刑事司法合作，警务信息交流、犯罪情报互换、防范恶性案件发生、打击跨国犯罪，通过国际双边、多边或国际组织的形式开展执法安全合作。

中国与"一带一路"沿线国的警务部门早些时候已经建立了合作基础，例如中国在与俄罗斯、中亚、南亚、东南亚、非洲国家的执法安全部门的合作中已经取得了具体成果。在合作实践中经历了考验，从中获得的理论、范式和经验可以作为下一步与沿线国开展国际警务保护的基础和参考。

"一带一路"沿线国有64个，以区域划分，分别跨越东南亚十一国、南亚七国、中亚五国、西亚十九国、中东欧十六国、独联体四国、非洲一国。"'丝绸之路经济带'的境外建设应以中亚为重点，多年前，英国地缘政治学家麦金利就曾预言，包括中亚在内的亚欧大陆的腹地是全球战略竞争的决胜点。从地缘和安全角度，中亚地区对中国有极其重要的战略意义。目前中亚地区已成为中国的核心利益区，是中国西北边疆的安全屏障。"[1]

中国目前与中亚国家签订了《建立永久睦邻友好合作条约》，等于做出了互不以武力侵犯的安全保证，同时，"一带一路"又是落实中亚基础设施建设、解决就业问题的惠政，它说明中国与之有着坚实的安全、经济、人文的共同利益和共同关切。

中国提出的"一带一路"倡议与哈萨克斯坦"光明之路"的对接规划已经出台，2015年12月14日，中哈总理签署的《中华人民共和国政府和哈萨克斯坦共和国政府联合公报》明确提出，"尽快启动'丝绸之路经济带'建设与'光明之路'新经济政策对接合作规划联合编制工作"[2]。"三股势力"是威胁两国政权安全和地缘非传统安全的共同敌人，在这样的政治背景和经济发展之需背景下，两国加强国际合作与交流、维护共同利益的安全是义不容辞的责任。

哈萨克斯坦是与中国建立战略合作伙伴关系的第一个中亚国家，2011年建立了"全面战略合作伙伴关系"，将合作领域扩大到双边关系方方面面，是仅次于同盟关系合作水平的最高阶段。"一带一路"的实施，要重视中亚核心国家——哈萨克斯坦支持中国对外战略在中亚其他国家施行的重要意义。

---

[1] 王海运、赵常庆、李建民、孙壮志、A. B. 奥斯特洛夫斯基：《"丝绸之路经济带"构想的背景、潜在挑战和未来走势》，《欧亚经济》，2014年8月5日，第13页。

[2] 《中哈"丝绸之路经济带"建设与"光明之路"新经济政策对接合作规划》。2013年9月7日，习近平主席在纳扎尔巴耶夫大学发表演讲时，首次提出共同建设"丝绸之路经济带"倡议，哈方给予积极响应。2014年11月，纳扎尔巴耶夫总统提出"光明之路"新经济政策，中方也给予充分肯定。

自 1997 年中国石油天然气总公司进入哈萨克斯坦阿克纠宾斯克油田，随后，涉华企业无论是国营的还是民营的，陆续走进中亚。早期对这一地区的投资项目规模小、资金数额低，然而，它对中国的意义不在经济，更在于象征意义。哈萨克斯坦人经常骄傲地说，门捷列夫所列出的化学元素在该国领土内都可以找到。该国作为能源大国和与中国经济发展的互补性为跨国经济发展提供了重要支撑。中国在中亚以及哈萨克斯坦建立的设施管线，为能源的输入输出建立了运输条件。这不仅对输入国重要，对输出国的国家利益也是非常重要的。国际能源设施、管线的安全对各国共同经济命脉的重要性可想而知，它需要各方从政府层面投入安全保障。

海外企业的安保秩序构建终极目标是逐步形成具有切实的防范危险因素的安保制度。这种综合安保机制旨在推动预测风险、防范袭击、预防犯罪、实施现场保护、事后追逃、惩处犯罪分子、打击犯罪活动的国际执法安全合作、私人安保、境外企业内保、公民个人防范等综合性的应对措施。采取机关、协约、应急、行动、自我保护的多元途径的组合形式，逐步形成常态化安全保护机制，把消除威胁因素与预先防范威胁因素并重。

中亚国家面临的最大安全问题不是传统安全威胁，而是非传统安全威胁。恐怖主义犯罪、跨国毒品犯罪和走私问题等是该地区国家公认的亟待解决的难题，对此各国认识是统一的。一些国家出于对地区安全的担忧和对维护安全的能力缺乏信心，一度表现出了安全焦虑的状态，这是一种对预期安全形势信心不足的反应。因恐惧安全危机而形成心理不安，内驱力不一致导致结构性失衡或协调性不足。2016 年至今，哈萨克斯坦、塔吉克斯坦等中亚国家的专家和领导在各种学术会议上表达了他们对地区面临的恐怖主义问题严重性的担忧，加之阿富汗局势前景不明，"三股势力"依然活跃，极端势力发展迅速，这些问题都牵扯着周边国家发展的精力。2016 年 12 月 8 日在汉堡举行的第 23 届欧安组织成员国外交部长理事会上，乌兹别克斯坦外交部长阿布拉齐兹·阿米洛夫说，当前阿富汗局势对中亚地区造成了安全威胁①。此外，各国前所未有地认识到解决恐怖主义

---

① Деятельность узбекских экстремистов на севере Афганистана вызывает беспокойство, Деятельность узбекских экстремистов на севере Афганистана вызывает беспокойство, 2016 - 12 - 21, Изазулла из Кабула оказал содействие в подготовке этого материала, http：//central.asia-news.com/ru/articles/cnmi_ca/features/2016/12/21/feature - 03.

问题、毒品犯罪问题对本国发展的重要性。

最后，不得不提醒，由于中亚地区的网络监管长期处于宽松的环境下，加之当地民众通过民族语言或者俄语了解世界、知晓世界，而很难通过汉语去知晓中国及其企业、公民的正面形象，部分中亚青年群体已经受到网络的非正面传播的影响。这些软性环境的变化必须受到极大的重视，否则这些因素日后发生变化后，将会成为影响海外利益的潜在不稳定因素。

空间政治学视野下网络治理的多维考量[*]

马溯川[**]

党的十九大报告中指出：打造共建共治共享的社会治理格局。新时代社会治理格局重要的组成部分就是网络治理。网络技术的发明应用过程深刻改造人类世界，同时存在一个现实空间与网络空间双重时空的问题，两个空间交叉、动态、可持续的互动过程中，其中权力属性、权力秩序甚至权力文化都产生重要影响。

一、网络研究空间维度问题的提出

网络治理研究现在存在三种研究路径：第一，宏观理论阐释，解读网络舆情发展的客观背景和现实意义，从战略层面阐释空间战略建构，提出虚拟空间政治学。第二，中观层次从领导体制、社会治理机制、行政机构方面进行阐述，并且提出治理的规律和路径，其中网络安全是总体国家安全体系的重要组成部分。第三，在微观技术层面上，政治生活与观念都在被虚拟化。政治人、政治空间、政治关系、政治权力、政治治理和政治行为都被互联网技术引入一个新的领域。[①] 另外阐述网络治理的方法论与空间技术开发和方案，尤其在大数据时代，研究数据库更丰富，可在情报分析上运用定量分析方法。

网络治理问题具有即时属性，时间是重要考察变量。空间政治学是空间研究的组成部分，从空间看权力关系、强弱式关系、政治不平等、政治文化等，需要从空间的视野上进行考量。空间是个哲学范畴，作为跟"时间"不同维度的分析视角，空间问题研究在社会科学领域研究中是个焦点话题。马克思主义用"空间"解释人类进行生产生活活动时的区域，马克

---

[*] 国家社会科学青年基金项目"总体国家安全观视域下的西北边疆战略安全研究"（项目批准号17CZZ011）的阶段性成果。

[**] 武警工程大学基础部副教授，从事政治学、国家安全研究。

[①] 王海东：《政治的虚拟与虚拟的政治——虚拟空间政治学探析》，《云南行政学院学报》，2015年9月，第87页。

思主义认为，交换的网络、原材料和能源的流动，构成了空间，并由空间决定。

二、空间政治学的方法论

（一）空间政治学简述

围绕权力问题。政治不平等是个时间问题同时也是空间问题，广义的政治学"是人类集体生活的一种组织和安排，在这种组织和安排之下，各种组织、团体和个人通过一定的程序，实施对集体决策的影响"[1]。研究视野从空间维度看，从关注国内政治发展到国际政治，再拓展到地球大气层外的空间，并且关注空间权力互动，这就是"空间政治学"。"空间是任何公共生活形式的基础。空间是任何权力运作的基础。"[2]

全球化视野。根据世界体系理论，世界经济体可以分为三个部分：核心、边缘和半边缘。核心国家比如美国和欧洲国家制定了有利于它们的贸易规划，这就使得在边缘和半边缘的国家处于不利的地位。世界体系理论强调了经济支配的政治效应。

多学科视角。世界体系理论是从经济结构划分，使用经济学的观点；现代化理论，认为政治不平等是个时间问题，不平等只是社会发展阶段问题，这是社会学的观点；年鉴学派是20世纪史学范式，开启多学科融合、大视角分析的新的历史学范式跨学科研究体系。空间政治学使用地缘学、政治学、社会学、历史学、经济学等多种科学研究方法。

（二）理论发展趋势

随着科学技术进步和社会经济发展，自然和人文环境发生了显著的变化，尤其是信息技术的进步，使得空间结构和空间关系也发生了广泛而深刻的变化。[3] 网络技术对于空间政治学的改造是重构的过程，虚拟网络已经超越传统政治的民族国家，并且自我构建政治价值，要构建中国特色的网络治理模板，实现"虚拟—现实"政治学因素的互动。

首先，信息空间和互联网作为新的空间形态出现；其次，借助信息技术和互联网发展，个人和非政府组织等曾经弱势的政治主体的地位和作用

---

[1] 燕继荣：《政治学十五讲》，北京大学出版社，2004年版，第5页。
[2] 郑春勇：《区域一体化的空间政治学分析》，《理论与现代化》，2011年3月，第5页。
[3] 王礼茂、牟初夫、陆大道：《地缘政治演变驱动力变化与地缘政治学研究新趋势》，《地理研究》，第35卷第1期，2016年1月，第3页。

提升；再次，政治博弈的层面从资源、国土，到气候、人权、民主等多方面发展。

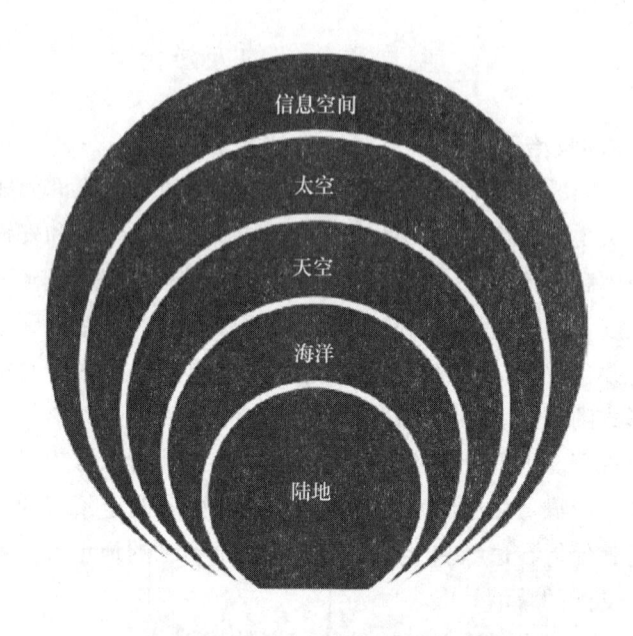

图1　地缘政治空间的发展与演变示意图

三、空间政治视野下网络治理的现实分析和治理路径

（一）依托"一带一路"，后发优势型发展

硬件发展，辐射中亚"世界心脏地带"，网络命运共同体。

第一，融入全球化生产链条。它是一个动态的过程，包括前后相继的三个阶段：处于外部区域、被融入、最后被边缘化。融入根本上意味着在一个特定地理范围内，至少某些重要的生产过程，变成了构成当时资本主义世界体系劳动分工的各种商品链条的组成部分。这对于这些融入地区来讲，绝对是一个天翻地覆的变化。

地缘政治学就是研究地理因素（包括自然地理和人文地理因素）对政治、军事和外交的制约影响，研究如何根据并运用地理条件筹划国家的政策（战略）的一门学说。[①] 我们用地缘政治理论来看"一带一路"，尤其

---

① 邓晓宝：《强国之略：地缘政治卷》，解放军出版社，2014年版，第2页。

是"新丝绸之路经济带"的提出，是近些年陆权发展重要性的回应，是对古代丝绸之路在欧亚大陆的重要地缘意义的回应，同时也是中国承担大国强国责任的回应。

第二，基础建设抓手大数据依托发展。随着信息技术的快速发展，互联网和智能手机、RFID（无线射频识别）标签、无线传感器、视频设备等智能终端设备每分每秒都在产生并传播海量的数据。IBM用数量、种类和速度（3V）定义了大数据，而IDC在这一基础上，进一步强调了大数据的巨大价值（4V）。作为信息化的主体，居民在使用信息通信技术的同时，也在产生大规模的数据。

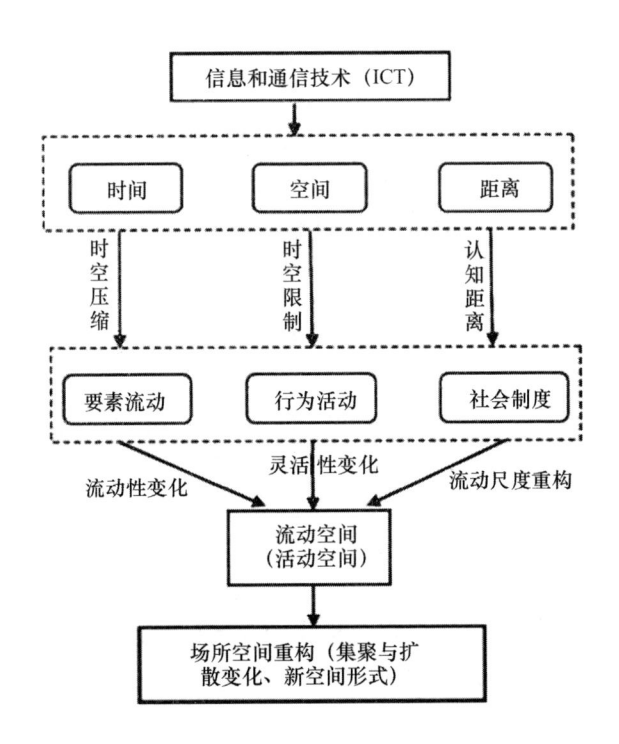

图2 空间分析的新框架与思路

第三，大数据平台建设——人类命运数据共同体。大数据的出现，尤其是基于移动定位感知设备（GPS、手机、传感芯片等）收集的海量关于人的时空行为数据及社交媒体（博客、微博、互联网地图等）的用户行为数据，使得研究人员可以打破传统空间与场所的界限，通过研究地理空间中的大量人的移动行为轨迹和周边场所特征来预测人的活动规律、区域单元之间的交互特征，获取人们对场所的情感评价因素、评估动态变化的城市土地利用价值等。因此，空间大数据能够支持"人地交互"的传统地理学研究，并赋予了新的视角。大数据驱动下的另外一个重要影响就是地理学研究范式的变化趋势。

（二）文化汇聚共融的创新地带

丝路精神是多民族多文化共存共融共荣的实践，但是新的历史时期亨廷顿的"文明冲突论"，让人们理解的文化冲突大于交流。但冲突并不会永远是常态，在安全形势混乱的过程中，也许会酝酿出全新的模式。全面实践"一带一路"倡议，利益关系的集合替代了力量关系的较量，让"权利"替代"权力"，从而证明"丝绸之路经济带"的建设不是一种新霸权。

（三）总体国家安全观多视阈全视角保障

2014年4月5日十八届三中全会提出"总体国家安全观"以来，对"总体国家安全观"的国内研究一般被归为国家制度建设的内容，属于政治学研究范畴。而国家安全制度建设，由于其特殊性、广泛性、宽泛性，往往需要跨学科的理论视角和研究方法。

四、结论与展望

列斐伏尔[1]指出空间是政治性的，空间不是均质的，和空间一样，自然也被政治化了，因为它被引入到了那些有意识的和无意识的战略中。习近平主席把保证国家安全作为巩固党的执政地位的头等大事，深刻把握当今世界格局调整变化和我国发展的阶段性特征，站在协调推进"四个全面"，实现中华民族伟大复兴的历史高度来看待国家安全问题。十九大报告中强调"坚持总体国家安全观，是我们党治国理政的一个重大原则"，强调要以人民安全为宗旨，以政治安全为根本，以经济安全为基础，以军事、文化、社会安全为保障，以促进国际安全为依托，走出一条中国特色国家安全道路。[2] 国家安全涵盖领域非常广泛，构建适合西北地区的网络治理新思考、新思想、新路径，维护西北边疆总体国家体系具有重大意义。

国家网络安全是总体国家安全观的核心内容和重点领域，需要从基础

---

[1] 区域社会学、城市社会学、空间政治学理论的重要奠基人。
[2] 马溯川：《中亚合作"两轮双轨"机制的实现路径》，《陕西日报》，2015年11月17日理论版。

建设、打击网络犯罪、保护网络信息以及网络人才培育等多个层面同时推进。新时代，传统的地缘政治角度分析国家网络安全框架需要加入多维变量：地理属性、人文属性以及自然科学技术属性，宏观思考总体国家安全观的全面统筹问题；并从制度层面，保障国家网络治理新框架、新模型、新梯队建设。

第二篇

"一带一路"框架内的人文与科技合作

关于区域研究人才培养的几点思考

宁 琦[*]

国别和区域研究以特定国家和区域为对象，是一个横跨人文和社会科学等的学科交叉领域。随着中国"一带一路"倡议的实施，中国和世界之间的联系更加紧密，中国需要更加全面系统、更加细致和具体地理解世界，需要一个立足于中国文化和价值的天下观。在这一背景之下，区域国别研究就显得异常重要。而现有人才储备以及人才类型难以满足"一带一路"建设的需求，在某种程度上制约了"一带一路"建设的进程和效果。培养符合"一带一路"建设需要的各领域专门人才，尤其是对通晓沿线国家和区域问题专门人才的培养就显得尤为迫切。

首先，传统的高校外语人才培养的局限性，因为前期我们所有关于区域和国别研究的主要输出学科是外语学科。其一，我们传统上的外语学科人才培养定位和方向都非常单一，方式比较传统，主要是把外语作为交流和交际的工具。其二，学习外语的规模并不小，但效果并不理想，目前已进入全民英语，甚至全民外语的时代。当前在教育部备案的专业外语语种已近100个，但与真正符合需要的人才资源的短缺形成极为鲜明的对比。其三，与外国语言文学学科相关的研究领域和人才培养方向相对狭限，无法满足日益增长的国家发展及与世界其他国家合作的需要。成绩最为突出的是国别语言文学文化的研究，但严重缺乏区域研究人才，缺乏懂中国、懂世界，善于解决复杂问题的专家，所以国别和区域研究与相关人才的培养就显得尤为迫切。

其实整个外国语言文学学科内部也在经历着巨大的变化。在2013年国务院学位委员会学科评议组编写发布的《学位授予和人才培养一级学科简介》当中对外国语言文学一级学科的内涵进行了描述，包括外国语言研究、外国文学研究、翻译研究、国别和区域研究，比较文学与跨文化研究。首次把国别和区域研究明确纳入外国语言文学研究的框架之内，并且指出国别和区域研究要借助历史学、哲学、人类学、社会学、政治学、经济学和法学等学科的理论和方法。探讨语言对象国家和区域的历史文学、

---

[*] 北京大学外国语学院院长，北京大学区域与国别研究院常务副院长。

政治、经济、社会制度和中外关系，注重全球与区域发展进程的理论和实践，提倡与国际政治、国际经济、国际法等相关学科的交叉渗透。当前，教育部国别和区域研究基地和备案中心已经达到400余家，具有相当的规模。特别是国别研究中心，基本覆盖了世界大部分国家，最终目标是实现国别研究的全覆盖。但在这样一个看起来非常热闹的国别和区域研究的态势之下，真正有价值的研究成果目前并没有显现出来。

第二个大的方面，当前国别和区域研究中存在的问题，简单说来，一是跨学科的人才培养模式和学术研究团队建设分离。二是相关人才队伍和人才培养方式相对落后和传统。三是学科体系缺少原创性，偏重大国研究及其相关人才的培养。四是国别研究和区域研究的界限和定位并不清晰。这一点需要稍微做些强调，不少高校是将国别研究和区域研究混为一谈的。实际上区域研究不能等同于国别研究，也并不是若干国别研究的叠加，两者有着本质的区别。区域研究的重点是针对构成整个世界的不同文明区域的文明根源、历史变迁和相关联的跨学科研究领域。国别研究则是以现代民族国家为基准单位，针对单一国家的语言文化、政治经济以及国家间的国际关系为对象的学科领域。所以区域研究不单纯以民族国家作为界定对象的边界，它常常要突破现有的民族国家界限，从局部的整体，而非局部出发来理解该区域的历史和现实的变化。区域研究强调区域本身在语言、宗教、文化、社会结构上的同源性，强调文明母体及其历史演变的研究。即便在国际关系和国际政治的框架下，亦要从该区域不同国家间的互动的角度来理解。而现有的国别研究，通常局限在某一单一国家之内，而且理论预设具有浓厚的西方现代主义色彩，虽然其对形成完整的世界历史格局做出过贡献，却在全球化的今天引发了诸多的矛盾。因此中国必须要找到超越民族国家思考范式的新途径、新理论，才能够解决自身和世界的问题。第五个方面的问题是国别和区域研究当中的基础理论研究和智库建设存在矛盾。我们认为高校更为重要的责任是进行相关学科的基础理论建设，建立起一整套规范科学的学术体系，用于指导当前和未来的理论与实践，为开展前瞻性的理论研究打下良好的基础。再有就是人才培养，要为国家建设提供源源不断的人才支持。在智库建设方面，高校应该有更长远、更深远的设计，没有长期的跟踪研究、应有的成果积累、人才培养和储备，是不可能在短期内变成一个真正意义的智库的。这一点我们要特别的审慎。

第三个大的方面，是区域国别研究人才的前景。从这方面讲，前景一定是大好的，综合性大学在国别及区域研究、在人才培养方面具有独特的优势和潜力，特别是多学科和跨学科的优势明显。另外，国际国内大势提供了广阔的空间和机会，"一带一路"倡议的开放性和示范效应在不久的未来，以及更长远的未来都会有非常充分的显现。

最后一个方面，我想介绍一下北京大学国别和区域研究人才培养的实践。当前，为应对国家"一带一路"建设的需要，以及国别和区域研究的需要，我们学院在外国语言文学一级学科的框架下自主建立了国别和区域研究的二级学科。同时，在整个北京大学框架之下学校成立了区域和国别研究院。其目的是要打破文理医工等诸学科之间的壁垒，创造交叉学科人才培养模式，整合学科资源，集中优势力量开展科学研究，对接国家需要，建设国家智库及其智力的储备。这里谈到的人才培养，尤其是要在人才培养模式上创新。我们希望招上来的研究生有机会进行充分的田野调查和国际体验，在应有的交叉学科培养的背景之下，至少要有一年的时间在他所要研究的国家或区域进行田野调查，另外至少还要有一个学年的时间在相关研究领域的国际顶级研究机构进行学术训练和学习。同时，通过组建校内校外、国内国际联合的跨学科指导组对我们的研究生进行培养。现在北大外国语学院正在建设国别和区域研究这一新学科，所以我们期待能够获得大家的支持，并有机会进行合作。

以全球创新网络的形式发展国际科技合作

安东纽克·拉里萨[*]

  第四次工业革命的主要任务就是用全新的技术改变我们的生活和经济发展。经济发展的决定性要素就是科技创新。

  在现代的全球化社会中,信息技术发展非常重要,国际的、跨国的网络性合作是我们交流新知识、经验和创新驱动的重要平台。我们看到,联合国教科文组织发布了2030年前的科技发展报告。这里面提出了几项2030年前科技发展的路线图,有几个非常重要的要素,首先就是各国治理机构发生的变化。其次是各国人口的变化。再次是不同的国家之间交流的频度的变化,不同产品的生命周期是不同的,而产品的创新周期越来越短,这对科创企业也提出新的任务,即要非常重视研发工作。和外部伙伴开展创新合作也非常重要,而且对未来社会来说,发展不同的跨国的科技平台非常重要。

  对我们来说,加强科技合作在当前的条件下是非常重要的。这需要创新国际合作的模式,拓展国际合作的渠道。目前各个国家对国际合作的需求都在日益增长,尤其是在工业4.0快速展开的情况下,对发展中国家来说提升产生的附加值是一个非常重要的任务。这里面需要吸收更多的外国直接投资,加强自主研发的能力等等。这对我们的人才培养提出了全新的要求,包括对新时代的信息定义、分类和对这些信息的掌握以及国际交流等都非常重要。

  我们需要为科技创新创造更好的环境,吸收更多的初创企业和高科技企业参与创新研发。全球化发展到现在的新阶段,也要求我们更多提升经济发展的科技成分。第四次工业革命发展的国际局势与以往有很多的不同,我们看到了像3D打印、物联网包括工业物联网正在改变着世界经济发展的格局。全球创新网络的建设在这一条件下显得尤为重要,对欧亚地区的国家来说能够建立跨国的创新平台尤为重要。例如在法国,有一家国家所属的创新公司,它在航空航天以及高科技研发方面就有非常多的

---

[*] 乌克兰基辅瓦季姆·盖特曼国立经济大学副校长(主管科研)。

措施。

第四次工业革命中科技创新非常重要的一个平台就是要建立国际的创新网络机构，目前已经提出了7天×24小时全面创新的发展理念。如在法国的实验室研发结束之后，相关的研究成果会被迅速地投入生产和进入商业化的进程。有效的创新网络可以使参与研发和生产的所有相关机构获得更高的竞争能力，这对信息交流、交换的有效性提出了全新的要求。

很多高科技的工具，包括宽带互联网还有各种各样的创新科学技术目前正在我们的科技发展中发挥着越来越重要的作用。一个国家的创新能力有以下评价指标，包括创新潜力、所掌握的专利技术数量、具有较高的职业技术才能工人的数量、国际学生的数量、加强国际金融合作的频度和吸收直接外资的金额，以及研发占GDP的比例等，在这些数据的基础上，我们可以看到各个国家创新能力的排名，排在前三位的是卢森堡、以色列和瑞士。很遗憾，我们欧亚地区的国家都还要进一步的努力。接下来我想有请大家关注这一页PPT，这里显示的是在全球创新体系中的主体架构图，在第一列列出三类创新的主体：第一个是全周期教学，第二个是大学，第三个是全周期的研发。从这三个方面来说，各种不同的机制都介入到全球的网络中，而且彼此之间在相互作用。创新科技研发网络也非常重要，最主要的是这些创新国家都是能够在人才竞争中显示出强大实力的国家。

教育4.0是联合国教科文组织提出的全新的概念，教育4.0理念主要是强调富有创新性、能够创造性地进行思考的年轻学生，要有强大的学习能力，要进行终身学习，等等。这要求我们的政、产、学、研进行密切的合作，使得教育不独立于经济发展和科技创新的进程之外。教育4.0遍布全球的网络覆盖了所有的五大洲的各个国家，已经形成了一个全球化的网络。这要求我们提高各国国民教育体系的竞争力。

最后我们得出一个结论就是，高等教育的竞争力和全球创新指数密切相关。这里看到横坐标是竞争力，而纵坐标就是全球创新指数。在这两个指标作用之下，不同的国家位于不同的区域。其实我们看到，在两种因素的相互作用之下，高等教育还有教育4.0目前面临着全新的发展局面和发展机遇。

除此之外，对各个国家的创新能力进行分析之后，我们也大概得出了一些自己的结论，就是在表格里列出了几种评价的方式，包括培养的高级人才的数量、创新研发的能力、发表高端论文的数量等，这要求我们的高等教育要对新的技术和新的研发持开放的态度，要迅速地适应各种变化，虚拟合作非常重要，是现代教育非常重要的组成部分。我们基辅国立经济大学创建于1906年，已经有100多年的历史，目前在校学生一共有1.5万多人，为乌克兰的国民经济培养高级的管理人员，同时也是欧洲教育质量监控体系的成员。根据2017年美国宾夕法尼亚大学"分析中心世界指数评级"年度报告，我校位于乌克兰高校第一位。在科学研究方面我想特别强调，目前我们学校成立了一个全新的研究机构，叫作当代中国研究中心。这个中心的牵头人是库尔兹·鲍里斯，他是20世纪苏联时期非常有名的汉学家之一。我们当代中国研究中心主要对中国的历史、经济、文化、传统以及当代的发展，就是改革开放进行研究。库尔兹教授也是乌克兰第一部《东方学》期刊的创刊人和主编。目前"一带一路"倡议的相关研究是我们中心非常重要的一个研究方向。中心定期举办各种各样的研讨会、圆桌会议、国际论坛邀请中国专家参与讨论。

自20世纪始，苏中两国就有非常好的高等教育交流项目，进入新世纪之后，中国和乌克兰之间的高等教育交流发展得非常蓬勃，中国政府为我们学生提供为期一年的实习机会。我也非常欢迎在座的各位专家学者积极参与我们中心的建设和相关的工作。可以说当代中国研究中心也是我们科研创新的一个重要平台，获得了乌克兰教育部的大力支持，在这个平台上我们可以看到针对中欧关系和现代中国的各个方面的研究。这里还想介绍一下基辅国立经济大学设立的科技园区，这个科技园区在不同的国际科研竞赛上获得了相当骄人的成绩。目前我们正在研究虚拟现实，这主要是服务于乌克兰经济发展部。2015年我们开始举办中欧对话会，乌克兰在积极准备参与下个月即将在上海举行的中国国际进口博览会，我非常欢迎各位能够来到乌克兰国家馆的展台上，我们大学也会参加这次展会，在这个展台上推荐我们的虚拟现实项目。

（根据现场同传速记稿整理）

【俄文原文】

Развитие научно－технического сотрудничества в формате глобальных инновационных сетей

Лариса Антонюк[*]

Аннотация. В работе рассматриваются вопросы развития научно－технического сотрудничества в формате глобальных инновационных сетей как важнейшей формы конкуперации в масштабах глобального научно-образовательного пространства. Раскрываются такие аспекты как необходимость развития сотрудничества в сфера проведения научных исследований между исследователями и организациями разных стран; актуальность построения различных типов глобальных инновационных сетей и участия в них представителей университетов и исследователей из стран различных социально－экономических систем; влияние и участие систем высшего образования на инновационную результативность и активность. Проведена классификация глобальных сетей, многокритериальный кластерный анализ диспозиции национальных образовательных систем, условия развития сотрудничества разделены на два типа－которые облегчают сотрудничество и которые создают потребность в нём, приведены примеры компаний и университетов, которые развивают и используют потенциал участия в глобальных инновационных сетях. Сделано вывод о перспективности развития научно－образовательных от-ношений между Китаем и Украиной.

Ключевые слова: конкуперация, исследования, высшее образование, глобальные инновационные сети, конкурентоспособность, технологии.

Вступление.

Ключевой характеристикой трансформационных изменений в экономическом базисе мирового хозяйства XXI века является возникновение

---

[*] д. е. н, профессор, Киевский национальный экономический университет имени Вадима Гетьмана, Украина.

технологий Четвертой Промышленной революции, которые фундаментально меняют то, как мы живем, работаем и строим взаимоотношения. В этих условиях решающим фактором экономического роста выступают технологические новшества, овладеть которыми в короткие сроки стремятся все субъекты международных экономических отношений, побуждая их к жесткой конкурентной борьбе. Концептуальные положения моделей тройной, квартетной и квинтетной спиралей раскрывают, что лидерство развитых стран опирается на сотрудничество ключевых стейкхолдеров социально – экономического развития – органов власти, предприятий, университетов и общества.

Одной из предпосылок для реализации экономики знаний является тесная связь между экономическим и социальным развитием и системами высшего образования, исследований и инноваций. В развитых странах центральное место в национальной инновационной системе занимают исследовательские университеты, исследовательские институты, национальные лаборатории, аналитические центры. В современном мире сложность управления инновационной системой страны связана в значительной мере с тем, что исследования все чаще ведутся в транснациональных и глобальных сетях.

В современном глобализированном и взаимосвязанном мире на основе информационно – коммуникационных технологий международные сетевое взаимодействие, мобильность и сотрудничество являются ключевыми инструментами для обмена новыми знаниями, передовым опытом и драйверами экономического развития и роста. Данная тема привлекает все большее внимание ученых как объект изучения, но по – прежнему относительно мало известно о том, как работают глобальные исследовательские системы и связанные с ними системы знаний. Различие социально-экономических условий в разных странах еще более усложняет изучение и препятствует созданию общей модели, применимой ко всем ситуациям. Интерес вызывают такие направления как: способность транснациональных исследовательских сетей поддерживать взаимосвязь между достижения в области научных исследований и разработок и важностью их для локального развития; влияние международных исследовательских сетей на наращивание национального потенциала и т. д. (i).

Научные исследования и международное сотрудничество

Эксперты ЮНЕСКО в докладе перспективах развития науки до 2030 года, в котором отражено состояние науки, технологий и инноваций в мире, обратили внимание следующие тенденции: во-первых, углубление связи между наукой и политикой в решении целей тысячелетия и глобальных проблем человечества; во-вторых, рост глобальных расходов на научные исследование и развитие, происходит более быстрыми темпами, чем растет мировая экономика; в-третьих, наращивание международной мобильности и научного сотрудничества (ii). При этом научно-технологическое сотрудничество представляет собой одно из определяющих направлений интернационализации научно-исследовательских разработок.

Глобальная конкуренция резко сокращает жизненные циклы продуктов, в то время как растущая интеграция различных технологий делает инновации более рискованными и дорогостоящими. Компании все больше и больше интернационализируют наукоёмкие корпоративные функции, включая исследования и разработки, и одновременно открывают свой инновационный процесс для сотрудничества с внешними партнерами. (iii)

Поэтому сегодня наиболее жизнеспособными являются те компании и организации, которые применяют эффективные стратегии научно-технологического сотрудничества с другими субъектами глобальной инновационной системы. Это позволяет создать целый ряд конкурентных преимуществ. Прежде всего-это снижение затрат и рисков, достижения высокой производительности за счет полученных в процессе обмена знаниями, доступа к редким ресурсам и рынкам, в результате чего в максимальной степени удовлетворяются приоритеты их потребителей. В этих условиях возрастает роль науки и университетов как центров знаний и «лабораторий будущего общества» в обеспечении конкурентного лидерства национальных экономик в XXI веке.

Хотя, большинство инвестиций в научно-исследовательские и опытно-конструкторские работы все еще сосредотачиваются в компании страны базирования, сейчас они также начали заниматься и оффшорной научно – исследовательской деятельностью. Офшоринг научно – исследовательской деятельности сначала имел целью приспособить продукты и процессы с требованиями местного рынка и компании пытались использовать его для привлечения иностранных знаний, технологий и человеческого капитала. Кроме того, сотрудничество для инноваций развивалось путем кооперации с внешними партнерами и поставщиками, о чем свидетельствует рост числа совместных патентов изобретателей из разных стран.

Факторы, которые обусловливают развитие научно – технологического сотрудничества можно дифференцировать на две группы составляющих: первая – условия, облегчающие сотрудничество, а вторая – условия, которые создают потребность в сотрудничестве (рис. 1).

Важным критерием сотрудничества между странами является наличие патентов с участием изобретателей из разных стран. Связь между глобальными цепочками добавленной стоимости и глобальными инновационными сетями отражены в ведущей роли транснациональных компаний в процессе патентования. Более 60% всех патентных заявок и две трети общих изобретений связанны с деятельностью международных корпораций. Более 50% общих изобретений касаются соавторов в разных странах. Сотрудничество в научной сфере между учреждениями разных стран улучшает сетевые связи и повышает вероятность того, что исследование будет коммерциализовано или принято частным сектором (ⅳ).

Научное сотрудничество может позволить небольшим странам достичь большей добавленной стоимости сегментов в глобальных цепочках добавленной стоимости и привлекать прямые иностранные инвестиции. Знания также могут распространяться быстрее, когда межличностные связи через совместную работу и сотрудничество создают возможности для обучения, которые выходят далеко за рамки обмена кодифицированной информацией (ⅴ).

Эксперты идентифицируют три типа зарубежных центров исследований и разработок: локальные центры развития, глобальные исследовательские лаборатории и глобальные центры развития (табл.). Локальные исследовательские центры, предназначены для поддержки

```
┌─────────────────────────┐          ┌─────────────────────────┐
│  Условия, которые       │          │  Условия, которые       │
│  облегчают              │          │  создают                │
└─────────────────────────┘          └─────────────────────────┘
```

| Совершенствование системы управления | Разработка государственной инновационно-техн | Глобализация 4.0 и роль знаний в экономических |

- Введение информационных и коммуникационных
- Практическая реализация стратегических документов в сфере содействия и
- Сходство технологий в различных странах увеличивает
- Развитие инновационных кластеров
- Гармонизация регуляторных актов и
- Расходы и риски, которые

Рис. 1. Детерминанты международного инновационного сотрудничества

производства и реализации продукции в других странах, помогая адаптировать поставки к местному спросу. Большинство из них по-прежнему находятся в странах с высоким уровнем дохода. Основной задачей глобальных исследовательских лабораторий, в которых потребители, фирмы и научно-исследовательские учреждения взаимодействуют друг с другом, есть привлечение научно-технических локально сконцентрированных ресурсов. Глобальные исследовательские центры проводят исследования и оказывают поддержку офисов в сфере исследований с целью получения преимуществ от открытой инновационной практики. Поэтому они находятся в странах, где можно нанять высококва-лифицированных специалистов с низкой стоимостью по сравнению со страной базирования (табл. 1.).

Таблица 1. Основные характеристики типов зарубежных центров исследований

Название структур	Характеристики локальной привлекательности	
	Предложение научных и технологических знаний	Спрос
Локальный центр развития	Локальная технологическая инфраструктура Качество научного персонала	Размер и покупательная способность локального рынка
Глобальная исследовательская лаборатория	Центры совершенства Тесная взаимосвязь между исследователями и индустриями	Рыночные лидеры
Глобальный центр развития	Соотношение стоимости и результатов научно – исследовательской работы	Защита прав интеллектуальной собственности

Источник: vi

Глобальные инновационные сети

Любая страна, претендующая на роль инновационного лидера вXXI веке, должна уметь реагировать на глобальные вызовы, предусматривать создание благоприятной инновационно-инвестиционной среды для привлечения иностранных инновационных компаний и интеграции национальных контрагентов к глобальным инновационным сетям. Феномен глобальных инновационных сетей одновременно отражает эволюцию процессов глобализации и изменение контуров мировой экономики, когда стремительные технологические сдвиги Четвертой Промышленной революции происходят на фоне всеобъемлющей сетевизации, информатизации и диджитализации. Внедрение информационно-коммуникационных технологий открыло новые возможности в применении искусственного интеллекта, виртуальной реальности, Интернета вещей, 3-D печати, умных систем и многих других радикальных технологий. Появление такой новой организационной формы как глобальная инновационная сеть, предоставляет ее участникам больше возможностей воспользоваться преимуществами аутсорсинга и офшоринга в процессе научно-технического сотрудничества, открывает возможности для опе-ративного создания и коммерциализации инноваций. Преимущества от участия в глобальной инновационной сети за счет доступа к ресурсам и технологиям, включения в глобальные цепочки добавленной стоимости, повышения эффективности функционирования и гибкости управления получают не только глобальные, но и локальные и региональные инновационные компании разного размера, техно-и индустриальные пар-ки, технополисы научно-исследовательские и образовательные учреждения.

Глобализация все больше влияет на то, как компании работают, конкурируют и внедряют инновации как внутри страны, так и на международному уровне. Чтобы соответствовать растущему спросу на инновации со стороны клиентов, поставщиков, компании объединяют в глобальные инновационные сети университеты, правительственные уч-еждения другие компании внутри страны или за рубежом для решения проблем, получения доступа к знаниями и генерирования идей. Глобальные инновационные сети включают в себя собственные научно-исследовательские учреждения за рубежом, а также совместные соглашения с внешними партнерами и поставщиками. (vii)

КейсSafran

Примером компании, которая применяет в своей деятельности концепцию «Фабрика знаний 24\7» является французский промышл-енный конгломератSafran – международная группа высокотехнологичных компаний и поставщик систем первого уровня на аэрокосмических и оборонных рынках. Safran входит в топ-100 компаний глобальных инноваторов по рейтингу ThomsonReuters, имеет более 850 собственных патентов и является мировым лидером по производству двигателей, электросетей для самолетов, систем безопасности и тому подобного.

Используя на производственных предприятиях ведущие цифровые технологии, менеджмент компании действует как «Фабрика будущего», которая способствует сближению многочисленных решений, порож-даемые цифровой революцией: связанные машины и объекты (Интернет вещей), непрерывность данных для производства и операций, обработка огромных данных, использование робототехники, когенераторов и человеко-машинных интерфейсов, 3D-печать, искусственный интеллект и многое другое. В 2017 году ею было инвестировано 740 млн. евро в промышленные объекты, в том числе 472 млн. евро во Франции, где находится стратегическое ядро исследований и производственных операций. Активное внедрение виртуальной и дополненной реальности, робототехники, аддитивного производства позволило на 50% оптимизировать производственные процессы на фабриках, сэкономить 300 тыс. евро на разработках, на 100% предотвратить инверсии ошибок за счет использования дополненной реальности, достичь отсутствия брака через внедрение более 200 роботов и коботов, которые систематически обрабатывают более 1000 деталей за 20 минут по сравнению с 4 часовой работой обычного оператора.

Принцип работы конгломерата реализуется теперь таким образом, что с помощью ключевых технологий Четвертой Промышленной революции каждый производственный филиал задействован в глобальную инновационную сеть, где продуцируются новые разработки и продукты компании. Одной из основных характеристик концепции «Фабрика знаний 24\7» является беспрерывность и линейность выполнения задач. Таким образом, благодаря использованию технологийbig data, для конгломерата стало возможным заниматься процессом разработки беспрерывно. По окончанию работы исследовательских лабораторий во Франции работа передается филиалам в США, что в свою очередь, обеспечивает проверку качества выполнения задач и постоянный прогресс в процессе создания и увеличение добавленной стоимости конечного продукта. (viii)

Глобальные инновационные сети характеризуются прежде всего генерацией, трансфером и коммерциализацией инноваций в глобальной конкурентной среде. Эффективные инновационные сети предоставляют конкурентные преимущества всем стейкхолдерам через совместное использование материальных и нематериальных ресурсов, высокой степени организации и координации информационного потока и инновационной деятельности. Для этого должны быть соответствующие предпосылки. Включая доступ к скоростному интернету и других высокотехнологичных инструментов коммуникационного сектора, а также модератора этого процесса. Глобальные инновационные сети возникли как результат изменения парадигмы конкуренции и поиска конкурентных преимуществ в конкуперации и глобального лидерства (ix).

Глобальные инновационные сети оказывают существенное влияние на эффективность функционирования национальных и региональных инновационных систем. Транснациональные компании со своими эффективными экосистемами или корпоративными сетями создают трансграничные узлы между региональными или национальными системами инноваций. ТНК также связывают занятых научно-технической деятельностью в разных странах, а их экосистемы часто интегрированы в кластеры и промышленные сферы в конкретных отраслях промышленности в разных странах. В этом контексте географическая близость позволяет осуществлять локальное обучение в течении всей жизни. (x)

Эксперты ОЭСР разработали методику оценки потенциала стран для участия в глобальных инновационных сетях. Он измеряется по ряду таких показателей как:

– международное сотрудничество в области исследований и инноваций, измеряемое международным соавторством, международные совместные изобретения и международная мобильность научного персонала.

– иностранные студенты и высококвалифицированные работники, измеряются долей международных и иностранных студентов, а также и иностранных докторов.

– стимулирование финансирования международного сотруд-ничества, измеренное правительственными расходами на исследование и развитие (в том числе и финансируемых за рубежом), доля затрат на исследования и разработки, финансируемые из-за рубежа.

На основе нормализации этих показателей рассчитывается итоговый показатель, отражающий степень, в которой страны имеют рамочные условия, политику и характеристики, способствующие участию в глобальных инновационных сетях (рис. 2).

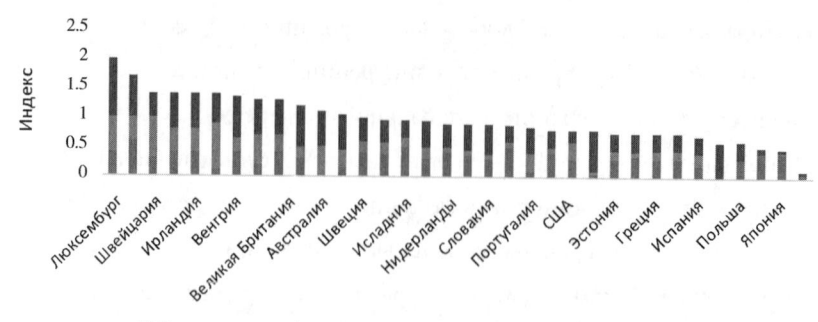

Рис. 2. Потенциал участия стран, членов ОЭСР в глобальной образовательной, инновационной и исследовательской сети, синтетический индикатор

Важными показателями, которые определяют потенциальную возможность эффективного сотрудничества университетов в инновационных сетях являются:

- количество иностранных студентов;
- расходы бизнеса на исследования и зарубежное развитие, %;
- степень сотрудничества между странами в сфере образования;
- международная мобильность ученых, %.

Инновационная деятельность сетевой организации является результатом сочетания аутсорсинга и офшоринга исследований и других инновационных процессов. Развитие глобальных сетей обусловлено соч-етанием двух тенденций: развитие модели открытых инноваций и гло-бальных цепочек стоимости. Г. Чесбро определяет открытые инновации—как "ценные идеи", которые зарождаются как внутри компании, так и извне. (xi)

Глобальные инновационные сети способствуют сотрудничеству как с академическими организациями, так и сотрудничеством в инновационной сфере с другими фирмами. Тип партнера будет зависеть от основной функции исследовательского центра. Ключевой характеристикой глоб-альной инновационной сети является то, что она включает в себя различные организации (рис. 3). Преимущества исследовательских сетей включают:

– информирование о новостях, анонсов конференций, семинаров, профессиональных встреч, других событий;

– возможность распространения своих и получения доступа к научным публикациям других участников глобального сообщества;

– рецензирование проектов научных публикаций;

– публикация в журналах и издательствах, которые включены в наукометрические базы;

– поиск партнеров для реализации грантов и исследований;

– возможность налаживания прямой коммуникации между ученым и членами сообщества относительно собственного и други-х исследований;

– определение ведущих направлений исследований;

– сообщение о возможностях трудоустройства, мобильности;

– участие в реализации открытой науки и открытых инноваций;

– формирование профессиональной этики и имиджа.

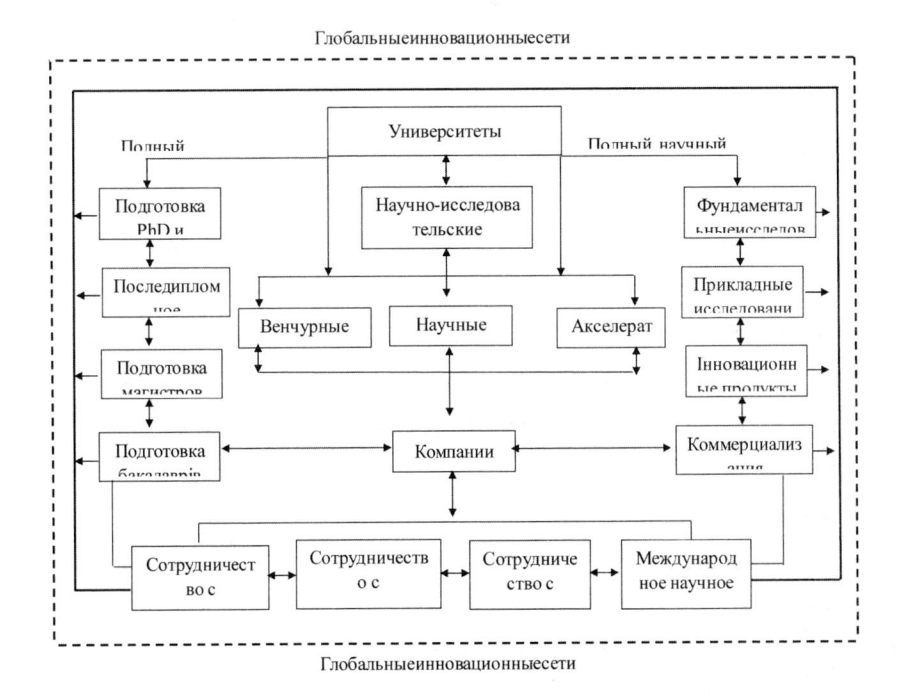

Рис. 3. Субъекты глобальных инновационных сетей

Можно выделить следующие типы исследовательских инновационных сетей: универсальные; профессиональные; региональные, а по форме оплаты – бесплатные, платные, спонсорские. Среди наиболее известных исследовательских сетей, предлагающих бесплатное членство или дифференцированный размер членского взноса (в зависимости от страны происхождения, величины годового дохода или статуса лица / института) можно выделить следующие: глобальные: (ResearchGate; SSRN; Mendeley; World Interdisciplinary Network for Institutional Research; Regional Studies Association и многие другие); международные (Research Papers in Economics; European Central Bank; Research networks; EaP Connect и многие другие); национальные.

Глобальные образовательные сети являются такими же важными как инновационные и научные связи. Обостряется борьба лидеров мировой экономики за таланты. Страны – ключевые инноваторы имеют большой успех в привлечении иностранных студентов и ученых, что способствует усиленной их конкурентоспособности.

Высшее образование и инновации

Конкурентное лидерство стран в значительной степени обеспечивается способностью систем высшего образования сформировать благоприятную учебную среду для овладения новейшими профессиональными компетенциями в соответствии с потребностями динамичного рынка труда путем максимальной реализации талантов преподавателей, исследователей, студентов, а также соответствием образовательных услуг высоким стандартам качества, углублением партнерства с бизнесом, наращиванием академической мобильности и интернационализацией научно-исследовательской деятельности.

Для исследований роли университетов в международном сотрудничестве важно учитывать новую концепцию национальных систем высшего образования как сетевых структур «4.0», которые глубоко интегрированы в глобальное научное и инновационное пространство, способны адаптироваться к изменениям опережающими темпами и обеспечивать достижение целей устойчивого развития. Миссией университетов является подготовка активных инноваторов, способных критически мыслить и действовать в условиях неопределенности, формирования общества, учится (таблица 2).

Таблица 2. Эволюция парадигмальных основ систем высшего образования

аспекты	Образование 1.0	Образование 2.0	Образование 3.0	Образование 4.0
Миссия системы высшего образования	Массовое образование, овладение системными стандартизированными знаниями, проведение эпизодических исследований	Овладение специализированными знаниями и навыками, увеличение уровня финансирования образования, проведение прикладных исследований	Оказание высококачественных образовательных услуг, Исследования на основе государственно – частного партнерства	Оказание глобальных компетенций всем желающим, Обучение базируется на исследованиях, участии в инновационных процессах
Миссия университетов	Создание, накопление и распространение знаний	Подготовка конкурентных специалистов для национального рынка труда, повышение качества образования	Подготовка конкурентоспособных специалистов для глобального рынка труда	Подготовка системно и аналитически мыслящих инноваторов, достижения целей устойчивого развития
Методики обучения	От преподавателя – студенту, запоминание	Образовательный диалог; разнообразие учебного процесса	Обмен знаниями, образование в течение жизни	Совместная разработка инноваций
Непрерывное образование Технологии обучения	Технологии практически не используются	Эпизодическое использование технологий, Интернета	Технологии активно используются	Тесная интеграция технологий и их ежедневная модификация

аспекты	Образование 1.0	Образование 2.0	Образование 3.0	Образование 4.0
Место обучения	Специально отведенные учебные помещения	Учебные помещения, онлайн-платформы	Учебные помещения, онлайн-платформы, другие места	Глобальная сеть
Результаты учебного процесса	Выпускники, ориентированные на выполнение профессиональных функций	Выпускники, обладающие необходимыми компетенциями	Выпускники, обладающие критическим мышлением и предпринимательскими навыками	Выпускники, способные к креативности, создание инноваций и их коммерциализации
Взаимодействие с правительством	Практически отсутствует	Ограниченная сотрудничество	Активное сотрудничество	Продуктивная интеграция
Взаимосвязи с бизнесом	Практически отсутствует	Расширенные	Постоянные	Тесная взаимосвязь
Общественные проекты	Практически отсутствует	Ограничены, ориентированы на местные-общины	Проекты, которые влияют на общественное развитие	Постоянное инициирование проектов и участие в глобальном развитии

Источник: составлено по [xii; xiii].

Открытая инновационная среда в которой идеи свободно вытекают за пределы организаций и предприятий могут быть наиболее эффективно использованы бизнесом на каждом этапе исследовательского процесса. Наибольшей эффективности модель открытых инноваций приобретает именно в рамках сетевых структур. Осуществляя совместные иссл-едования и разработки, обмениваясь ценными идеями, знаниями и те-хнологиями, компании в пределах сетей формируют эффективные бизнес-модели, снижают затраты на исследования, а также создают принципиально новые рынки и сектора, чтобы получить динамические конкурентные преимущества.

Именно поэтому в рамках фундаментальной исследовательской темы «Глобальные императивы конкурентоспособности национальных систем высшего образования» нами было дало определение глобальной конкурентоспособности национальных систем высшего образования в парадигме устойчивого развития. Нею есть способность субъектов предоставлять высококачественные научные, образовательные и экспертно-консультативные услуги и гарантировать выпускникам овладение глобальными компетенциями благодаря лидерству университетов в развитии инноваций, предпринимательства, формировании креативного общества, наращивании интеллектуального капитала.

Основываясь на этом, была предложена авторская методика оценки конкурентных позиций систем высшего образования по следующим показателям:

1. уровень охвата населения высшим образованием;

2. качество высшего образования;

3. уровень финансирования;

4. влияние научных публикаций;

5. интенсивность сотрудничества университетов с бизнесом;

6. степень международной привлекательности;

7. удельный вес университетов мирового класса;

8. качество научно-исследовательских институтов.

На основе проведенного кластерного анализа показателей национальных систем высшего образования идентифицированы три типа их конкурентной диспозиции-лидеры, последователи, догоняющие (xiv). Оценка диспропорций развития национальных систем высшего образования на основе расчета коэффициентов асимметрии и эксцесса позволила выявить сокращение разрывов между государствами в разрезе мониторинговых параметров по уровню охвата населения высшим образованием, его качества и сохранения асимметрий по показателям интенсивности сотрудничества университетов с бизнесом, качества научно-исследовательских институтов. В результате мировая научно-образовательная карта состоит из следующих кластеров:

– Кластер Ⅰ включает США, Великобританию.

– Кластер Ⅱ – Австралию, Австрию, Бельгию, Данию, Канаду, Нидерланды, Германию, Норвегию, Сингапур, Финляндию, Францию, Швейцарию, Швецию, Японию.

– Кластер Ⅲ – Гонконг, Эстонию, Израиль, Объединённые Арабские Эмираты, Ирландию, Катар, Коста – Рику, Литву, Малайзию, Мальту, Новую Зеландию.

– Кластер Ⅳ – Китай, Индию, Бразилию, Индонезию, Южную Африку, Мексику, Таиланд.

– Кластер Ⅴ – Аргентину, Грецию, Испанию, Италию, Латвию, Республику Корею, Польшу, Чехию, Чили, Россию, Словению, Саудовскую Аравию, Украину, Венгрию.

В ходе исследования было выявлено высокую корреляционную зависимость между Глобальным инновационным индексом и Индексом конкурентоспособности систем высшего образования (авторская методика) стран участников Инициативы «Один пояс и один путь», Японии и Южной Кореи – коэффициент корреляции равен 0, 91. Результаты исследования показали, что к странам с высокими показателями конкурентоспособности систем высшего образования и глобального индекса конкурентоспособности относятся Австралия, Сингапур, Япония. Страны с показателями выше среднего уровня по соответствующим индексам – Израиль, Новая Зеландия, Китай, Южная Корея. Страны с показателями ниже среднего уровня – Чехия, Словения, ОАЭ, РФ, Украина, Сербия, Малайзия, Иран, Катар, Словакия, Болгария, Польша, Венгрия, Таиланд, Южная Африка, Казахстан, Индонезия. Страны с низким уровнем – Египет, Марокко, Тунис, Вьетнам, Албания, Пакистан, Непал, Таджикистан, Грузия, Молдова (рис. 4).

Помимо этого, нами определено, что на уровень конкурентоспособности систем высшего образования и инновационное развитие влияют затраты на исследования и разработки, в т. ч. бизнеса, а также степень вовлеченности в глобальные инновационные сети посредствам международного сотрудничества в сфере высшего образования, международной мобильности ученых, количества иностранных студентов.

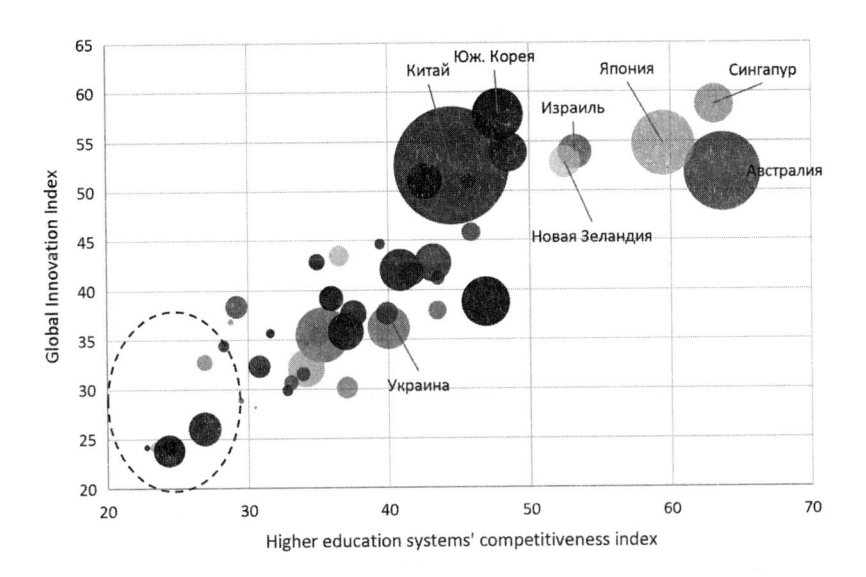

Рис. 4. Конкурентная диспозиция систем высшего образования

* размер круга – количество публикаций в результате международного сотрудничества.

Так путем иерархической классификации стран по вышеуказанным показателям, мы определили, что государства, которые активно вовлечены в глобальные инновационные сети и имеют высокие затраты на исследование и разработки занимают ведущие позиции в Глобальном инновационном индексе и по конкурентоспособности систем высшего образования. Среди таких государств – Сингапур, Южная Корея, Япония. Со средним уровнем вовлеченности и затрат на исследование и разработки – Китай, Малайзия, Словакия, Болгария, Польша, Венгрия, Казахстан, Индонезия. С низким уровнем – Таиланд, Украина, Египет, Вьетнам, Албания, Пакистан, Непал, Таджикистан, Грузия, Молдова, Южная Африка. Данные расчеты подтвердило построение зависимости Глобального инновационного индекса и Индекса сетевой готовности (рис. 5).

Одной из наиболее известных публикаций в области исследования уровня развития ИКТ в мире Глобальный отчет по информационным технологиям, который ежегодно публикуется Всемирным экономическим форумом. Кроме анализа основных изменений в сфере информационного общества и глобального развития сектора ИКТ, специалисты также рассчитывают, так называемый, Индекс сетевой готовности. Он состоит из ряда суб-идексов, а именно:

• суб-индекс окружения, поскольку общий уровень развития сектора ИКТ в стране напрямую зависит от того, с какими условиями сталкиваются предприятия-новаторы и члены общества в целом при осуществлении деятельности в той или иной стране;

• суб-индекс готовности, который измеряет общий уровень восприятия ИКТ в государстве и дает системную оценку уровню соответствующей инфраструктуры в стране;

• суб-индекс использования определяет, насколько высок уровень освоения технологий в обществе и каков спрос на информационные ресурсы и технологии в стране;

• суб-индекс влияния, которое определяет, каков же уровень влияния информационных технологий на социальные и экономические сдвиги в государстве и позволяет делать вывод о том, насколько целесообразным является проведение реформ и распространения информационных технологий в обществе на данном этапе развития.

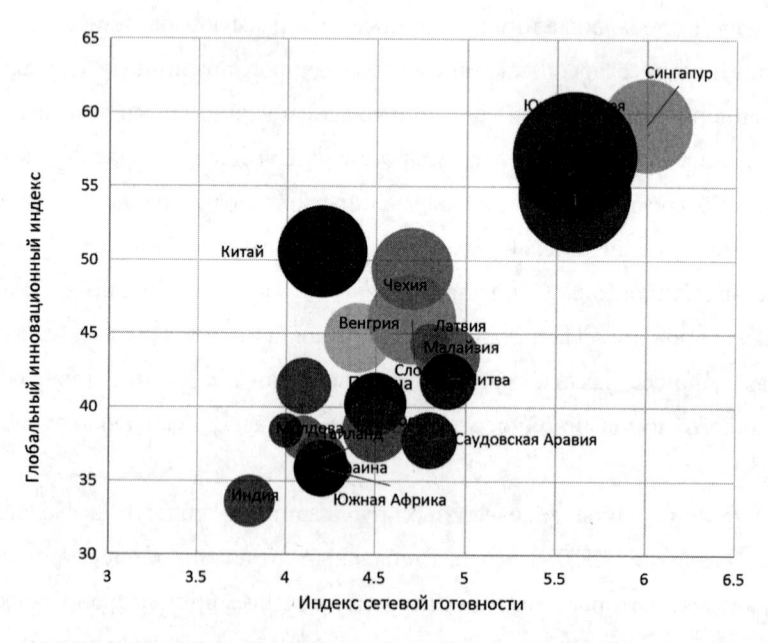

Рис. 5 Диспозиция стран по индексу сетевой готовности

Данные суб-индексы объединяют в себе 10 общих измерений развития ИКТ в обществе – «столбов сетевой готовности» – которые, в свою очередь, дают возможность понять уровень сетевой готовности общества (табл. 3). Таким образом, индекс по своей сути охватывает различные аспекты проявления ИКТ в жизни общества – как экономические, так социальные; как влияние ИКТ на общество, так и обратный эффект, что демонстрирует широкий спектр его оценки. Конечно, в результате интеграции многих разноплановых показателей могут возникать определенные неточности в процессе их сравнения и усреднения, однако на уровне 53 показателей ожидается, что данный эффект будет нивелирован.

Таблица 3. Рейтинг стран – ключевых инноваторов

Индекс	Global Network ReadinessIndex 2017	GlobalInnovationIndex 2018	ICT DevelopmentIndex 2017
Организация	Мировой экономический форум	Cornell University & INSEAD Business School	Всемирный союз телекоммуникаций
Количество стран	139	128	122
Сингапур	1	5	18
Финляндия	2	7	22
Швеция	3	3	5
Норвегия	4	1	7
США	5	9	16
Нидерланды	6	2	7
Швейцария	7	1	3
Российская Федерация	41	46	45
Китай	59	17	80
Украина	64	43	79

Идентификация кластеров с конкурентоспособными системами высшего образования позволила выявить стратегические компетенции выпускников университетов в условиях четвертой промышленной революции, роль высшего образования этих стран в формировании знаний и навыков по решению комплексных задач. Ключевые компетенции можно разбить на ряд групп: компетенции профессиональной деятельности (проектный способ мышления, предприимчивость, лидерские качества, управление людьми, командная работа, трансдисциплинарность, доброжелате-льность, терпение), критического мышления (креативность, инновац-ионность, когнитивное управление, способность принимать эффективные решения, гибкость восприятия новых идей), коммуникационных на-выков (эмоциональный интеллект, умение выступать публично, вести переговоры, убеждать, способность к межкультурному, виртуальному сотрудничеству) и ценностей личности (сила духа, социальная ответственность, здоровый образ жизни, стрессоустойчивость, патриотизм).

КНЕУ: опыт и готовность

Научно-исследовательская и инновационная деятельность КНЭУ является одним из приоритетных направлений его функционирования и неотъемлемой составляющей системы образования, соответствующей миссии Университета как осуществление весомого вклада в общественное развитие через исследования, генерирование новых знаний, их распространение и подготовку социально ответственных, креативных личностей и конкурентных специалистов.

КНЭУ-лучший экономический вуз Украины, университет предпринимательского направления, который оказывает комплексное глубокое образование (с современным практическим компонентом), а студенты получают дипломы бакалавров, магистров и PhD государственного образца. Абитуриенты, который избрали изучать экономическую профессию, имеют шанс реализовать свой потенциал полностью. В КНЭУ работают люди, которые совмещают преподавательскую и профессиональную деятельность, поэтому его авторитет среди работодателей остается неизменно высоким. Специальные центры университета ориентированы на сотрудничество с зарубежными коллегами (из Европы, Китая и Южной Кореи, США), студенты участвуют в программах обучения и стажировки по обмену, или совмещают учебу – поэтому мы следим за новейшими трендами в профессии.

Мощный интеллектуальный ресурс КНЭУ, высокий уровень научно-исследовательской деятельности преподавателей и активное продуцирование ими новых научных идей позволили приумножить вклад университета в исполнение научных тем за средства государственного бюджета, разработку стратегий деятельности корпоративных структур, реализацию международных сертификационных программ и образовательных проектов, а также разработку целого ряда законопроектов в сфере экономики и права（xv）.

По данным ежегодного исследования «Всемирный индекс – рейтинг аналитических центров» Института Лаудера при Университете Пенсильвании（США）за 2017 Киевский национальный экономический университет занял третье место среди аналитических центров Украины и является единственным среди университетов Украины（xvi）. При этом КНЭУ занимает 36 место среди лучших аналитических центров Центральной и Восточной. Методология составления этого индекса опирается на экспертные оценки, аналитических центров, политиков, журналистов, общественных и частных спонсорских организаций со всего мира. При этом оценка влияния аналитических центров происходила по таким группам показателей как объем их продукции и влияния, индикаторы ресурсов, полезности.

Подтверждением весомых достижений КНЭУ в сфере науки и образования стало награждениеRecognised for Excellence 4 star – Признан-ная совершенству от Европейского фонда управления качеством. Именно экспертная оценка, которую проводит команда аудиторов от организаций-членов фонда, определила насколько хорошо налажена текущая практика управления научно-образовательным процессом университета и определила пути совершенствования. Кроме того, КНЭУ стал членом Клуба лидеров качества Украины-элитного объединения лучших украинских предприятий и призером Украинского национального конкурса качества, который проводится на основе Модели совершенства Европейского фонда управления качеством（EFQM）.

Последние пять лет университет характеризуется, усилением концентрации усилий ученых на проведении инновационных для теории и экономической практики направлениях исследований, их координации через деятельность 23 научно-исследовательских институтов. , Сотрудники КНЭУ проводят исследования по проблематике глобального экономического развития, национальных и региональных стратегий конкурентоспособности, управленческого консультирования, экономики и менеджмента агропромышленного комплекса, ИТ, финансово – инновационных исследований, инновационной деятельности.

Важно отметить существенную диверсификацию деятельности Научного парка КНЭУ в сфере коммерциализации научно – исследовательских работ. Так, за последние 3 года на его платформе выполнялись около 30 масштабных научно – консалтинговых проектов по заказу государственных и коммерческих учреждений. Только в 2017 было реализовано шесть проектов общим финансированием около 1,4 млн грн.

Один из проектов Научного парка КНЭУ, который характеризуется высокой конкурентоспособностью научных и научно – прикладных результатов, касается разработки информационно – аналитической системы авт-оматизированного построения моделей оценки кредитных рисков. Возможности системы были продемонстрированы в Министерстве финансов Украины, Национальном банке Украины и ряде международных организаций. В результате проведенной работы, Научный парк КНЭУ был отмечен Общегосударственной рейтинговой программой награждения лидеров экономики Украины, Золотом в рейтинге субъектов хозяйствования Украины в номинации «Финансовые показатели успешной деятельности» и получил статус «Лидера отрасли». Проводится работа по включению научного парка к глобальной сети научных парков с целью получения дополнительных конкурентных преимуществ для проведения исследований и коммерциализации научных результатов.

КНЭУ начал разработку постоянно действующей «Инновационной сетевой платформы экономических исследований и образования» в рамках деятельности Межведомственной рабочей группы по мониторингу и организационно-методического обеспечения развития национальной инновационной системы Украины (созданной Министерством образования и науки Украины). Данная инициатива предоставляет широкие возможности совершенствования системы научных экономических исследований; формирования национальной конкурентоспособной кластерно – сетевой модели предоставления качественных услуг, которые опираются на знания; формирования полноценного рынка объектов интеллектуальной собственности.

Команда молодых ученых разработала информационную интернет-платформу целью которой является поддержка инновационных проектов малого и среднего бизнеса и научного сообщества. Меры поддержки заключаются в продвижении инновационных проектов; осуществлении поиска инвесторов, партнеров, исполнителей и экспертов; обнародовании публикаций и аналитических отчетов по инновационной тематике. На этой базе ученые КНЭУ приняли участие в разработке такого стратегического документа государственного значения как «Украина - 2030: Доктрина сбалансированного развития» совместно с учеными 5 ведущих университетов страны: КНУ имени Шевченко, Национального технического университета «КПИ», Национального университета «Киево-Могилянская академия», Национального университета биоресурсов и природопользования Украины и Украинской бизнес-инициативы. Опираясь на исследования и расчеты в формате системного анализа действующей экономической модели экономики Украины на основе использования сценарного подхода прогнозирования, обосновывается модель инновационного развития, которая должна стать основным инструментом для дальнейших расчетов и детализации узкоспециализированных программ развития Украины. Следующий этап работы с 50 университетами страны позволил продолжить работу по созданию Белой книги экономической политики Украины до 2030: национальные и региональные измерения.

Выводы.

Появление и развитие глобальных инновационных сетей стало в значительной мере результатом изменения парадигмы конкуренции и поиска конкурентных преимуществ в конкуперации и глобального лидерства. Использование достижений прогресса в сфере ИКТ, технологий Четвертой Промышленной революции позволяет инновационно активным субъектам получать конкурентные преимущества как внутри страны, так и на международных рынках.

Разнообразие форм и интенсивности сотрудничества заинтересованных субъектов научно-образовательного с представителями другими секторов национальных экономик позволяют формировать критическую массу конкурентных преимуществ независимо от размеров стран. Факторы, которые обуславливают развитие научно-технологического сот-рудничества, в т. ч. международного, можно дифференцировать на две группы составляющих: первая – условия, облегчающие сотрудн-ичество, а вторая – условия, которые создают потребность в сотру-дничестве. При этом выделяются три типа зарубежных центров исс-ледований и разработок: локальные центры развития, глобальные исследовательские лаборатории и глобальные центры развития.

Глобальные инновационные сети выступают новой формой научно-технологического взаимодействия, потенциал которой опирается на ресурсные возможности открытой науки и образования, сочетание тенденций развития модели открытых инноваций и глобальных цепочек стоимости. Активизация инновационной деятельности формирует глобальное поле возможностей для стран, компаний и университетов. На примере Safran продемонстрированы возможности использования преимуществ управленческого и научно-технического прогресса.

Целый ряд экспертов предложил методики оценки потенциала стран для участия в глобальных инновационных сетях. В них учитывается, что ключевой характеристикой глобальной инновационной сети является включение в ее орбиту различных организаций. Выделяются следующие типы исследовательских инновационных сетей: по масштабам деят-ельности – универсальные; профессиональные; региональные; по форме оплаты – бесплатные, платные, спонсорские.

Влияние концепции национальных систем высшего образования как сетевых структур «4.0» обуславливает необходимость инвестиций в развитие соответствующей инфраструктуры, как физической, так и на уровне компетенций, которыми должны владеть современные спе-циалисты. Эволюция парадигмальных основ систем высшего образования влияет на изменение миссии системы высшего образования и университетов, места, методик и технологий обучения, результатов учебного процесса, формы взаимодействия с органами власти, бизнесом и обществом.

Конкурентоспособность национальных систем высшего образования определяется способностью их субъектов предоставлять высококачественные научные, образовательные и экспертно－консультативные услуги и гарантировать выпускникам овладение глобальными компетенциями благодаря лидерству университетов в развитии инноваций, предпринимательства, формировании креативного общества, наращивании интеллектуального капитала. На основе авторской методики был проведен анализ диспозиции национальных систем высшего образования, где США, Великобритания вошли в первый кластер, Китай－четвертый, а Украина в пятый. Такие позиции коррелируют с развитием ИКТ и сетевой готовностью, этих стран, для повышения которых Украина может предложить Китаю креативные решения. Например, КНЕУ в условиях значительных ограничений ориентируется на коммерциализацию интеллектуального ресурса в международных инновационных сетях и проектах.

Литература

1. Mary－Louise Kearney & Daniel Lincoln（2013）Research universities： networking the knowledge economy, Studies in Higher Education, 38：3, 313－315, DOI：10. 1080/03075079. 2013. 778682.

2. UNESCO Science Report： towards 2030. 2015. Executive Summary. UNESCO Publ. . http：//unesdoc. unesco. org/images/0023/002354/235407e. pdf.

3. De Backer, K.（2008）. Open innovation in global networks. OECD. http：//browse. oecdbookshop. org/oecd/pdfs/browseit/9208071E. PDF.

4. OECDSkills Outlook Report 2017－http：//www. oecd. org/education/oecd－skills－outlook－2017－9789264273351－en. htm.

5. OECDPapers 2017 The Links between Global Value Chains and Global Innovation Networks^ An Exploration http：//www. oecd. org/officialdocuments/publicdisplaydocumentpdf/？cote = DSTI/IND（2016）8/FINAL&docLanguage = En.

6. Global value chains, global innovation networks and economic performance. i4g and OECD Workshop, Paris 9－10 September 2013. https：//

ec. europa. eu/research/innovation – union/pdf/expert – groups/i4g – oecd_workshop_ gvc_ and_ gin. pdf.

7. De Backer, K. (2008). Open innovation in global networks. OECD. http：//browse. oecdbookshop. org/oecd/pdfs/browseit/9208071E. PDF.

8. Safran Registration Document 2017, Safran Factory of the Future Report 2017. https：//www. safran – group. com/file/download/2017 – registration – document. pdf.

9. Ільницький Д. О. Глобальна конкуренція в науково – освітньомупросторі： монографія / Д. О. Ільницький. —К. ： КНЕУ, 2016. — 445.

10. De Backer, K. (2008). Open innovation in global networks. OECD. http：//browse. oecdbookshop. org/oecd/pdfs/browseit/9208071E. PDF.

11. Chesbrough, H., 2003, Open innovation：The new imperative for creating and profi ting from technology, Boston (MA)：Harvard Business School Press.

12. Harkins, A. M. Leapfrog Principles and Practices：Core Components of Education 3. 0 and 4. 0. [Електроннийресурс] / Harkins, A. M. // Futures Research Quarterly Draft VIII. – 2008. – Режимдоступудоресурсу： http：// leapfrog. umn. edu/Documents/HarkinsCoreComponents. pdf.

13. Moravec, J. W. Knowmad Society. Moving beyond Education 2. 0. [Електроннийресурс] / Moravec, J. W. // Education Futures. – 2008. – Режимдоступудоресурсу： http://www. educationfutures. com/2008/02/15/moving-beyond – education – 20/.

14. Мжнароднаконкурентнадиспозиціянаціональних систем вищоїосвіти / Антонюк Лариса, Ільницький Денис, БарабасьДмитро, Санду-лМарія // Міжнароднаекономічнаполітика. – 2017. – №2. – С. 7 – 39.

15. Оболенська Т. Концептуальніпідходи до міжнародногоспівробітництваміжвищиминавчальними закладами / ТетянаОболенська, ОленаЦіркун // Міжнароднаекономічнаполітика. – 2016. – №2. С. 41 – 58.

16. McGann, J. G. (2018). The Think Tank Index Report 2017. University of Pennsylvania. https：//www. gotothinktank. com/global – goto – think – tank – index/.

17. Mary – Louise Kearney & Daniel Lincoln (2013) Research universities： networking the knowledge economy, Studies in Higher Education, 38：3, 313 – 315, DOI：10. 1080/03075079. 2013. 778682.

18. UNESCO Science Report: towards 2030. 2015. Executive Summary. UNESCO Publ.. http: //unesdoc. unesco. org/images/0023/002354/235407e. pdf.

19. De Backer, K. (2008). Open innovation in global networks. OECD. http: //browse. oecdbookshop. org/oecd/pdfs/browseit/9208071E. PDF.

20. 4OECD Skills Outlook Report 2017 – http: //www. oecd. org/education/oecd – skills – outlook – 2017 – 9789264273351 – en. htm.

21. OECD Papers 2017 The Links between Global Value Chains and Global Innovation Networks^ An Exploration http: //www. oecd. org/officialdocuments/publicdisplaydocumentpdf/? cote = DSTI/IND (2016) 8/FINAL&docLanguage = En.

22. Global value chains, global innovation networks and economic performance. i4g and OECD Workshop, Paris 9 – 10 September 2013. https: //ec. europa. eu/research/innovation – union/pdf/expert – groups/i4g – oecd_workshop_ gvc_ and_ gin. pdf.

23. De Backer, K. (2008). Open innovation in global networks. OECD. http: //browse. oecdbookshop. org/oecd/pdfs/browseit/9208071E. PDF.

24. Safran Registration Document 2017, Safran Factory of the Future Report 2017. https: //www. safran – group. com/file/download/2017 – registration – document. pdf.

25. Ільницький Д. О. Глобальна конкуренція в науково – освітньому просторі : монографія / Д. О. Ільницький. —К. : КНЕУ, 2016. — 445.

26. De Backer, K. (2008). Open innovation in global networks. OECD. http: //browse. oecdbookshop. org/oecd/pdfs/browseit/9208071E. PDF.

27. Chesbrough, H., 2003, Open innovation: The new imperative for creating and profi ting from technology, Boston (MA): Harvard Business School Press.

28. Harkins, A. M. Leapfrog Principles and Practices: Core Components of Education 3. 0 and 4. 0. [Електроннийресурс] / Harkins, A. M. // Futures Research Quarterly Draft VIII. – 2008. – Режимдоступудоресурсу: http: //leapfrog. umn. edu/Documents/HarkinsCoreComponents. pdf.

29. Moravec, J. W. Knowmad Society. Moving beyond Education 2. 0. [Електроннийресурс] / Moravec, J. W. // Education Futures. – 2008. – Режимдоступудоресурсу: http: //www. educationfutures. com/2008/02/15/

movingbeyond – education – 20/.

30. Міжнародна конкурентна диспозиція національних систем вищої освіти / Антонюк Лариса, Ільницький Денис, Барабась Дмитро, Сандул Марія // Міжнародна економічна політика. – 2017. – №2. – С. 7 – 39.

31. ОболенськаТ. Концептуальніпідходидоміжнародногоспівробітництваміжвищиминавчальнимизакладами / ТетянаОболенська, ОленаЦиркун // Міжнароднаекономічнаполітика. – 2016. – №2. – С. 41 – 58.

32. McGann, J. G. (2018). The Think Tank Index Report 2017. University of Pennsylvania. https：//www.gotothinktank.com/global – goto – think – tank – index/.

中国的"一带一路"倡议：上合组织双边多边关系的典范

罗拉·萨伊多娃[*]

上合组织非常重要的一个基础就是上海精神，上合组织的前身是上海五国，当时主要是为了互利发展开展合作和磋商。五年前中国国家主席习近平提出了"丝绸之路经济带"的倡议，那么"一带一路"给欧亚大陆带来了哪些积极变化？第一，上合国家之间的关系更加密切；第二，上合组织成员国的经济、政治合作加强；第三，欧亚国家之间的科技人文交流日益密切。

在过去五年我们取得了相当显著的成就，在上合组织各个领域的合作范围内，上海合作组织的健康发展在青岛峰会再一次获得了证实，也为世人所瞩目。我想强调上合青岛峰会有以下五个成果：一是加强了成员国之间的互信；二是加强了各成员国之间的信息安全合作以及法律方面的合作；三是建立了强大的创新驱动机制，推动了一带一盟的对接；四是进一步加深和扩大了人文合作；五是扩大了多边伙伴关系的网络。

当前上合组织合作有非常重要的三个优先方向：第一是安全，尤其是确保集体安全。第二是上合组织的经贸联系。第三是上合组织范围内的人文和教育合作，这里包括青年政策方面的协调等。

在科技进步的过程中，上合组织各国之间已经建立了部长级会晤的机制，及时磋商科技发展以及科技成果转化的最新工作情况。上合组织在其他领域的合作，比如说环保、农业、能源、纳米技术、信息和通讯技术、地震学方面的研究也正在加强，因为地震学对我们中亚来说尤其重要。

今天我们在这里召开的"一带一路"论坛，是一个非常重要的专家磋商和智库交流的平台。我们主要的任务就是加强欧亚地区国家之间的合作，进一步沟通各方立场，如在社会经济、政治、文化等领域。如今我们看到上合组织成员国的安全问题对整个欧亚地区来说至关重要。乌兹别克斯坦致力于维护中亚的稳定和可持续发展，营造相互信任的氛围，相互尊

---

[*] 乌兹别克斯坦司法部律师进修中心国际法和人权教研室主任，法学博士。

重，维护睦邻友好关系。当然信任要基于立场和原则的一致，或者是相近，不同的伙伴之间要相互尊重。对中亚的安全来说非常重要的一个因素就是阿富汗，所以上合阿富汗联络组的建立对于阿富汗问题的解决和阿富汗的持续发展至关重要。因为阿富汗是中亚民族、宗教和不同族群之间冲突的一个重要因素。国际社会都希望看到阿富汗问题得到顺利和尽快的解决。但很遗憾，很多关于阿富汗问题的国际努力目前还没有带来显著的成果。上合组织的联络组应该重点关注如何协调阿富汗政府和不同的军事领袖以及极端主义之间的问题，降低阿富汗冲突的紧张程度。我们认为必须要针对阿富汗的人才培养机制和人才培养工具，进一步宣扬和发挥伊斯兰教的宽容、以人为本、强调各民族和谐的特点。上合组织成员国之间有非常长远和友好的科技规划合作。古丝绸之路的驼队就曾把我们联系在了一起。"一带一路"为中亚各个国家之间，各国与中国之间，包括政府、企业、教育、人文领域之间的合作，搭建了非常好的桥梁和平台。

乌兹别克斯坦和中国很多智库机构都开展了富有成效的合作，包括中国社科院、上海大学、上海合作组织公共外交研究院等。目前在塔什干国立东方学院已经设立了上海合作组织民间外交中心。之前乌兹别克斯坦在中国驻乌兹别克斯坦大使馆的支持下，召开了首届"一带一路"论坛。今后这个论坛将每年定期举行。在上海合作组织青岛峰会上也通过了关于进一步加强人文合作的重要文件，即上合组织青年倡议，这一文件也是在乌兹别克斯坦米尔济约耶夫总统倡导下提出和审议通过的。对青年人进行教育有利于保护青年不受到极端主义的影响，也会降低恐怖主义、极端主义和分裂主义在中亚的总体影响力和对社会稳定的破坏力。

我们要进一步加强在"一带一路"框架内的人文交流和人文合作。上合组织合作的一个非常重要的方向，包括共建"一带一路"非常重要的组成部分就是发展上合组织成员国之间的旅游。2018年6月28日乌兹别克斯坦总统正式签署了总统令，准备在撒马尔罕组建国际旅游大学，10月撒马尔罕的国际旅游大学已经开始招生，第一批学生一共是125人，教学语言有三种：英语、俄语、汉语。乌兹别克斯坦正在努力简化入境游客的签证程序，我们还推出了"丝绸之路"专项签证。针对来乌兹别克斯坦进行商务考察和投资的一些商务人士，我们推出了金色签证，这个项目我们正在积极探讨过程中。中国的经济发展令全世界瞩目，也是乌兹别克斯坦要学习的对象，我们要多向中国借鉴经济发展的经验。

多年以来，中国保持了相当不错的经济增速，根据联合国所提供的数据，目前中国的贫困人口已经减少了7亿人，同一时期，中国对世界经济发展的贡献超过30%。中国将在上海主办首届中国国际进口博览会，乌兹别克斯坦也派出了阵容庞大的代表团，主要推介乌兹别克斯坦制造的品牌，在这次展会上我们将带来优质的绿色农业产品。目前乌兹别克斯坦正处于一个改革浪潮汹涌澎湃的时代，我们正在全面改善国家的投资环境，就在2018年我们新注册了776家合资或者外资独资的企业，除此之外2018年年底之前我们还将实施377个全国性的项目和148个行业发展项目，其中有外资参与的项目。乌兹别克斯坦政府通过了关于进一步加强投资和基础设施项目的政府令。从2018年年初到现在，乌兹别克斯坦和上合组织成员国的双边贸易额增长了30%多。我们也在大力地加强进出口贸易，包括和中国以及其他周边国家的贸易，乌兹别克斯坦积极参与各种跨区域的交通基础设施项目，我们需要建设更多的通道，以便成为全球最发达的消费市场。正因如此，乌兹别克斯坦还提出了一项非常重要的倡议，就是共同实施上合组织国家一些创新性的项目，这有助于我们进一步发展我们的高科技实力，进一步推动数字经济、可替代能源以及现代医学的发展。

如果谈到中乌双边关系，这里我想强调中乌在共建"丝绸之路经济带"的合作已经取得了非常显著的成果，日益向世人证明合作的有效性。中国和乌兹别克斯坦都有这样的说法：民富才是国富。

（根据现场同传速记稿整理）

【俄文原文】

Китайская инициатива «Один пояс и один путь» воплощение идеи на примере многосторонних и двухстронних отношений ШОС

Лола Саидова[*]

Основой ШОС является "шанхайский дух", к основным принципам

---

[*] Заведующей кафедрой международного права и прав человека Центра повышения квалификации юристов Министерство Юстиции Республики Узбекистан, доктор юридических наук.

которого относятся создание нового международного политического и экономического порядка, справедливого и разумного, стимулирование мировой многополярности и демократизация международных отношений. Эти цели были предусмотрены еще в начале создания организации, когда ее основатели – "шанхайская пятерка" – создали механизм сотрудничества и консультаций для взаимовыгодного развития.

Ровно 5 лет тому назад Китайский руководитель выдвинул грандиозную инициативу сотрудничества в рамках стран ШОС.

«Один пояс и один путь» для Евразийского региона. Какие плоды она приносит в настоящее время?

Во-первых, это более тесная, нарастающая интеграция в рамках стран ШОС и за ее пределами; во-вторых, это взаимная политическая, экономическая, технологическая поддержка стран региона ШОС; в-третьих, объединение усилий в гуманитарных и научных сферах для интенсивного развития Евразийского региона.

За прошедшие пять лет достигнуты весомые результаты во всех аспектах многостороннего сотрудничества.

Характеризуя поступательное развитие ШОС за эти годы глава Китая на саммите в Циндао справедливо подчеркнул пять основных направлений этого сотрудничества, которые характеризует Шанхайское сотрудничество.

Первое – взаимное доверие с учетом национальных интересов;

Второе – это укрепление оборонной и информационной безопасности, координации правоохранительной деятельности их взаимодействия в восстановлении Афганистана;

Третье – создание мощных драйверов роста, сопрягая стратегии развития со строительством «Один пояс и один путь»;

Четвертое – развитие гуманитарного сотрудничества;

Пятое направление это расширение сети всесторонних партнерств.

Будучи организацией «нового типа» три ключевые сферы сотрудничества объединяют стран ШОС.

Прежде всего, сфера безопасности, это антитеррористические, военно-технические компоненты, усиление компонента коллективной безопасности являются важными элементами взаимодействия.

В экономике это – прежде всего торговля, поощрение инвестиционный деятельности, энергитечное сотрудничество.

В гуманитарной сфере сближение образовательных систем, стандартов, создание информационного пространства ШОС, координация культурной, молодежной политики и другие сферы.

В рамках научно – технического сотрудничества сформирован механизм совещаний руководителей министерств и ведомств, науки и техники государств – членов ШОС, постоянно действующая экспертная рабочая группа. Сегодня такое сотрудничество регулирует взаимодействие стран в природоохранной, сельскохозяйственной, энергетической сферах, нанотехнологиях, информационных и телекоммуникационных системах, геологии и сейсмологии.

В настоящее время четко вырисовывается концепция неделимой, комплексной и устойчивой безопасности стран ШОС в Евразийском регионе. Узбекистан нацелен на превращение региона в зону стабильности и устойчивого развития, формирование здесь атмосферы доверия, взаимного уважения и добрососедства. Естественно что доверие строится на совпадение подходов и близости принципов, равноправие и взаимного учета интересов. Создание контактной группы «ШОС – Афганистан» нацелен совместному отстаиванию безопасности и стабильности в регионе.

Она несомненно будет результативной. Страны ШОС ….. длит-ельная историческая связь культуры, науки. За прошедшие пять лет этой инициативы положено хорошие начало расширению контактов специалистов различного учреждений ученых, представителей широкой общественности стран ШОС как многосторонней так и на двухсторонней основе. Например, для расширения связей и сотрудничества ученых Кита и Узбекистана в двустороннем формате и в рамках ШОС, на базе Ташкентского государственного института востоковедения начало работу Центр народной дипломатии ШОС в Узбекистане. При поддержке Ассоциации публичной дипломатии Китая и Посольства КНР в Узбекистане прошел первый форум «Один пояс и один путь» и этап Форум будет ежегодным. Интеллектуальная поддержка «Один пояс и один путь» регулярно на протяжения многих лет поддерживается институтом России, Восточной Европы и Центральной Азии ООН КНР, Институтом публичной дипломатии ШОС.Шанхайского Университета, к чему свидетельствует также эта встреча ученых экспертов стран ШОС.

В рамках гуманитарного сотрудничества стран ШОС сегодня принято Совместное обращение к молодежи инициированное главой Узбекистана Ш. Мирзиеевым и поддержанное членами организации. На наш взгляд, именно в этом направление огромное поле неиспользованных ресурсов и возможностей. Совместные усилия в этом вопросе будут нацелены на самореализации молодежи, противодействовать распространению «вируса» идеологии насилия, попыткам вовлечения молодежи в деятельность террористических, сепаратистских и экстремистских группировок. Думается, что странам участникам ШОС предстоит создать комплексную программу по формированию молодежной политики в духе толерантности, просвещения молодого поколения.

Такая программа послужило бы углублению сотрудничества «Один пояс и один путь».

Одна из составляющих идеи «Один пояс и один путь» – это сотрудничество в сфере развития туризма стран участниц ШОС. 28 июня 2018 года Президентом Узбекистана было принято Постановление о создание в Самарканде Международного Университета туризма.

«Шелковый путь». С этого года года он начинает прием 125 студентов, обучение которых будет производиться на английском, русском и китайском языках. На наш взгляд подготовка кадров в духе одного пояса и одного пути реализует потенциал туристического.

В Узбекистане также упрощается порядок въезда иностранцев в страну, расширяется круг стран, применяющий безвизовый режим, внедряются электронная выдача виз, вводится дополнительные льготные визовые режимы как «Silk road» для туристов, путешествующих по странам шелкового пути, «Golden visa» сроком на 10 лет для крупных иностранных инвесторов не только для стран участниц ШОС и другим странам. Открытость и беспрепятственный въезд экономического и культурного взаимобмена между странами участниками ШОС, дает хороший толчок дальнейшему развитию взаимоотношений.

Сегодня Узбекистан - страна бурлящих реформ. В стране улучшена инвестиционная среда.

Активно привлекаются прямые инвестиции в регионы и экономические отрасли. Только за этот год зарегистрировано 776 новых совместных и иностранных предприятий. Кроме того, до конца этого года предусматривается реализация 377 территориальных и 148 отраслевых проектов с участем иностранных инвестиций. Было принято специальное Постановление «О дополнительных мерах по ускоренной реализации инвестиционных и инфраструктурных проектов». В результате зарубежных контактов и договоренностей в целом по.

Республике достигнута договоренность на реализацию проектов в различных сферах на 17 миллиардов долларов США. Сначала 2018 года объем торговли Узбекистана со странами ШОС и партнерами вырос на боле треть. Для дальнейшего роста товарооборота Узбекистан предлагает упростить процедуры экспортно-импортных операций. Для нашей страны также актуально в рамках «Один пояс и один путь» реализация межрегиональных транспортных проектов, нам нужны новые кратчайшие маршруты до крупнейших мировых рынков. Именно в этих целях в Узбекистане 19 сентября 2018 года прошла прошла встреча руководителей железнодорожных администраций государств-членов ШОС, учреждения Международной транспортно-логистической ассоциации ШОС. Еще одна важная инициатива Узбекистана - объединить усилия по совместной реализации инновационных программ проектов. Оно должно быть нацелено на развитие и широкому внедрению высоких технологий, цифровой экономики, альтернативной энергетики и современной медицины. В связи с чем, наша страна предлагает регулярно проводить Форум информационных технологий и инновационного развития.

Размышляя о развитие двусторонних отношений Узбекистана и Китая по инициативе «Один пояс и один путь» необходимо подчеркнуть что она приносить свои веселые плоды и показывает свою результативность.

Как в Китае, так и в Узбекистане активно проводятся экономические, общественно-политические реформы. Лозунг: «Если народ будет богатым то и государство будет богатым и могущественной, а также каждая семья предприниматель ». Сегодня работает на всесторонние использование человеческого потенциала делать бизнес, расширить возможности деловых людей, всего населения.

Особенно наглядно это на примере совместных узбекско – китайских предприятий число которых превысило более чем 900, в Узбекистане китайский капитал присутствует в нефтегазовой, текстильной, химической, сельскохозяйственной, химической и других сферах.

Согласно статистике, товарооборот между странами на январь – сентябрь достичь более 3 млрд. долларов.

Китайский экономический рост пример для подражания. Страна вторая крупнейшая экономика мира, занимает первое место по объему промышленности внешней торговли и золото – валютных резервов, годовой рост ВВП составляет порядка 9,5%. Согласно данным ООН, количество людей за чертой бедности в Китае сократилось более чем на 700 миллионов человек, на протяжение многих лет вклад Китая в рост мировой экономики превышает 30%. Это результат проведения политики реформ и открытости, к всесторонней открытости, скачок от ограниченного сотрудничеству со всеми странами мира.

В Узбекистане также проводятся комплексные реформы. Узбекистан сегодня строит промышленные парки, базовую инфраструктуру, туристические объекты и коммерческие зоны. Так в ноябре текущего года в Шанхае проводится международное импортное ЭСКПО, в котором Узбекистан может участвовать и расширить торговлю сельскохозяйственной продукцию и другие точки торгового роста. Высокое качестве, доступная цена сельхозпродукции на наш взгляд могут иметь широкую популярность в Китае.

К примеру, узбекско – китайский проекту в сфер энергетики с «Harbin Electric International Co. Ltd» и ФЩ «Узбекэнерго» завершена в Ангренской ГЭС энергоблока который получает электроэнергию за счет сжигания высокозольного, то есть некачественного угля, заказы которых скопились в Ташкентской области. Запуск нового энергоблока улучшить экологическую ситуацию за счет сокращению гигантских отвалов угля, но и в два раза повысить мощность действующего блоков и устранить нехватку энергомощностей в регионе.

На этом примере можно констатировать, что проект Китая «Один пояс и один путь» играет активную стимулирующую роль для развития экономического развития стран ШОС. Во всех странах членов ШОС идут структурные преброзавания, реформы в различных сферах и в этой стратегии развития проект «Один пояс и один путь» играет немаловажную роль.

"一带一路"倡议下乌克兰的社会组织和科研教育中心

维克多·基柯腾科[*]

我的报告主要关注中国和乌克兰关系，目前中乌关系的发展正在沿着健康快速的轨道向前推进。大家都知道乌克兰国内政治局势相当复杂。2014年以来三个国家——中国、俄罗斯和乌克兰之间的关系相当的微妙，这也对我们的关系产生了影响。2012年乌克兰国民经济的发展出现了停滞，这是后来的危机和局势发展的一个前提和原因。

目前乌克兰处于非常复杂的国际环境，首先我们的西方合作伙伴在对乌克兰政府的一些做法提出批评。当然我个人也很难评价，为什么已经过去四年了，我们乌克兰的国家领导人还无法和西方的伙伴建立非常通畅的政治对话的渠道。但其实我们看到中国和乌克兰的双边关系发展还是保持了一定的良好态势。这里我想再次强调，乌克兰是欧洲国家中第一个和中国签署了共建"一带一路"协议的国家，而乌克兰也是中国穿过亚洲大陆进入欧洲的第一个过境国家和窗口。

这里我想再向各位介绍一下相关的情况，波罗申科总统首先是在纽约的联合国大会，后来在达沃斯论坛上和习近平主席进行的会晤，会晤的气氛相当友好。波罗申科总统也向习主席表示乌方愿意参加"一带一路"的建设。其实乌克兰政府高层的领导包括第一副总理兼经济发展与贸易部长、乌克兰政府总理格罗伊斯曼、总统办公厅外交与欧洲局诺夫科娃（音），也都在不同外交场合表示了中乌共同推进"一带一路"建设的相关意愿。

最近一次中乌高层会晤是在2017年5月，中乌签署了共建"一带一路"合作备忘录，但是目前比较遗憾的是我们只是签署了一些相应的双边文件，还不能说乌克兰是"一带一路"倡议真正的参与者。因为目前乌克兰还没有向亚投行提出加入的申请。而且很遗憾在元首层面，我们还不能

---

[*] 乌克兰国家科学院克里米亚东方研究所亚太地区负责人，乌克兰汉学家协会会长，《乌克兰—中国》期刊联合创始人兼主编。

说乌克兰正在全面参与"一带一路",尽管乌克兰是欧洲第一个表示愿意参与"一带一路"建设的国家。

在这一背景下,提醒大家一个情况,就是乌克兰政府官员对"一带一路"的认识还有待进一步深化,至少我们政府高层,从他们发言表态来看,他们都认为"一带一路"是基础设施项目,而忽略了"一带一路"项目的"五通"中的其他四个"通"的内容。我们的学者,尤其是熟悉中国的学者要经常向我国官员来解释"一带一路"是一个非常宏大的项目,有各种各样合作的工具,还有很多非常具体务实的内容。

我认为当前的乌克兰政府高层和政府精英对"一带一路"的认识还有待深入,这是我个人的观点。接下来从中欧发展来看,非学术机构和学术机构、社会组织正在中乌外交层面上发挥越来越重要的作用。尽管政府对中乌双边关系发展的投入和切实的支持比较有限,但是我们在智库层面还有实业界层面都举行了相当多的活动。这里包括乌方和丝绸之路国际总商会(位于中国香港)所联合举行的乌克兰—丝绸之路论坛,已经形成了品牌。关于乌克兰专家和社会层面与中方的联系,其实原来在苏联时期就有苏联汉学家学会,后来乌克兰独立之后,乌克兰汉学家学会成立,可以说这个学会是目前乌克兰国内研究中国问题最权威的学术平台和智库机构。2018年5月25日我们召开了新一年的现代中国研究论坛,这里大家可以看到我列出了乌克兰,尤其是我们这个学会主办的杂志,可以说这个杂志中集合了中文和乌克兰语的我们最近一次(2018年5月)"一带一路"乌中战略伙伴关系论坛上提交的所有论文,包括在座的一些学者的文章也发表在这个期刊里。2016年我们成立了非常重要的社会组织,乌克兰、丝绸之路协会在基辅成立,作为促进乌克兰、中国和欧盟之间商业和政治合作的交流平台,主要是帮助中乌两国的企业界之间组织各种各样的相关活动。2016年11月7日,我们在乌克兰首都基辅举行了首届乌克兰丝绸之路论坛,可以说这个论坛的层次还是相当高的,因为乌克兰的高层官员和中国驻乌克兰大使杜伟先生出席了2017年和2018年的两届丝绸之路论坛。还有一个非常重要的宣传"一带一路"倡议的社会机构,也是一个历史非常悠久的政府机构,就是乌克兰工商会。乌克兰工商会在过去的几年举行了大量的活动,与"一带一路"相关的包括论坛、圆桌会议,还有企业对接会等,这里我们看到乌克兰工商会与中国产业海外发展和规划协会、中国贸易促进会都合作举办了很多会议。有一点特别值得大家注意的新趋势，就是在乌克兰许多欧洲和美国的智库，对乌克兰在"一带一路"倡议中的合作，表现出非常浓厚的兴趣。其中有大家比较熟悉的德国艾伯特基金会，还有特鲁曼机构，这些都是在乌克兰的外国智库，它们也和乌克兰的各个科研机构举行各种圆桌会议还有讨论会，从欧洲和其他国家的视角来探讨"一带一路"倡议。例如艾伯特基金会在这方面就举行了很多活动，杜鲁门研究所从2016年也开始衡量乌克兰的外交指数，其中一个非常重要的方面是乌克兰与中国的关系，包括在共建"一带一路"方面所采取的一些最新的措施等。其实这是个特别好的评价，有学者感兴趣也可以倾听一下我们欧洲伙伴有哪些诉求。

我来自乌克兰国家科学院的东方学研究所，我们和乌克兰国家科学院世界历史研究所，和中国社科院合作举行了一些研讨会。因为我也听到很多乌克兰学者包括一些资深的院士目前有一些质疑，到底"一带一路"对乌克兰是有利还是不利，有利在多大程度上有利，要在多大程度上参与。

最后一个趋势我想强调的是大学之间的合作，不仅仅是基辅敖德萨、利沃夫等城市的乌克兰大学，我们看到乌克兰各个地区的大学都在积极地和中国的大学开展合作，包括中国的科研机构。接下来谈一下我的结论。

首先，当前乌克兰的学术机构还有社会组织正在成为乌中关系发展的中坚力量。其次，我认为在今后两年乌克兰将进入一个新的政治周期，我们将进行总统大选、议会大选、地方议会大选，所以在未来两年中乌关系发生重大变化，尤其是方向性调整的概率不是很大。在这样一个总体情况下，社会组织和智库机构尤其要维护中乌关系的良好发展势头，继续做中乌沟通的桥梁，保持良好的沟通态度。目前在政府层面可能不太会有更多的动作，但是智库之间的交流可以进一步加强。

（根据现场同传速记稿整理）

【俄文原文】

Общественные организации, научные и образовательные центры Украины в инициативе «Один пояс и один путь»

Киктенко Виктор[*]

Для Украины инициатива «Один пояс и один путь» является одним из самых привлекательных геоэкономических проектов, который не только не противоречит ее евроинтеграционному курсу, а, наоборот, может усилить преимущества нашей страны в этом сложном процессе. Украина первой среди европейских стран на высшем государственном уровне заявила о поддержке инициативы Председателя КНР Си Цзиньпина и в дальнейшем на таком же высоком уровне продолжали звучать заявления о важности участия в инициативе «Один пояс и один путь». Так, в рамках Всемирного экономического форума в Давосе во время встречи 17 января 2017 года с Председателем КНР Си Цзиньпином Президент Украины П. Порошенко лично поздравил китайского лидера с 25-й годовщиной установления дипломатических отношений между Ук-раиной и Китайской Народной Республикой, выразил заинтересованность в расширении политического и экономического сотруд-ничества между Украиной и Китаем, указал на важность стратегического партнерства украинско-китайских отношений. Особо Президент Украины П. Пор-ошенко отметил, что Украина заинтересована принимать активное участие в реализации китайской инициативы «Один пояс и один путь» и имеет для этого значительный потенциал. В свою очередь Председатель КНР Си Цзиньпин пригласил украинскую делегацию принять участие в пекинском Диалоге высокого уровня Форума

---

[*] доктор философских наук, старший научный сотрудник, заведующий отделом Азиатско-Тихоокеанского региона Института востоковедения им. А. Е. Крымского НАН Украины, президент Украинской ассоциации китаеведов, соучредитель и главный редактор журнала «Украина-Китай».

международного сотрудничества «Один пояс и один путь», который прошел 14 мая 2017 года①. В данном мероприятии принял участие Первый вице – премьер – министр Украины–Министр экономического развития и торговли Украины С. Кубив, который в своем выступлении подчеркнул, что Украина является неотъемлемой частью глобального проекта «Один пояс и один путь»②. Однако следует отметить, что экспертная среда ожидала от этого визита подписания документа о присоединении Украины к инициативе «Один пояс и один путь». По неофициальной информации, такие же надежды имела и китайская сторона. 5 декабря 2017 года во время встречи с Вице-премьером Госсовета КНР Ма Каем Президент Украины П. Порошенко положительно оценил результаты третьего заседания Украинско – китайской межправительственной комиссии, а также подтвердил заинтересованность Украины в реализации инициативы «Один пояс и один путь», в рамках которой главным приоритетом является привлечение технологических возможностей и инвестиций Китая в экономику Украины③. Следует отметить, что это последнее на сегодняшний день официальное высказывание Президента Украины относительно инициативы «Один пояс и один путь». По итогам третьего заседания Украинско – китайской межправительственной комиссии был в частности подписан «План действий "Украина – КНР" по реализации инициативы построения "Экономического пояса Великого шелкового пути" и "Морского шелкового пути XXI века"»④. Премьер – министр Украины В. Гройсман

---

① Президент України провів зустріч з Головою КНР // Президент України Петро Порошенко. Офіційне інтернет – представництво. – 17 січня 2017 року. – https：//www. president. gov. ua/news/prezident – ukrayini – proviv – zustrich – z – golovoyu – knr –39542.

② Українає найважливішим торговельним логістичним хабом між Азією та Європою, – Степан Кубів на форумі у Пекіні // Міністерство економічного розвитку та торгівлі України. Офіційне веб – сайт. – 14 травня 2017 року. – http：//www. me. gov. ua/News/Print？lang = uk – UA&id = 95d139bc – b09f – 4e72 – 86e7 – 927c291e959f.

③ Президент України прийняв Віце – прем'є ра Державної Ради Китайської Народної Республіки // Президент України Петро Порошенко. Офіційне інтернет – представництво. – 5 грудня 2017 року. – https：//www. president. gov. ua/news/prezident – ukrayini – prijnyav – vice – premyera – derzhavnoyi – radi – k – 44858.

④ Україна і Китай реалізують низку спільних проектів на $7 млрд // Interfax – Україна. – 5 грудня 2017 року. – https：//ua. interfax. com. ua/news/economic/467281. html.

также отметил важность инициативы «Один пояс и один путь», участие в котором может дать Украине новые возможности для привлечения капитала, усиления общих позиций на мировом рынке и осуществления различного рода совместных проектов[①]. Ранее, 27 марта 2017 года, в Киеве на саммите стран-членов ГУАМ (Грузия, Украина, Азербайджан и Молдова) Премьер-министр Украины В. Гройсман за-явил, что Украина рассчитывает на запуск полноценной зоны свободной торговли между странами ГУАМ и это углубит сотрудничество между таможенными органами стран в рамках «Один пояс и один путь». Таким образом, это указывает на то, что Правительство Украины рассматривает дальнейшее углубление сотрудничества в Черноморско-Каспийском регионе как элемент развития китайской стратегической инициативы «Один пояс и один путь»[②]. 11 июня 2018 года в МИД КНР руководитель Главного департамента внешней политики и евроинтеграции Администрации Президента Украины И. Жовква на встрече с пом-ощником Министра иностранных дел КНР Чжан Ханьхуэем в частности обсудили и участие Украины в инициативе «Один пояс и один путь»[③].

Попытка еще в начале 2016 года осуществить практические шаги по использованию «Один пояс и один путь» для транзита товаров из Украины по железной дороге в страны Центральной Азии и Китай оказалась экономически неудачной[④]. Сейчас продолжаются переговоры с партнерами для уменьшения тарифа на перевозки товаров по одному из

[①] Гройсман заявив про проекти з Китаєм на мільярди доларів // Кореспондент. — 5 грудня 2017 року. — https://ua.korrespondent.net/business/economics/3914350-hroisman-zaiavyv-pro-proekty-z-kytaiem-na-miliardy-dolariv.

[②] Гройсман розраховує на запуск ЗВТ між країнами ГУАМ у 2017 році // 27 березня 2017 року. — Економічна правда. — https://www.epravda.com.ua/news/2017/03/27/623084/.

[③] Зустріч керівника Головного департаменту зовнішньої політики та євроінтеграції Адміністрації Президента України Ігоря Жовкви з помічником Міністра закордонних справ Чжаном Ханьхуеєм // Міністерство закордонних справ України. — 11 червня 2018 року. — https://mfa.gov.ua/ua/press-center/news/65508-zustrich-kerivnika-golovnogo-departamentu-zovnishnyoji-politiki-ta-jevrointegraciji-administracija-prezidenta-ukrajini-igorya-zhovkvi-z-pomichnikom-ministra-zakordonnih-sprav-chzhanom-khanyhujejem.

[④] Основная масса грузов между Украиной и КНР доставляется морским путем, который, как правило, имеет большую пропускную способность и меньшую себестоимость.

ответвлений «Один пояс и один путь» через Казахстан и страны Закавказья①. Совершенно очевидно, что Украина в основном сосредоточилась на транспортно-логистических проектах «ОдноОдин пояс и один путь», чей потенциал в реальности значительно шире. В Украине все еще отсутствует понимание инициативы «Один пояс и один путь» как системной инновационной стратегии, которая не только меняет существующую геоэкономическое модель Евразии и направлена на создание нового регионального экономического пространства, но и в целом является новой моделью внешней политики КНР. В целом, участие Украины в инициативе «Один пояс и один путь» определяется современным состоянием украинско-китайских отношений, которые хотя и имеют высокий уровень стратегического партнерства, но на практике не реализуются②. К сожалению, заявления высшего руководства страны в основном являются декларативными, а Украина на деле остается за рамками инициативы «Один пояс и один путь», так как не имеет отношений с Фондом Шелкового пути и Азиатским банком инфраструктурных инвестиций, а также не принимает участия в соответс-твующих проектах. В этих условиях особую роль в продвижении и реализации в Украине инициативы «Один пояс и один путь» взяли на себя украинские общественные организации, научные и образовательны-е центры.

Общественная организация «Украинская ассоциация китаеведов», объединяющая ведущих экспертов по изучениюКитая и украинско-китайских отношений, поддержала инициативу «Один пояс и один путь»

---

① Україна приє дналася до нового Шовкового шляху // Кореспондент. – 1 листопада 2017 року. – https: //ua. korrespondent. net/business/economics/3902144 – ukraina – pryiednalasia – do – novoho – shovkovoho – shliakhu; Волович О. Геополітичні пристрасті довкола «Шовкового шляху» // Борисфен Інтел. – 16 лютого 2016 року. – http: //bintel. com. ua/uk/article/pristrasti/; Перший потяг з України в обхід РФ досяг Китаю // Кореспондент. – 1 лютого 2016 року. – https: //ua. korrespondent. net/ukraine/3623404 – pershyi – potiah – z – ukrainy – v – obkhid – rf – dosiah – kytaui.

② Подробно хронику и анализ украинско-китайских отношений см.: Гончарук А., Кіктенко В. Відносини Украї? на – Китай. Квітень – червень 2017 // TRUMAN Index. – 2017. – №4. – С. 17 – 24; Гончарук А., Кіктенко В. Відносини Украї? на – Китай. Липень – жовтень 2017 // TRUMAN Index. – 2017. – №1 (5). – С. 15 – 22; Гончарук А., Кіктенко В. Відносини Украї? на – Китай. Листопад 2017 – лютий 2018 // TRUMAN Index. – 2018. – №2 (6). – С. 14 – 19; Гончарук А., Кіктенко В. Відносини Украї на – Китай. Березень – червень 2018 // TRUMAN Index. – 2018. – №3 (7). – С. 13 – 17.

сразу же после ее выдвижения в 2013 году и активно пропагандирует ее на различных круглых столах, конференциях, форумах и в украинских средствах массовой информации. 30 мая 2017 года в Большом конференц-зале Национальной академии наук Украины состоялся первый Украинско-китайский форум стратегического партнерства «Один пояс и один путь», посвященный 25-й годовщине установления дипломатических отношений между Украиной и Китайской Народной Республикой. Организаторами форума выступили Украинская ассоциация китаеведов, Институт востоковедения им. А. Е. Крымского НАН Украины и Киевский национальный экономический университет имени Вадима Гетьмана. Мероприятие состоялось при поддержке Посольства КНР в Украине и Совета национальной безопасности и обороны Украины. Центральными темами на Форуме стали: стратегическое партнерство Украины и Китая; «китайская мечта» и европейский выбор Украины; перспективы участия Украины в геостратегической инициативе КНР «Один пояс и один путь»; украинско-китайские отношения в современном глобальном контексте; актуальные задачи политических отношений Украины и Китая; практические вопросы двустороннего торгово-экономического сотрудничества; сотрудничество Украины и Китая в области транспорта, науки и техники, информационных технологий; взаимодействие Украины и Китая в области образования, культуры, туризма и СМИ; экономический подъем Китая и модернизация Украины; прогноз развития двусторонних отношений на следующие пять-десять лет и другие вопросы. В мероприятии приняли участие известные ученые, дипломаты, политики, представители деловых кругов и СМИ Украины и Китая. С докладами о политической взаимодействия двух государств выступили заместитель Секретаря Совета национальной безопасности и обороны Украины О. В. Литвиненко и руководитель политического отдела Посольства КНР в Украине Чжан И[1]. 25 мая 2018 года прошел второй Украинско-китайский форум стратегического партнерства «Один пояс и

---

[1] Українсько-китайський форум стратегічного партнерства «Один пояс, один шлях» // Українська асоціація китаєзнавців. - 2 червня 2017 року. - http://sinologist.com.ua/ukrayinsko-kitajskij-forum-strateg/.

один путь», на котором были обсуждены те же вопросы, но при более широком участии китайских ученых[1]. На сегодняшний день это главная экспертная площадка, на которой обсуждаются вопросы украинско-китайского сотрудничества, инициатива «Один пояс и один путь» и участия в ней Украины[2].

Почти двадцать лет тому назад, в 1999 году, в Киеве силами молодых китаеведов был создан журнал «Украина-Китай» для распространения в Украине современных знаний о Китае, содействия развития украинско-китайских отношений, укрепления положительного образа Китая в Украине и формирования устойчивых гуманитарных принципов партнерства между двумя странами[3]. Сегодня журнал «Украина – Китай» издается Украинской ассоциацией китаеведов и «Компанией "Ты и право"» при поддержке Посольства КНР в Украине и Института востоковедения им. А. Е. Крымского НАН Украины. Начиная с 2014 года на страницах журнала постоянно появляются статьи, посвященные инициативе «Один пояс и один путь», а также перспективам участия в этом проекте Украины. Некоторые номера журнала были полностью посвящены данной тематике: в №2 (8) за 2017 год[4] освещался Диалог высокого уровня Форума международного сотрудничества «Один пояс и один путь» (14.05.2017, Пекин)[5], в №3 (9) за 2017[6] год были собраны все доклады первого Украинско-китайского форума страте-

---

[1] В работе форума приняли участие 16 украинских и 11 китайских ученых, изучающие актуальные вопросы двусторонних отношений.

[2] Українсько-китайський форум стратегічного партнерства «Один пояс, один шлях» // Українська асоціація китаєзнавців. – 29 травня 2018 року. – http：//sinologist.com.ua/ukrayinsko-kytajskyj-forum-strategichnogo-partnerstva-odyn-poyas-odyn-shlyah/.

[3] Журнал «Україна – Китай» // Українська асоціація китаєзнавців. – http：//sinologist.com.ua/category/publication/journal/.

[4] Журнал «Україна – Китай», 2017, №2 (8) // Українська асоціація китаєзнавців. – http：//sinologist.com.ua/category/publication/journal/ukrayina-kitaj-n28-2017/.

[5] Презентация номера прошла 7 сентября 2017 года в информационном агентстве УНИАН (Киев). Подробно см.: Українська асоціація китаєзнавців презентувала другий номер журналу «Україна – Китай» // УНІАН. – 7 вересня 2017 року. – https：//press.unian.ua/press/2120976-ukrajinska-asotsiatsiya-kitaeznavtsiv-prezentuvala-drugiy-nomer-jurnalu-ukrajina-kitay-video.html.

[6] Журнал «Україна – Китай», 2017, №3 (9) // Українська асоціація китаєзнавців. – http：//sinologist.com.ua/category/publication/journal/ukrayina-kitaj-n39-2017/.

гического партнерства «Один пояс и один путь», а в №13 за 2018 год[①] – все доклады второго Украинско – китайского форума страте-гического партнерства «Один пояс и один путь».

В 2016 году в Киеве была создана общественная организация Украинская ассоциация Шелкового пути «Silk Link»[②] в качестве коммуникационной площадки для оказания содействия деловому и политическому сотрудничеству Украины, КНР и ЕС. Путем укрепления межрегионального сотрудничества, трансконтинентальной интеграции экономик и культурного обмена данная организация способствует реализации потенциала Украины в качестве транспортно – логистического хаба и финансово – делового центра в Восточной Европе и Черноморско – Балтийском регионе в рамках инициативы «Один пояс и один путь». Организация в своей работе основывается на взаимодействии представителей бизнеса и государственных структур. 7 ноября 2016 года Украинская ассоциация Шелкового пути «Silk Link» совместно с гонконгской Международной торговой палатой Шелкового пути (丝绸之路国际总商会)[③] провели в Киеве Первый Украинский форум Шелкового пути. В рамках этого мероприятия стороны подписали соглашение о сотрудничестве с онлайн платформой eSilkRoad[④], что должно содействовать привлечению в Украину инвестиции и способствовать выходу на китайский рынок украинских производителей. В работе форума приняли участие более 300 человек-представи тели политических, деловых и культурных кругов Украины, КНР, Грузии и стран Европы. Знаковыми стали выступления на данном мероприятии Первой леди Украины М. Порошенко, Вице – премьер – министра – Министра регионального развития, строительства и жилищно – коммунального хозяйства Украины Г. Зубко, первого вице – спикера Верховной Рады Украины И. Геращенко и заместителя Главы Администрации Президента Украины Д. Шимкова. Кроме того, в работе форума приняли участие народные

[①] Журнал «Україна – Китай», 2018, №13 // Українська асоціація китаєзнавців. – http://sinologist.com.ua/category/publication/journal/ukrayina – kitaj – n13 – 2018/.

[②] Українська асоціація Шовкового шляху «Silk Link». – www.silklink.org.

[③] 丝绸之路国际总商会. – http://www.srcic.com.

[④] eSilkRoad. – http://www.esilkroad.com.

депутаты Украины (члены Депутатской группы Верховной Рады Украины по межпарламентским связям с Китайской Народной Республикой), Чрезвычайный и Полномочный Посол КНР в Украине Ду Вэй, Президент Международной Торговой Палаты Шелкового пути Люй Цзяньчжун. Главными темами форума стали вопросы развития двустороннего сотрудничества в сферах инфраструктуры, транспорта, безопасности и логистики в рамках инициативы «Один пояс и один путь», а также развитие инвестиционных и торгово-экономических отношений. В своем выступлении Чрезвычайный и Полномочный Посол КНР в КНР в Украине Ду Вэй указал на важность полноценного участия Украины в инициативе «Один пояс и один путь», так как без этого, по его мнению, реализация проекта будет неполной. Кроме этого, посол передал предложение китайской стороны – создать зону свободной торговли с Украиной[①].

Данное мероприятие стало ежегодным после того, как через год в Киеве состоялся второй Украинский форум Шелкового пути. В этот раз участники мероприятия обсудили возможности совместной реализации проектов, расширения торговли, развития инфраструктурных объектов, развития электронной коммерции и выхода украинских компаний на китайский рынок. Наряду с украинскими политиками и предпринимателями впервые в число ключевых спикеров форума вошли влиятельные китайские инвесторы и представители крупного бизнеса Китая. В рамках форума были представлены Аллея инвестиционных проектов и инвестиционный потенциал регионов Украины. В официальном открытии мероприятия принял участие Чрезвычайный и Полномочный Посол Китайской Народной Республики в Украине Ду Вэй, который вновь подчеркнул важность участия Украины в инициативе «Один пояс и один путь». В работе форума приняли участие Первый вице-спикер Верховной Рады Украины И. Геращенко; исполнительный директор грузинского государственного инвестиционного фонда Partnership Fund Д. Саганелидзе; руководитель Депутатской группы Верховной Рады Украины по межпарламентским связям с Китайской

---

① Перший Український Форум Шовкового Шляху (2016 Ukraine Silk Road Forum) // Китай і Україна. – 11.11.2016. – https：//china-ukraine.info/uk/перший-український-форум-шовкового-ш/.

Народной Республикой, председатель Комитета Верховной Рады Украины по вопросам бюджета А. Павелко, Министр инфраструктуры Украины В. Омельян[①]. На 16 ноября 2018 года запланировано проведение очередного Третьего Украинского форума Шелкового пути.

Наиболее интересны для украинского государства и украинского бизнеса торгово-экономические и инвестиционные возможности инициативы «Один пояс и один путь». Поэтому закономерно, что Торгово-промышленная палата Украины (далее-ТПП Украины) стала инициатором проведения целой серии мероприятий по данной теме. 25 апреля 2017 года прошел бизнес-форум «Состояние и перспективы реализации в Украине инициативы КНР "Один пояс и один путь"»[②]. Участники были единодушны во мнении, что инициатива «Один пояс и один путь» может стать важным фактором как для развития украинской экономики, так и взаимоотношений Украины и Китая в целом[③]. 9–10 октября 2017 года состоялся первый Украинско-китайский форум по экономическому сотрудничеству, темой которого стало совместное строительство «Экономического пояса Шелкового пути». Президент ТПП Украины Г. Чижиков отметил, что лучший алгоритм осуществления сотрудничества между украинскими и китайскими бизнесменами – это инициатива «Один пояс и один путь»[④]. В работе форума принял участие первый Президент Украины, почетный президент общества «Украина–Китай» Л. Кравчук. 29 мая 2018 года на втором Украинско-китайском

---

① В Києві відбувся ІІ Український форум Шовкового шляху // CRI Online. – 17 листопада 2017 року. – http://ukrainian.cri.cn/841/2017/11/17/2s51582.htm; Гончарук А., Кіктенко В. Відносини Украї? на – Китай. Листопад 2017 – лютий 2018 // TRUMAN Index. – 2018. – №2 (6). – С. 14–19.

② Это мероприятие стало частью выставки «Культура Китая приходит в Украину», посвященной 25-летию установления дипломатических отношений между Украиной и Китайской Народной Республикой.

③ Проект «Один пояс – один шлях» прие днує Україну до глобальних тенденцій // Торгово-промислова палата України. – 25 квітня 2017 року. – https://www.ucci.org.ua/press-center/ucci-news/proekt-odin-poias-odin-shliakh-priiednuie-ukrayinu-do-globalnikh-tendentsii.

④ У ТПП України розпочався Перший українсько-китайський форум з економічного співробітництва // Торгово-промислова палата України. – 9 жовтня 2017 року. – https://www.ucci.org.ua/press-center/ucci-news/u-tpp-ukrayini-rozpochavsia-pershii-ukrayinsko-kitaiskii-forum-z-ekonomichnogo-spivrobitnitstva.

форуме по экономическому сотрудничеству, со – организатором которого выступила Китайская ассоциация развития и планирования за рубежом (中国产业海外发展和规划协会)①, также отмечалась важность инициативы «Один пояс и один путь» для развития украинско – китайских торгово – экономических отношений②. 4 июля 2018 года был проведен Украинско – китайский экономический форум: перспективы сотрудничества в рамках инициативы «Один пояс и один путь», в работе которого приняла участие официальная делегация Китайского совета по продвижению международной торговли (中国国际贸易促进委员会)③, а также представители китайского бизнеса и китайских торговых орга-низаций (юридическая сфера, информационные технологии, финансовые услуги, инвестиционная деятельность, строительство и продажа недви-жимости, консалтинг, строительство, химическая промышленность, туристическая отрасль и др.). В результате проведенных переговоров ряд китайских компаний выразили большую заинтересованность в украинских инвестиционных проектах, особенно в сфере строительства, сельского хозяйства и возобновляемой энергетики④. На следующий день после форума ТПП Украины и Китайский совет по продвижению международной торговли подписали Меморандум о присоединении ТПП Украины к Деловому совету Шелкового пути⑤. Первым шагом ТПП Украины в новом статусе стало создание в Украине Центра содействия инициативе «Один пояс и один путь», который, по заявлению Президента ТПП Украины Г. Чижикова даст возможность украинским компаниям получать

---

① 中国产业海外发展和规划协会。- http：//www.ciodpa.org.cn/zh.
② Другий українсько – китайський форум економічного співробітництва // Торгово – промислова палата України. - 29 травня 2018 року. - https：//www.ucci.org.ua/events/forums – and – conferences/ii – ukrayinsko – kitaiskii – forum – ekonomichnogo – spivrobitnitstva.
③ 中国国际贸易促进委员会。- http：//www.ccpit.org.
④ Українсько – китайський економічний форум: перспективи співробітництва в межах ініціативи «Один пояс – один шлях» // Торгово – промислова палата України. - 4 липня 2018 року. - https：//www.ucci.org.ua/events/forums – and – conferences/ukrayinsko – kitaiskii – ekonomichnii – forum – perspektivi – spivrobitnitstva – v – ramkakh – initsiativi – odin – poias – odin – shliakh.
⑤ Китайский совет по продвижению международной торговли и ряд других организаций в 2016 году создали Деловой совет Шелкового пути, который является коммуникативной платформой для бизнес – структур стран, поддерживающих инициативу «Один пояс и один путь».

необходимые консультации принимать участие в различных китайских программах①. Кроме того, ТПП Украины активно взаимодействует с гонконгской Международной торговой палатой Шелкового пути（丝绸之路国际总商会）②.

Большой интерес к китайской инициативе «Один пояс и один путь» проявляют различные украинские мозговые центры（Центр изучения России, Украинский институт будущего, Совет внешней политики «Украинская призма», Институт мировой политики, Центр «Новая Европа»）и зарубежные фонды, действующие в Украине（Фонд имени Фридриха Эберта, Truman Agency）. Центр изучения России 14 декабря 2017 года провел Международную конференцию «Россия и Китай: современное состояние и перспективы развития», на которой особое внимание было уделено сопряжению строительства Евразийского экономического союза и «Экономического пояса Шёлкового пути»③. 8 июня 2018 года состоялся круглый стол «Новый Шелковый путь: потенциал для Украины», совместно организованный Украинским институтом будущего и Украинской ассоциацией китаеведов. На мероприятии представили свои доклады восемь экспертов: известные китаисты, политологи и экономисты Украины. Выступления были посвящены детальному анализу инициативы «Один пояс и один путь» и роли, которую Украина может сыграть в ее реализации. Эксперты и гости круглого стола обменялись мнениями относительно геополитических и геоэкономических перспектив присутствия Китая в Украине и потенциала двустороннего экономического сотрудничества в рамках инициативы «Один пояс и один путь». Обсуждались необходимые шаги для развития отношений между Киевом и Пекином и реализации Плана действий по совместному строительству «Экономического пояса Шелкового пути» и

---

① У ТПП України відкрився центр сприяння ініціативі «Один пояс, один шлях» // Торгово-промислова палата України. - 5 липня 2018 року. - https: //www. ucci. org. ua/press - center/ucci - news/v - tpp - ukrayini - vidkrivsia - tsentr - spriiannia - initsiativi - odin - poias - odin - shliakh.

② 会员服务 // 丝绸之路国际总商会。- http：//www. srcic. com/guojiaji - huiyuan/? page = 3.

③ Міжнародна конференція «Росія і Китай: сучасний стан та перспективи розвитку» // Центр досліджень Росії. - 14 грудня 2017 року. - http：//www. r - studies. org/cms/index. php? action = category/browse&site_ id = 8&lang = ukr&category_ id = 68.

«Морского шелкового пути XXI века». Эксперты выразили уверенность, что Украина может стать активным участником «Одного пояса и одного пути», поскольку ей есть что предложить Китаю и странам, присоединившимся к этой инициативе[①]. 14 июня 2018 года прошел Международный круглый стол «Украина – Китай: стратегическое партнерство в глобальном контексте», организованный Фондом имени Фридриха Эберта и Советом внешней политики «Украинская призма». В работе приняли участие ученые из Германии, Венгрии, Китая и Украины. Особое внимание на круглом столе было уделено участию стран ЕС и Украины в инициативе «Один пояс и один путь». Украинские эксперты (А. Гончарук, В. Киктенко, Р. Осипенко, Ю. Пойта) высказали ряд существенных критических замечаний: формальность стратегического партнерства Украины и Китая, отсутствие конкретных механизмов имплементации «Плана действий "Украина – КНР" по реализации инициативы построения "Экономического пояса Великого шелкового пути" и "Морского шелкового пути XXI века"», недостаточное внимание со стороны Украинского государства к развитию отношений с Китаем и др.[②] Truman Agency начиная с 2016 года на регулярной основе осуществляет индекс внешней политики Украины, где важное место занимает Китай и инициатива «Один пояс и один путь»[③].

Национальная академия наук Украины (далее – НАН Украины) оказывает организационную поддержку мероприятиям, связанных с инициативой «Один пояс и один путь» о чем уже было сказано выше. Основным научным центром в данном направлении является Институт востоковедения им. А. Е. Крымского НАН Украины. Кроме

---

① Підсумки роботи круглого столу: «Новий Шовковий шлях: потенціал для України» // Український інститут майбутнього. – 13 червня 2018 року. – https://www.uifuture.org/post/novij-sovkovij-slah-potencial-dla-ukraini-2/; В Киеве обсудили перспективы сотрудничества Украины с КНР в рамках инициативы «Пояс и путь» // «Жэньминь жибао». – 8 июня 2018 года. – http://russian.people.com.cn/n3/2018/0609/c31521-9469319.html.

② Україна – Китай: стратегічне партнерство у глобальному контексті // Фонд імені Фрідриха Еберта. – 30 червня 2017 року. – http://fes.kiev.ua/n/cms/25/?tx_news_pi1%5Bnews%5D=410&tx_news_pi1%5Bcontroller%5D=News&tx_news_pi1%5Baction%5D=detail&cHash=7836f516abab73cecf90541ee9a23c6e.

③ Truman Agency. – https://truman.ua/en/node/19.

того, в данной работе принимают участие и некоторые другие научные центры. Так, 7 июня 2018 года Институт всемирной истории НАН Украины совместно с Институтом международных стратегических исследований Академии общественных наук КНР и Институтом Конфуция при Киевском национальном лингвистическом университете провели круглый стол «5 лет реализации глобальной инициативы Китая "Один пояс и один путь": международный опыт, перспективы для Украины». Помимо организаторов в работе также приняли участие ученые Института экономики и прогнозирования НАН Украины, Института газа НАН Украины, Киевского национального университета имени Тараса Шевченко, Киевского национального экономического университета имени Вадима Гетьмана, Национальной академии изобразительного искусства и архитектуры. Главной своей задачей участники круглого стола определили обеспечение необходимого научного и аналитического сопровождения вхождения Украины в инициативу «Один пояс и один путь». Важно подчеркнуть, что 30% институтов и научных центров НАН Украины сотрудничают с научными учреждениями КНР. По мнению украинских ученых, инициатива «Один пояс и один путь» может содействовать возрождению экономики Украины[①].

В последнее время стали уделять должное внимание инициативе «Один пояс и один путь» и высшие учебные заведения Украины. 23 января 2018 года в Международном гуманитарном университете состоялась научно-практическая конференция «Торгово-экономическое и гуманитарное сотрудничество между Украиной и Китаем в контексте проекта "Один пояс и один путь"», организованная по инициативе Академии общественных наук КНР[②]. 14 - 15 июня 2018 года в Киеве состоялся Международный культурно-образовательный форум «Шелк-

---

① Міжнародний круглий стіл «5 років реалізації глобальної ініціативи Китаю «Один пояс, один шлях»: міжнародний досвід, перспективи для України», 7 червня 2018 року. Прес-реліз // Державна установа «Інститут всесвітньої історії Національної академії наук України». - 18 червня 2018 року. - http://ivinas.gov.ua/uk/?option=com_k2&view=item&id=1301:mizhnarodnyi-kruhlyi-stil-5-rokiv-realiz5654&Itemid=387.

② Китайські інвестиції незабаром прийдуть в Одесу // Новини Одеси. - 23 січня 2018 року. - http://uanews.odessa.ua/economy/2018/01/23/152979.html.

овый путь 2018: Украина – Китай», в котором приняли участие представители около 60 высших учебных заведений Украины и Китая. В рамках мероприятия прошли презентации украинских и китайских университетов и колледжей. По результатам работы форума представители образовательных учреждений Украины и Китая подписали соглашение о сотрудничестве. Высокий уровень форума был обеспечен участием в его работе представителей Министерства образования и науки Украины, Министерства культуры Украины, Министерства информационной политики Украины①.

Китайская сторона также использует различные формы работы с общественностью, учеными и политическими элитами Украины для того, чтобы привлечь должное внимание к инициативе «Один пояс и один путь». 7 февраля 2017 года в Киеве в Национальной академии изобразительного искусства и архитектуры (далее – НАОМА) состоялось открытие выставки «Новый шелковый путь – известные китайские художники и ученики», посвященной 25 – летию установления дипломатических отношений между Украиной и Китайской Народной Республикой. На мероприятии присутствовали Президент Национальной академии искусств Украины, ректор НАОМА А. Чебыкин, представители Министерства культуры Украины, студенчества, общественности и СМИ, а также китайские художники, среди которых, в частности, были народные и заслуженные художники Гао Цзе и Ван Жэньбо. В рамках визита в Киев китайская делегация провела переговоры с руководством НАОМА②. 13 – 16 марта 2017 года в Китае находилась украинская делегация во главе с третьим президентом Украины В. Ющенко, который встретился с председателем ассоциации «Союз городов Шелкового пути»

---

① У НАУ проходить Міжнародний культурно – освітній форум «Шовковий шлях 2018: Україна – Китай» // Національний авіаційний університет. – 14 червня 2018 року. – http://nau.edu.ua/ua/news/1/6/u – nau – prohodit – mizhnarodniy – kulturno – osvitniy – forum – shovkoviy – shlyah – 2018 – ukraina – kitay.html.

② Новий шовковий шлях – відомі китайські художники і учні // Національна академія образотворчого мистецтва і архітектури. – http://naoma.edu.ua/ua/news/noviy_ shovkoviy_ shlyakh_ _ vdom_ kitaysk_ khudozhniki_ _ uchn/.

(《丝绸之路城市联盟》) Сун Жунхуа[①]. 24 апреля 2017 года в столичном «Украинском Доме» первая леди Украины М. Порошенко открыла Неделю китайско-украинского культурного обмена в рамках инициативы «Один пояс и один путь». Поскольку в официальной церемонии открытия приняли участие второй и третий президенты Украины Л. Кучма и В. Ющенко, целый ряд украинских чиновников и китайская делегация, это мероприятие приобрело политическое значение и стало наглядной демонстрацией активизации украинско-китайского сотрудничества[②]. 24 - 30 апреля 2017 года в рамках данной недели состоялись Украинско-китайский торгово-экономический форум, Форум сотрудничества в сфере традиционной китайской медицины, собрание «Союза городов Шелкового пути», Первый молодежный форум между Украиной и Китаем «Один пояс и один путь» и другие культурно-художественные мероприятия. 22 декабря 2017 года во Львове открылась выставка «Один пояс и один путь» известных китайских и украинских художников по инициативе Западного регионального научно-художественного центра На-циональной академии искусств Украины[③]. 29 сентября 2017 года на торжественном приеме по случаю 68 - й годовщины образования КНР Пре-зиденты Украины Л. Кравчук и В. Ющенко были награждены знаками отличия за содействие в реализации китайской инициативы «Один пояс и один путь». На этом же мероприятии Чрезвычайный и Полномочный Посол КНР в Украине господин Ду Вэй, кроме всего прочего, отметил, что инициатива «Один пояс и один путь» способствовала увеличению китайских инвестиций в Украину. 26 октября 2018 года Чрезвычайный и Полномочный Посол КНР в Украине господин Ду Вэй вручил первой леди Украины М. Порошенко

---

① Розвиток контактів в рамках Шовкового Шляху // Китайська торгова асоціація. - 23 березня 2017 року. - http：//cca.com.ua/informational - support/138 - razvitie - kontaktov - v - ramkah - shelkovogo - puti. html.

② Марина Порошенко відкрила Тиждень Китайсько - українського культурного обміну // Президент України Петро Порошенко. Офіційне інтернет - представництво. - 24 квітня 2017 року. - https：//www. president. gov. ua/news/marina - poroshenko - vidkrila - tizhden - kitajsko - ukrayinskogo - kul - 41106.

③ «Один пояс и один путь» - на Львівщині презентували виставку творів китайських та українських художників // Львівська обласна державна адміністрація. - 22 грудня 2017 року. - http：//loda. gov. ua/news？ id = 32863.

награду Великого шелкового пути за гумани-тарное сотрудничество[①].

Таким образом, на сегодняшний день украинские общественные, научные и образовательные организации работают в рамках инициативы «Один пояс и один путь», намного более активно, чем это делают государственные структуры. Поиск в Google украинского названия «Один пояс, один шлях» выдает 8 500 000 результатов и «Новий Шовковий шлях»[②]. Это достаточно высокий показатель, указывающий на большой интерес в украинском обществе к данной теме. В Украине особенно в последние пару лет растет число научных работ, аналитических исследований и публикаций в СМИ, посвященных китайской инициативе. Все это в целом внушает определенный оптимизм, но все - таки крайне важно, чтобы участие Украины в инициативе «Один пояс и один путь» нашло свое выражение в практических шагах, которые должно осуществить Украинское государство.

Литература

В Києві відбувся II Український форум Шовкового шляху // CRI Online. – 17 листопада 2017 року. – http：//ukrainian.cri.cn/841/2017/11/17/2s51582.htm.

В Киеве обсудили перспективы сотрудничества Украины с КНР в рамках инициативы «Пояс и путь» // «Жэньминь жибао». – 8 июня 2018 года. – http：//russian.people.com.cn/n3/2018/0609/c31521－9469319.html.

Волович О. Геополітичні пристрасті довкола «Шовкового шляху» // Борисфен Інтел. – 16 лютого 2016 року. – http：//bintel.com.ua/uk/article/pristrasti/.

Гончарук А., Кіктенко В. Відносини Україі？ на – Китай. Квітень – червень 2017 // TRUMAN Index. – 2017. – №4. – С. 17 – 24.

Гончарук А., Кіктенко В. Відносини Україі？ на – Китай. Липень –

---

① Дружина Президента України Марина Порошенко в рамках проекту Великий Шовковий шлях передала музичні інструменти студентам Київського інституту музики імені Гліє ра // Укрінформ. – https：//www.ukrinform.ua/rubric－culture/2332270－marina－porosenko－peredala－instrumenti－kiivskomu－institutu－muziki－im－gliera.html.

② Для сравнения – английское название«One belt, One road»（236 000 000） и 16 900 000 для «Belt and Road Initiative».

жовтень 2017 // TRUMAN Index. – 2017. – №1（5）. – С. 15 – 22.

Гончарук А., Кіктенко В. Відносини Украї？на – Китай. Листопад 2017 – лютий 2018 // TRUMAN Index. – 2018. – №2（6）. – С. 14 – 19.

Гончарук А., Кіктенко В. Відносини Украї？на – Китай. Березень – червень 2018 // TRUMAN Index. – 2018. – №3（7）. – С. 13 – 17.

Гройсман заявив про проекти з Китаєм на мільярди доларів // Кореспондент. – 5 грудня 2017 року. – https：//ua. korrespondent. net/business/economics/3914350 – hroisman – zaiavyv – pro – proekty – z – kytaiem – na – miliardy – dolariv.

Гройсман розраховує на запуск ЗВТ між країнами ГУАМ у 2017 році // 27 березня 2017 року. – Економічна правда. – https：//www. epravda. com. ua/news/2017/03/27/623084/.

Другий українсько – китайський форум економічного співробітництва // Торгово – промислова палата України. – 29 травня 2018 року. – https：// www. ucci. org. ua/events/forums – and – conferences/ii – ukrayinsko – kitaiskii – forum – ekonomichnogo – spivrobitnitstva.

Дружина Президента України Марина Порошенко в рамках проекту Великий Шовковий шлях передала музичні інструменти студентам Київського інституту музики імені Глієра // Укрінформ. – https：// www. ukrinform. ua/rubric – culture/2332270 – marina – porosenko – peredala – instrumenti – kiivskomu – institutu – muziki – im – gliera. html.

Журнал «Україна – Китай» // Українська асоціація китаєзнавців. – http：//sinologist. com. ua/category/publication/journal/.

Журнал «Україна – Китай», 2017, №2（8）// Українська асоціація китаєзнавців. – http：//sinologist. com. ua/category/publication/journal/ukrayina – kitaj – n28 – 2017/.

Журнал «Україна – Китай», 2017, №3（9）// Українська асоціація китаєзнавців. – http：//sinologist. com. ua/category/publication/journal/ukrayina – kitaj – n39 – 2017/.

Журнал «Україна – Китай», 2018, №13 // Українська асоціація китаєзнавців. – http：//sinologist. com. ua/category/publication/journal/ukrayina – kitaj – n13 – 2018/.

Зустріч керівника Головного департаменту зовнішньої політики та євроінтеграції Адміністрації Президента України Ігоря Жовкви з помічником Міністра закордонних справ Чжаном Ханьхує м // Міністерство закордонних справ України. – 11 червня 2018 року. – https：//mfa. gov. ua/ua/press – center/news/65508 – zustrich – kerivnika – golovnogo – departamentu – zovnishnyoji – politiki – ta – jevrointegraciji – administracija – prezidenta – ukrajini – igorya – zhovkvi – z – pomichnikom – ministra – zakordonnih – sprav – chzhanom – khanyhujejem.

Китайські інвестиції незабаром прийдуть в Одесу // Новини Одеси. – 23 січня 2018 року. – http：//uanews. odessa. ua/economy/2018/01/23/152979. html.

Марина Порошенко відкрила Тиждень Китайсько – українського культурного обміну // Президент України Петро Порошенко. Офіційне інтернет – представництво. – 24 квітня 2017 року. – https：//www. president. gov. ua/news/marina – poroshenko – vidkrila – tizhden – kitajsko – ukrayinskogo – kul – 41106.

Міжнародна конференція «Росія і Китай：сучасний стан та перспективи розвитку» // Центр дослідження Росії. – 14 грудня 2017 року. – http：//www. r – studies. org/cms/index. php？action = category/browse&site_ id = 8&lang = ukr&category_ id = 68.

Міжнародний круглий стіл «5 років реалізації глобальної ініціативи Китаю «Один пояс, один шлях»：міжнародний досвід, перспективи для України», 7 червня 2018 року. Прес – реліз // Державна установа «Інститут всесвітньої історії Національної академії наук України». – 18 червня 2018 року. – http：//ivinas. gov. ua/uk/？ option = com_ k2&view = item&id = 1301：mizhnarodnyi – kruhlyi – stil – 5 – rokiv – realiz5654&Itemid = 387.

Новий шовковий шлях – відомі китайські художники і учні // Національна академія образотворчого мистецтва і архітектури. – http：//naoma. edu. ua/ua/news/noviy_ shovkoviy_ shlyakh_ _ vdom_ kitaysk_ khudozhniki_ _ uchn/.

«Один пояс – один шлях» – на Львівщині презентували виставку творів китайських та українських художників // Львівська обласна державна адміністрація. – 22 грудня 2017 року. – http：//loda. gov. ua/news？ id = 32863.

Перший потяг з України в обхід РФ досяг Китаю // Кореспондент. – 1 лютого 2016 року. – https：//ua. korrespondent. net/ukraine/3623044 – pershyi –

potiah – z – ukrainy – v – obkhid – rf – dosiah – kytaui.

Перший Український Форум Шовкового Шляху（2016Ukraine Silk Road Forum）// Китай і Україна. – 11.11.2016. – https：//china – ukraine.info/uk/перший – український – форум – шовкового – ш/.

Підсумки роботи круглого столу: «Новий Шовковий шлях: потенціал для України» // Український інститут майбутнього. – 13 червня 2018 року. – https：//www.uifuture.org/post/novij – sovkovij – slah – potencial – dla – ukraini – 2/.

Президент України провів зустріч з ГоловоюКНР // Президент України Петро Порошенко. Офіційне інтернет – представництво. – 17 січня 2017 року. – https：//www.president.gov.ua/news/prezident – ukrayini – proviv – zustrich – z – golovoyu – knr – 39542.

Президент України прийняв Віце – прем'єра Державної Ради Китайської Народної Республіки // Президент України Петро Порошенко. Офіційне інтернет – представництво. – 5 грудня 2017 року. – https：//www.president.gov.ua/news/prezident – ukrayini – prijnyav – vice – premyera – derzhavnoyi – radi – k – 44858.

Проєкт «Один пояс – один шлях» приєднує Україну до глобальних тенденцій // Торгово – промислова палата України. – 25 квітня 2017 року. – https：//www.ucci.org.ua/press – center/ucci – news/proekt – odin – poias – odin – shliakh – priiednuie – ukrayinu – do – globalnikh – tendentsii.

Розвиток контактів в рамках Шовкового Шляху // Китайська торгова асоціація. – 23 березня 2017 року. – http：//cca.com.ua/informational – support/138 – razvitie – kontaktov – v – ramkah – shelkovogo – puti.html.

У НАУ проходить Міжнародний культурно – освітній форум «Шовковий шлях 2018: Україна – Китай» // Національний авіаційний університет. – 14 червня 2018 року. – http：//nau.edu.ua/ua/news/1/6/u – nau – prohodit – mizhnarodniy – kulturno – osvitniy – forum – shovkoviy – shlyah – 2018 – ukraina – kitay.html.

У ТПП України розпочався Перший українсько – китайський форум з економічного співробітництва // Торгово – промислова палата України. – 9 жовтня 2017 року. – https：//www.ucci.org.ua/press – center/ucci – news/ u – tpp – ukrayini – rozpochavsia – pershii – ukrayinsko – kitaiskii – forum – z – ekonomichnogo – spivrobitnitstva.

У ТПП України відкрився центр сприяння ініціативі «Один пояс, один шлях» // Торгово – промислова палата України. – 5 липня 2018 року. – https：//www. ucci. org. ua/press – center/ucci – news/v – tpp – ukrayini – vidkrivsia – tsentr – spriiannia – initsiativi – odin – poias – odin – shliakh.

Україна є найважливішим торговельним логістичним хабом між Азією та Європою, – Степан Кубів на форумі у Пекіні // Міністерство економічного розвитку та торгівлі України. Офіційний веб – сайт. – 14 травня 2017 року. – http：//www. me. gov. ua/News/Print? lang = uk – UA&id = 95d139bc – b09f – 4e72 – 86e7 – 927c291e959f.

Україна приєдналася до нового Шовкового шляху // Кореспондент. – 1 листопада 2017 року. – https：//ua. korrespondent. net/business/economics/3902144 – ukraina – pryiednalasia – do – novoho – shovkovoho – shliakhu.

Україна – Китай：стратегічне партнерство у глобальному контексті // Фонд імені Фридриха Еберта. – 30 червня 2017 року. – http：//fes. kiev. ua/n/cms/25/? tx _ news _ pi1% 5Bnews% 5D = 410&tx _ news _ pi1% 5Bcontroller% 5D = News&tx _ news _ pi1% 5Baction% 5D = detail&cHash = 7836f516abab73cecf90541ee9a23c6e.

Україна і Китай реалізують низку спільних проектів на $ 7 млрд //Interfax – Україна. – 5 грудня 2017 року. – https：//ua. interfax. com. ua/news/economic/467281. html.

Українська асоціація китаєзнавців презентувала другий номер журналу «Україна – Китай» // УНІАН. – 7 вересня 2017 року. – https：//press. unian. ua/press/2120976 – ukrajinska – asotsiatsiya – kitaeznavtsiv – prezentuvala – drugiy – nomer – jurnalu – ukrajina – kitay – video. html.

Українська асоціація Шовкового шляху «Silk Link». – www. silklink. org.

Українсько – китайський економічний форум：перспективи співробітництва в межах ініціативи «Один пояс – один шлях» // Торгово – промислова палата України. – 4 липня 2018 року. – https：//www. ucci. org. ua/events/forums – and – conferences/ukrayinsko – kitaiskii – ekonomichnii – forum – perspektivi – spivrobitnitstva – v – ramkakh – initsiativi – odin – poias – odin – shliakh.

Українсько – китайський форум стратегічного партнерства «Один пояс, один шлях» // Українська асоціація китаєзнавців. – 2 червня 2017 року. – http：//sinologist. com. ua/ukrayinsko – kitajskij – forum – strateg/.

Українсько – китайський форум стратегічного партнерства «Один пояс, один шлях» // Українська асоціація китаєзнавців. – 29 травня 2018 року. – http：//sinologist. com. ua/ukrayinsko – kytajskyj – forum – strategichnogo – partnerstva – odyn – poyas – odyn – shlyah/.

eSilkRoad. – http：//www. esilkroad. com.

Truman Agency. – https：//truman. ua/en/node/19.

会员服务 // 丝绸之路国际总商会，http：//www. srcic. com/guojiaji – huiyuan/？page = 3。

丝绸之路国际总商会。– http：//www. srcic. com.

中国产业海外发展和规划协会。– http：//www. ciodpa. org. cn/zh.

中国国际贸易促进委员会。– http：//www. ccpit. org.

"一带一路"倡议背景下中亚语言专业的建设
——以上海外国语大学为例

吴爱荣[*]

习近平主席 2013 年提出"一带一路"构想。其核心内容是与共建"一带一路"国家共同打造"政治互信、经济融合、文化包容"的利益共同体、命运共同体和责任共同体。为达此目的，首先应当实现"五通"，即"政策沟通、道路联通、贸易畅通、货币流通、民心相通"。而"五通"的基础是语言互通，"'一带一路'需要语言铺路"。因为，没有语言互通，政策难以沟通，更谈不上"民心相通"，也会影响"贸易畅通、货币流通"。因此，在"一带一路"倡议的背景下，中亚语专业的建设和人才培养问题显得十分迫切。上海外国语大学发挥自身的语言教学优势，积极对接国家"一带一路"倡议，服务上海的城市发展需要，积极开设哈萨克语、乌兹别克语等中亚语专业，下面将详细介绍上外开设中亚语言专业的原因，上外中亚语言专业开设的现状，并指出上外中亚语言教学及人才培养面临的问题。

一、上外开设中亚语言专业的原因

（一）中亚五国及中亚语言的所指范围

中亚五国指的是哈萨克斯坦、乌兹别克斯坦、吉尔吉斯斯坦、塔吉克斯坦和土库曼斯坦。

中亚语言指的是这五个国家的官方语言：哈萨克语、乌兹别克语、吉尔吉斯语、塔吉克语和土库曼语。

（二）上外开设中亚语言专业的原因

1. 开设中亚语言专业对接"一带一路"倡议

哈萨克斯坦和乌兹别克斯坦等中亚国家是加入中国"一带一路"建设的重要国家。

（1）哈萨克斯坦 1992 年 1 月 3 日同中国建交。建交以来两国关系良

---

[*] 上海外国语大学俄罗斯东欧中亚学院中亚语系系主任。

好，高层互访频繁，经济合作不断加强。中哈贸易额 2012 年超过 250 亿美元，2013 年达到 300 亿美元，而建交时的 1992 年只有 3.68 亿美元，20 年间增长近 70 倍。这个速度可以说是超出了当初建交时人们最大胆的预想。中国目前在哈投资额达 190 多亿美元，是中国在海外投资的最主要目的地之一。现在中哈的贸易额已达 400 亿美元，中哈两国政府确定实施的大型项目就有 52 个。

2013 年 9 月，国家主席习近平在访问哈萨克斯坦纳扎尔巴耶夫大学时发表了《弘扬人民友谊 共创美好未来》的重要演讲，首次提出建设"丝绸之路经济带"的战略构想，并进一步指出要从政策沟通、道路联通、贸易畅通、货币流通、民心相通五个方面着手合作。这一提法得到了时任哈萨克斯坦总统纳扎尔巴耶夫的支持。2014 年，哈萨克斯坦政府通过了"光明之路"新经济计划，旨在通过一系列投资促进经济结构转型，实现经济增长。借此契机，两国努力建设中哈特色的"一带一路"合作，将中国的"丝绸之路经济带"建设与哈萨克斯坦的"光明之路"战略进行对接。哈萨克斯坦国民经济部和中国发改委成立了联合工作组，负责制定未来两国在经济领域的一系列协作对接方案。

因此，开设哈萨克语专业是对接"一带一路"国家发展战略的需要。

（2）中国和乌兹别克斯坦自 1992 年建交后，中乌双方先后签署了《中乌友好合作条约》《中乌 2014 年至 2018 年战略伙伴关系发展规划》等重要文件，双边关系的政治和法律基础更加牢固。双方共建"一带一路"，加紧国家战略对接，创新合作驱动，加强国际协作和安全合作。

2015 年中乌双边贸易额达 35 亿美元，是建交初期的 70 多倍。中国连续 3 年成为乌兹别克斯坦第一大投资来源国和第二大贸易伙伴。中国—中亚天然气管道 4 条管线全部过境乌兹别克斯坦。

特别需要强调的是，2016 年 6 月国家主席习近平对乌兹别克斯坦共和国进行国事访问时指出"共建'一带一路'是中乌合作的亮点和主线"。

所以开设乌兹别克语专业是对接"一带一路"国家发展战略的需要。

2. 开设中亚语言专业符合我校发展和服务地方的需要

在新形势下，上海外国语大学主动服务国家"一带一路"倡议，率先提出"多语种+"卓越国际化人才培养战略，创新育人模式，所以开设哈萨克语和乌兹别克语等专业也是在实践中具体落实我校"非通用语种"和"多语种+"卓越国际化人才的培养目标，培养具有人文情怀、全球视野、创新精神和实践能力，"会语言、通国家、精领域"的，能畅达进行跨文化沟通的区域、国别+领域的"多语种+"卓越国际化人才，从而更好地提升上海的城市语言能力，服务上海市的发展目标。

3. 开设中亚语专业适应中亚国家的语言政策的新变化

哈萨克斯坦等中亚国家独立后，纷纷出台新的语言政策，将本族语从法律上确定为国语，本族语的使用范围扩大。如 1993 年 1 月 28 日获得通过的宪法明确规定"哈萨克语是国家语言，俄语是族际交际语言"①；1989 年 10 月 21 日，当时还是苏联加盟共和国的乌兹别克斯坦通过了自己的语言法《关于乌兹别克斯坦共和国的国语》。根据该语言法，乌兹别克语是国语，俄语的地位是族际交际语。1991 年 9 月 1 日乌兹别克斯坦正式宣布独立后，在 1992 年 12 月 8 日通过的宪法里更是明确地写道："乌兹别克斯坦的国语是乌兹别克语"②。在苏联解体之前的 1989 年 9 月 23 日，吉尔吉斯共和国最高委员会就通过了一部《国家语言法》，宣布吉尔吉斯语为国语，俄语为族际交际语③；2004 年 2 月 12 日议会通过了新的《国家语言法》，这部法律宣布吉尔吉斯语是国语，并强调其在所有政府活动中以及官方文件撰写中的功能。④ 塔吉克斯坦 1989 年 7 月 22 日颁布了《塔吉克苏维埃社会主义共和国语言法》；独立前夕的《语言法》第一条规定："塔吉克苏维埃社会主义共和国的国语是塔吉克语"⑤；2009 年 10 月 5 日《塔吉克斯坦共和国国家语言法》颁布，该法令第一章第三条规定"塔吉克斯坦共和国国语为塔吉克语"。⑥

因此，上外开设中亚语专业也是符合中亚各国语言政策和语言使用情

---

① Конституция Республики Казахстан 1993 года — Викитека https：//ru. wikisource. org/wiki/%D0%9A%D0%BE%D0%BD%D1%81%D1%82%D0%B8%D1%82%D1%83%D1%86%D0%B8%D1%8F_%D0%A0%D0%B5%D1%81%D0%BF%D1%83%D0%B1%D0%BB%D0%B8%D0%BA%D0%B8_%D0%9A%D0%B0%D0%B7%D0%B0%D1%85%D1%81%D1%82%D0%B0%D0%BD_1993_%D0%B3%D0%BE%D0%B4%D0%B0.

② Д. Саадуллаев, член - корреспондент Российской академии педагогических и социальных наук, Русский язык в Узбекистане：состояние и перспективы,《 Русский язык за рубежом 》 №4，2002год.

③ Закон Киргизской Советской Социалистической Республики от 23 сентября 1989 года № 2219 - XI «О государственном языке Киргизской ССР» (утратил силу) - ПАРАГРАФ - WWW - - http：//online. zakon. kz/Document/? doc_ id = 30235295#pos = 13；-46.

④ Закон Кыргызской Республики от 2 апреля 2004 года № 54 «О государственном языке Кыргызской Республики» (с изменениями и дополнениями по состоянию на 23.06.2015 г.) - ПАРАГРАФ - WWW - - http：//online. zakon. kz/Document/? doc_ id = 30292386.

⑤ Закон Республики Таджикистан от 22 июля 1989 года № 150 «О языке» (утратил силу) - ПАРАГРАФ - WWW - - http：//online. zakon. kz/Document/? doc_ id = 30496905#pos = 31；-36.

⑥ Закон Республики Таджикистан "О государственном языке Республики Таджикистан" - - http：//base. spinform. ru/show_ doc. fwx? rgn = 29442.

况的变化的。

二、上外中亚语言专业开设的现状

上外俄罗斯东欧中亚学院承担了中亚语人才的培养任务，开设了哈萨克语、乌兹别克语和塔吉克语三个语种，受到了欢迎，其中哈萨克语、乌兹别克语是教育部批准设立的本科专业。以下是各专业的基本情况。

（一）哈萨克语

2016年10月至2017年6月开设哈萨克语课堂（培训班），学员主要是上外俄语系、语言研究院的教师、研究生等；2016年7月，我校正式向教育部申请设置哈萨克语专业（本科），并已成功。

提交备案资料。2017年3月18日，教育部网上正式公示，我校的哈萨克语专业已备案成功。计划每四年招生一次。

2017年9月，我校首届哈萨克语专业正式开学，共10名男生、1名女生。他们除学习基础哈萨克语等专业课外，还辅修俄语，同时利用业余时间参加学唱哈萨克语歌曲、学跳哈萨克舞蹈、朗诵哈萨克语诗歌等丰富多彩的第二课堂活动。

我校于2017年12月15日举行了盛大的哈萨克语专业开设仪式，并于2017年12月15—21日举办了哈萨克斯坦文化周活动，包括专家讲座、哈方外交官与学生面对面交流、播放哈萨克斯坦电影等丰富多彩的活动。

（二）乌兹别克语

2015年10月，在学校和俄语系的支持下，乌兹别克语课堂（培训班）正式开课，2015年10月至2016年6月共上课两个学期，学员主要有上外俄语系、语言研究院、中亚研究中心的教师、研究生；2016年3月乌兹别克语课堂又增开了一个新的班级，2016年12月结束，学员有上外俄语系的教师和研究生、上外东方语系的教师和学生、复旦史地所的教师和研究生；2016年9月至2017年6月，乌兹别克语正式作为上外的全校通识选修课面向全校本科学生开课，课程名称《基础乌兹别克语1-2》受到学生们的欢迎，共开课两个学期。2016年7月，我校正式向教育部申请设置乌兹别克语专业（本科），并已成功提交备案资料。2017年3月18日，教育部网上正式公示，我校的乌兹别克语专业已备案成功。计划每四年招生一次。

2018年9月，上外首届乌兹别克语专业正式开学，共11名学生，5名男生、6名女生。他们除学习基础乌兹别克语等专业课外，还将辅修俄语，同时利用业余时间参加学唱哈萨克语歌曲、学跳乌兹别克舞蹈、朗诵乌兹别克语诗歌等丰富多彩的第二课堂活动。

2018年11月16日，我校将举办盛大的乌兹别克语专业开设仪式，同时将举办内容丰富的乌兹别克斯坦文化周活动。

（三）塔吉克语和吉尔吉斯语

2017年3月9日塔吉克语课堂（培训班）正式开课，学员主要有上外俄语系的研究生和东方语系的学生。目前正在为申请教育部本科专业备案做前期准备。

同时，正在招聘吉尔吉斯语的专业教师（中方），筹备开设吉尔吉斯语课堂。

三、上外中亚语言教学及人才培养面临的问题

我校中亚语言（哈语、乌语、塔语）教学及人才培养方面面临的主要问题有：

（一）师资不足

国内目前还没有哈萨克语、乌兹别克语、塔吉克语等（作为外国语语言文学专业，而不是国内的民族语言）专业的本科毕业生，因此师资不足。我系哈萨克语目前有中方师资2名，乌兹别克语招收了国际员工一名，但因教学任务多，教师远远不够。

（二）学生学习任务重

学生是中亚语（哈语、乌语）为主要专业，同时辅修俄语，即从一年级第二学期开始学习俄语。而学生在中学学习的是英语，中亚语（哈语、乌语）和俄语这两种语言都是零起点，课时少，且这两种语言的学习难度都很大，故学生的学习任务重。

（三）教材、工具书、图书资料缺乏

目前国内暂时还没有供本科一至四年级学生使用的系列教材，也没有相关的工具书。我系正在与国外院校合作编写适合本科专业的各级各类教材，未来还急需编写相关的工具书，如汉哈词典、哈汉词典等。

我校图书馆中哈语、乌语和塔语等中亚语言的书籍寥寥无几。如学生说，松江图书馆关于哈萨克斯坦的书籍只有十几本，其中只有一本哈总统纳扎尔巴耶夫的传记是哈语版的。现在，我校图书馆已陆续通过进口商购买了一些哈语和乌语的图书，合作院校也赠送了一些书，但数量远远不够，今后还需拓宽渠道，扩大图书的来源，进一步增加哈语和乌语等图书

的数量。

(四) 合作高校数量少、深度不够

目前,在学校的支持下,我校已与哈方的哈萨克斯坦阿里—法拉比大学、乌方的乌兹别克斯坦国立纳瓦依民族语言和文学大学签署了校际合作协议。未来为了能在学生留学、教师进修、科研合作等方面加强与中亚相关高校的合作,还需增加合作高校的数量,加强合作的深度。

四、结语

在我国"一带一路"倡议背景下,中亚语专业的建设和人才培养问题显得十分迫切。上海外国语大学发挥自身的语言教学优势,积极对接国家"一带一路"倡议,服务上海的城市发展需要,积极开设哈萨克语、乌兹别克语等中亚语专业,已正式招收本科生,正在认真编写相应的教材,在教学和培养中亚语人才方面积极探索,并已积累了一定的教学经验。不过,同时上外也在中亚语言教学及人才培养的过程中遇到了师资不足、学生学习任务重、缺少图书资料等问题,因此上外等已开设和准备开设中亚语专业的高校需注意采取各种措施,克服这些困难,并需积极开展和加深与中亚合作院校的教学和科研合作,以便把中亚语专业建设好,服务于我国的"一带一路"倡议。

中国为何常被误判：跨文化视角解读

庄恩平[*]

"一带一路"倡议提出五年来，在中国的学术论坛上我们谈成就比较多，谈挑战比较少，而谈文化挑战很少。其实推进"一带一路"倡议就是一种跨文化交流和沟通的过程，文化差异又往往反映在沟通方式方面，然而这个问题未被引起足够的重视。下面我以跨文化的视角以及跨文化的思维分析中国在推进"一带一路"倡议过程当中为何常常被误读，症结何在。我把这个问题归纳为三个根源或者三个主体。

第一，一些西方国家故意炮制"中国威胁论"，抹黑中国，遏制中国发展。其根本原因是这些国家无法接受中国曾经是一个落后的国家，现在走的是一条不是按照西方国家希望中国走的一条道路，而在中国共产党领导之下，通过40多年的改革开放，走出一条符合国情，体现中国特色的社会主义道路，并取得今天令世界瞩目的成就，这就被一些西方国家视为对西方制度的挑战和威胁。因为中国发展道路会让更多的国家清楚地看到世界上还有其他成功发展的模式和道路，于是西方国家就会通过制约中国"一带一路"倡议，制造、营造不利于中国与其他国家共商共建共享的国际舆论环境，其目的在于误导国际社会，使更多国家对中国"一带一路"倡议产生不确定性，甚至怀疑。

第二，一些受西方舆论影响的国家。这些国家在整个世界经济不景气的背景之下都在试图寻找适合本国社会经济发展的方向，而此时中国推出了"一带一路"倡议，让这些国家发现了方向，找到了资源。然后这些国家在国际舆论的影响下，也会产生对参与"一带一路"合作的担心和犹豫。

第三，国内学者和媒体。国内学者对中国近几年的快速发展往往过度宣传，发表一些过于自信与高调的观点，在各种场合下大力宣传与传播有关输出中国文化、输出中国模式、引领全球化、构建国际话语体系等观点，营造中国要"挑战"的态势，而不顾一些西方国家和国际社会的态度与感受，以及造成误读的可能性，结果就出现了一些国家或者受众的过度

---

[*] 上海大学MBA教育中心教授，中国新丝路跨文化研究院院长。

解读或过度警惕，于是产生抵制。此外国内学者或媒体在交流介绍中国"一带一路"倡议时，往往善用或喜欢用"宣传"或"传播"的词语，根本没有意识到这些表达会被解读为一个"强势者"向"弱势者"以"不对等"的方式在推行自己的想法并影响对方。

同样今天我们在不同的国家设立了孔子学院进行跨文化的交流，想通过汉语交流，让更多想了解中国的汉学学习者可以直接了解中国，同时孔子学院也是中国更好地了解与学习这些国家文化的重要途径。孔子学院就是中国了解世界，世界了解中国的桥梁。而我们在宣传时往往用教授汉语、传播中国文化这种官方的表达，没有从跨文化思维角度思考，怎样的语言表达、怎样的表达方式才能正确传递中国的声音，才能被接受，才能不被误解？

由于国际社会和一些国家或民众对中国了解不多，而且他们又会误解中国，也影响了中国形象，于是中国又掀起了向世界讲好"中国故事"的旋风，但我们不知道怎样讲才能让他们更好地了解中国。面对中国被误读和误判，中国学者和媒体往往缺乏跨文化的思维和意识，还不太善于主动有效地回应和回击，结果也造成了一些想要了解事实真相的国家无法从中国媒体或学者那里得知真相或获取有关信息。有时我们会做出一些阐述，但西方民众无法理解与接受中式思维方式的表达，反而会误解为我们在回避问题。

这就是目前我们在推进"一带一路"倡议过程中遇到的跨文化挑战。为了能让更多国家了解中国，架起中国与世界沟通的桥梁，消除国际社会在解读中国"一带一路"过程当中的文化障碍，推动各国相互理解、相互尊重、相互信任，我提出三点倡议。

第一，建立民间"一带一路"国家媒体、学者、企业（三位一体）跨文化共同体平台，推进跨文化教育，开展"一带一路"跨文化交流与合作研讨，增进跨文化相互理解、相互尊重、相互包容、相互赏识。

第二，建立"一带一路"跨文化理解培训项目，助推中国了解世界，世界了解中国的倡议，培养具有全球化和本地跨文化能力的跨文化公民，共建人类命运共同体。

第三，建立跨文化咨询服务机构，服务"一带一路"企业开展国际合作，为推进外资进入中国、中国资本走向世界消除跨文化障碍，为跨国投资、跨国并购、跨国经营提供跨文化融合咨询服务。

希望上述公共外交倡议能增强民心相通，排除跨文化障碍，媒体、学者、企业（三位一体）共建利益和命运共同体。

塔吉克斯坦创新政策的形成

罗兹科夫·马赫马德萨义德[*]

首先我想强调塔吉克斯坦高度重视发展与中国的睦邻友好和合作关系，目前中塔两国正在共同实施很多合作项目，这些项目涉及经贸、实业和人文的各个领域。

当前世界经济正在持续地进行全球化，我们看到各个民族国家的经济发展和经济改革已经成为越来越迫切的任务，对政府来说扶持创新是一项重要的工作，所以对于国家的经济社会政策来说，这种创新型的导向将决定国家经济转型的效率和最终结果。当前在塔吉克斯坦对知识型经济的关注也越来越多，从政府的层面制定各种各样的措施来支持这些创新的工作。

创新进程对象还有一个最主要的目的就是要确保经济技术的理念，通过科学和技术这两大体系能够迅速地转化为生产和先进生产技术，并最终体现为完整的高科技产品。需要指出的是，每个国家都根据本国的特点制定了适合本国的创新发展计划。例如对于芬兰来说，创新主要是要致力于经济发展的多样化，而法国的创新发展致力于发展小型的科创企业，美国则是全面支持国民经济的现代化转型。所以对塔吉克斯坦来说，创新发展要借鉴世界各国的先进经验，也要学习各国的实践。

但是我们要特别注重目前在塔吉克斯坦还比较薄弱的创新基础设施建设，这里包括建设发展各种类型的科学城、技术园区、创新孵化器、科技成果转化中心等。在创新立法方面，塔吉克斯坦通过了一系列相关的法律。例如1998年通过的著作权和连接权法，2004年通过的工业样品法，2004年通过的创造法。除此之外在2007年3月塔吉克斯坦政府还通过了商标和商标服务法。所以在过去几年，塔吉克斯坦政府在创新立法方面投入了很大的精力，致力于为创新活动营造良好的法律氛围。

此外，塔吉克斯坦政府还通过了科学技术和创新发展战略纲要，这里面最重要的一个纲领性文件就是2011—2020年塔吉克斯坦创新发展纲要。除此之外，国家的创新政策导向还要求我们支持建设本国的创新体系，这

---

[*] 塔吉克斯坦技术学院副院长，教授。

样的一个综合性的创新体系应该遵循以下原则。第一，提高国家的政治和经济稳定性，提升国家的投资吸引力。第二，要进一步打造创新型的经济发展模式，将这一模式应用于各个层面，而且要尽可能地使这些创新的模式和其他国家的发展战略相结合。第三，要鼓励营造良好的制度创新环境，形成创新文化，建设和发展各种各样正式的和非正式的创新机制。第四，我们要向经济的科技增长方式过渡，要尽量地降低原料经济在国民经济所占的比重。要推动国民经济发展的多样化，对工业生产进行现代化改造。第五，要大力推进国家创新机制建设，这里面包括对科技研发和各类创新型初创企业的支持，包括要在国际上打造塔吉克斯坦共和国的创新形象。第六，要确保政、产、学、研之间良好的互动。第七，要支持教育和科技的发展，从软件和硬件两个方面进行支持。第八，要加强创新活动的法律支持，保护知识产权。第九，要全面加快科技成果的现实转化。第十，要进一步推动创新基础设施建设，其中包括扶持中小企业，发展各类的投资、认证体系。最后一点是创新人才的培养。

上述的这些法律文件和法律文本的主要精神体现了塔吉克斯坦政府的创新决策。我们愿意通过更加先进、更加有效的手段用于应用管理，同时借鉴世界各国在发展方面的经验，推动本国创新转型。这里面包括科技研发经费要促进其来源的多样化，要通过项目制有针对性地进行创新投资，同时我们要学习中国的经验，由国家政府来投资的项目要进行论证和答辩，包括对整个项目实施的过程进行国家监控。

（根据现场同传速记稿整理）

【俄文原文】

Формирование инновационной политики в Республике Таджикистан

Розиков Махмасаид[*]

В начале хотелось бы особо отметить, что в Таджикистане придают

---

[*] Заместитель директора Таджикского технического колледжа Таджикистана, профессор.

большое значение развитию отношений добрососедства, дружбы и сотрудничество с Китаем. Сегодня успешно реализуются совместные проекты в торгово-экономической сфере, расширяются деловые и гуманитарные контакты.

Дорогие друзья, уважаемые коллеги!

В условиях глобализации мировой экономики актуальными становятся задачи эффективного преобразования национальных экономик на базе активного использования результатов интеллектуальной деятельности и формирования инновационной политики государства, воплощающей в жизнь инновации.

Отсюда важной составной частью государственной социально-экономической политики является инновационная политика, определяющая инновационную стратегию трансформации национальной экономики в экономику знаний (knowledge economy) и механизмы поддержки инновационной деятельности. Инновационная политика характеризует деятельность государства по стимулированию инноваций и коммерциализации. Объектом ее является инновационный процесс, а основной целью – обеспечение быстрого прохождения научно-технической идеи через подсистемы «наука» и «техника» в подсистему «производство» и выпуск товарной продукции в виде законченнойвысокотехнологичной продукции.

Следует заметить, что подход к формированию государственнойинновационной политики у каждой страны отличается в зависимости от национальных особенностей страны. Например, для Финляндии характерен высокий уровень диверсификации экономики; для Франции – создание более мелких технологических фирм; для США – поддержка реструктуризации национальной экономики.

В целях стимулировании инновационной деятельности в Республике Таджикистан необходимо с учетом национальных условий применять мировой опыт государственной поддержки инновационной деятельности.

Тем не менее, необходимо уделять особое внимание развитиюинновационной инфраструктуры (инноградов, технопарков, бизнес-инкубаторов, центров трансфера технологий и др.), генерации и развитию инновационного бизнеса.

В Республике Таджикистан создана нормативно – правовая база инновационного развития, в связи с чем был принят ряд законодательных актов, таких как:

— Закон РТ «Об авторском праве и смежных правах» (№726 от 13.11.1998 г.);

— Закон РТ «О промышленных образцах» (№16 от 28.02.2004 г.);

— Закон РТ «Об изобретениях» (№17 от 28.02.2004 г.);

— Закон РТ «О товарных знаках и знаках обслуживания» (№234 от 05.03.2007г.);

Кроме того, Правительством Республики Таджикистан утверждены стратегии и программы в области науки, технологии и инновационного развития, к ним можно отнести: Программу инновационного развития Республики Таджикистан на 2011 – 2020 гг.

Кроме того, инновационная политика государства в условиях ориентации на формирование национальной инновационной системы (НИС) должна базироваться на ряде следующих принципиальных направлений:

— повышение политической и экономической стабильности в республике, и ее инвестиционной привлекательности;

— провозглашение приоритетных инновационных моделей (методов, механизмов) развития на всех уровнях и включение (интеграция) по возможности их во все другие программы развития;

— формирование благоприятной институциональной инновационной среды, инновационной культуры посредством создания системы формальных и неформальных инновационных институтов;

— переход на новые технологические уклады с одновременным снижением сырьевой доминанты, многоукладности национальной экономики, модернизации промышленного производства;

— формирование системы поддержки (прежде всего венчурного финансирования) научно – исследовательских и опытно – констр-укторских работ (НИОКР (R&D)) и научных организаций, а также рынка инноваций, создание и продвижение «инновационного имиджа» республики;

— обеспечение взаимодействия между властью, бизнесом и научными образовательными учреждениями;

– поддержка и модернизация системы образования и науки, восстановление и обновление их материально-технической базы;

– нормативно-правовое обеспечение инновационной деятельности, защита объектов интеллектуальной собственности и введение их в хозяйственный оборот;

– всемерное ускорение освоения в производстве достижений науки, техники и передового опыта;

– развитие инновационной инфраструктуры (инновационных кластеров), малого и среднего, венчурного предпринимательства, системы сертификации и продвижения научно-технических разработок;

– подготовка и переподготовки кадров высокой квалификации для субъектов инновационной деятельности;

– развитие и совершенствование информационно-консульт-ационной деятельности, информационных баз и коммуникационны-х каналов;

– развитие международного сотрудничества при организацииинно-вационной деятельности.

Таким образом, в вышеназванных документах заложены прогрессивные и эффективные средства организации и проведения научной и научно-технической деятельности, использование которых направлено на достижение конкретных научно-технических результатов, прим-енимых при решении народнохозяйственных задач. В частности, пре-дусмотрены такие механизмы, как множественность источников фина-нсирования научно-технической деятельности, в том числе из Китая переход на программно-целевой метод финансирования, организация и проведение научной и научно-технической экспертизы при отборе программ и проектов для государственного финансирования.

"一带一路"倡议作为双边关系发展战略符合中吉两国人民的利益

阿赫玛德江·马赫姆马多夫[*]

我们看到第三届"一带一路"上海国际论坛是一个非常高端的学术交流平台。我的发言题目是《"一带一路"倡议作为双边关系发展战略符合中吉两国人民的利益》。我们知道国家之间的关系基于相互信任的前提,所以对吉尔吉斯斯坦共和国和中国来说,这种相互信任从建交的那一天就已经开始,并顺利发展。吉尔吉斯斯坦是一个风景优美、空气清新、森林密布的非常美丽的国家。我想每一位到访过吉尔吉斯斯坦的人,都会被风景所折服,我们刚刚主办了世界游牧民族大会。我们大部分国土都是山地,天山山脉和帕米尔山山脉在这里高耸入云。天山是天的主人,帕米尔是地的主人,所有的山峰都高入云霄。自古以来,吉尔吉斯斯坦这片土地就是游牧民族自由发展非常美好的一个区域。中吉两国建交以来双方建立非常友好和相互信任的关系,开展互利合作,在经济、政治和人文领域,在吉方和中方共同努力之下,我们夯实了双边关系的基础。两国之间的政治互信逐年增加,两国元首之间的私人关系和工作联系日益密切。我们看到两国人民也正在进一步地加深相互了解。习近平主席提出的"一带一路"倡议是一个全球性的规模宏大的项目,这也是古丝绸之路在当代获得新生的一个非常良好的范例。"一带一路"致力于推动沿线国家的共同发展和繁荣,中国的"一带一路"倡议符合"一带一路"沿线国家的人民的利益和愿景。所以吉尔吉斯斯坦始终表示支持"一带一路"建设,也希望"一带一路"能够成为当代丝绸之路联系东方和西方的一个重要的倡议。

上海合作组织已经成为非常具有影响力的国际组织,而且是一个非常有执行力和有威信的区域性合作组织。尤其是在印度和巴基斯坦成为上合组织的成员国之后,我们认为有必要推动国际和地区合作,巩固上合空间的安全和稳定,致力于打造新型国际关系,最终的目的是建设人类命运共同体。上合组织成员国坚决支持在年轻一代的教育方面密切配合,开展系

---

[*] 吉尔吉斯斯坦克里亚宾农业学院教授。

统性的相关工作，主要是为了预防年轻人受到极端思想的影响。目前我们看到吉尔吉斯斯坦共和国政府致力于经济改革，也正在加强投资法律相关的建设。吉尔吉斯斯坦的投资活动包括投资的力度、广度都在逐步扩大，这里我们要特别感谢中国的合作伙伴对我们给予的资金支持。吉尔吉斯斯坦有非常独特的地理位置，我们和中亚的很多国家都保持着非常良好的贸易关系，我们也希望能够在现阶段进一步优化经济发展的模式。

众所周知中华人民共和国在吉尔吉斯斯坦实施很多的合作项目，合作项目最多的是在农业领域，但是在其他领域中吉两国也会有巨大的合作潜力，其实吉尔吉斯斯坦的经济改革刚刚起步，我们国民经济发展面临相当大的挑战，但同时也会有很多的机遇。吉尔吉斯斯坦的农业发展和优质农产品出口也具有非常大的潜力。

这里我想向大家介绍一下，我来自吉尔吉斯斯坦的南部，来自奥什州，所以我认为中吉两国的地区间合作其实有非常巨大的潜力可以进一步挖掘。目前奥什州是吉尔吉斯斯坦非常重要的一个地区，是吉尔吉斯斯坦的行政中心，是共和国直属市，是吉尔吉斯斯坦人口第二大的城市，被称为吉尔吉斯斯坦的"南都"。奥什是中亚的一个古城，有3000多年的历史，古丝绸之路上的驼队便经过奥什继续前往欧洲。奥什州一共有7个区和3个城市，目前农业是奥什实体经济发展的支柱产业。奥什的各种机构和公司和中国开展广泛的合作。我们主要的比较发达的生产领域，有棉花制造、烟草种植行业、蔬菜种植、毛线加工、乳制品和肉制品的加工。奥什州的气候条件非常良好，我们种植各种各样的粮食作物、饲料作物和油料作物。吉尔吉斯斯坦政府非常重视扩大绿色食品的出口，这也是我们的一个优势出口产品品种。同时吉尔吉斯斯坦还有品质非常好的蔬菜水果、山地蜂蜜、肉类等。

目前中吉两国之间的关系发展非常密切。奥什有两所孔子学院，这也为中吉两国的全面合作发展培养了非常多的人才。目前我们和西安石油大学也签署了合作协议，中方会全额支付30名吉方学生到中国实习和留学一年的费用。每年中吉两国的双边贸易额正在稳步提升，在发言的最初我就谈到中吉两国的双边关系，尤其是经贸关系还有巨大的潜力。我们也希望进一步扩大吉尔吉斯斯坦优质产品的出口。我想再次告诉各位，吉尔吉斯斯坦的绿色食品是营养价值非常高的，相信一定会受到中国消费者的喜爱。

为了进一步符合中方提出的检验检疫的要求，我们也设立了相关的检疫实验室，在实验室的建设过程中，非常感谢中方合作伙伴的支持。我非常希望中国检验检疫机构能够在吉尔吉斯农产品进入中国的壁垒和规则设置上给予更多的支持。我相信中吉贸易和中吉双方关系会有非常美好的前景。我们具有发展关系的所有前提，今天这一次论坛也会为中吉两国发展的新高度注入新的动力。

（根据现场同传速记稿整理）

【俄文原文】

Инициатива «Один пояс и один путь» как стратегия развития двусторонних межгосударственных отношений в интересах народа Кыргызстана и Китая

Махаммадов Ахмаджан[*]

Прежде всего хотелось бы коротко рассказать о Кыргызстане, Столица Кыргызстана – замечательный цветущий город Бишкек. Богат Кыргызстан природой и чистым воздухом, ореховыми лесами, которые даже на мировом рынке имеют свою ценность с изумительной природой. К нам в Кыргызстан приезжают гости изо всех государств, чтобы увидеть нашу богатую культуру и республику. Страна больших возможностей.

Кыргызстан, очень древний край. Большую часть ее занимают гор-ы-величественные Тянь – Шань и Памир, хозяева неба и земли, возвышающиеся над облаками. Издавна здесь жили кочевники, свободные дети гор. Они оставили высеченные руны на больших камнях – старинную, утерянную потом письменность.

Великий Шелковый Путь, по которому странствовали торговцы тканями и пряностями, тоже оставил свой след в истории Кыргызстана и

---

[*] Профессор Киргизского Сельскохозяйственного института имени К. И. Скрябина.

инициатива «Один пояс и один путь» является прекрасной возможностью объединить народы на пути следования данного проекта.

С момента установления дипломатических отношений, между Кыргызской Республикой и Китайской Народной Республики выстроили дружественные и доверительные отношения, наладили взаимовыгодное сотрудничества в политической, экономической и культурно – гуманитарной сферах. Благодаря взаимным усилиям Кыргызстан и Китай создали прочный фундамент межгосударственного сотрудничества. С каждым годом усиливается политическое взаимодоверие, укрепляются личные и рабочие контакты между главами двух государств, происходит постепенный процесс сближения наших народов и, тем самым, укрепляются наши добрососедские отношения.

Программа, которую выдвинул председатель КНР Си Цзиньпин «Один пояс и один путь» –это очень глобальный проект. Это концепция развития Шелково20 Пути подразумевает всеобщее развитие стран, находящихся на древнем Шелковом пути, она соответствует общим стремлениям и интересам народов этих стран и наша страна поддерживает инициативу нового Шелкового Пути между Востоком и Западом.

Шанхайская Организация Сотрудничества (ШОС) стала самой влиятельной и перспективной организацией в мире. 9 – 10 июня 2018 года в городе Циндао (КНР) состоялось заседание Совета глав государств-членов Шанхайской организации сотрудничества. ШОС сегодня утвердилась в качестве уникального, влиятельного и авторитетного регионального объединения, потенциал которого заметно возрос со вступлением в Организацию Индии и Пакистана.

В контексте обмена мнениями по актуальной международной и региональной проблематике подчеркнута необходимость наращивания совместных усилий в обеспечении безопасности и стабильности на пространстве ШОС, а также в содействии формированию международных отношений нового типа и общего видения идеи создания сообщества единой судьбы человечества.

Государств–члены выступают за налаживание комплексной работы по духовно–нравственному воспитанию молодого поколения и предупреждения его вовлечения в деструктивную деятельность. Руководители государств-членов выступают за использование потенциала стран региона, международных организаций и многосторонних объединений в целях формирования на пространстве ШОС широкого, открытого, взаимовыгодного и равноправного партнерства.

В настоящее время, в свете стремления Правительства Кыргызской Республики к либерализации экономики и улучшению инвестиционного законодательства, активизируется инвестиционное сотрудничество Кыргызской Республики со многими странами в приоритетных и стратегически важных секторах экономики, в том числе с Китайской Народной Республикой, как одного из стратегических партнеров Кыргызской Республики.

Географическое расположение и хорошие торговые отношения между нашими странами представляют огромный потенциал для товаропроизводителей, работающих в Кыргызстане по продвижению своей продукции на рынки соседних стран.

В этом контексте проект «Один пояс и один путь» является некой новой моделью развития и создание новых механизмов экономического развития.

Как вы знаете, Китайская Народная Республика реализует множество проектов не только в сельскохозяйственном секторе, но и в других не менее важных отраслях экономики Кыргызской Республики.

В целом экономика Кыргызстана все еще находится на начальной стадии модернизации, и есть большие возможности для развития всех направлений экономики. И сельское хозяйство имеет огромный потенциал, так как сельхоз продукция Кыргызстана отличается экологичностью, которую признали многие наши зарубежные партнеры и гости нашей страны. Ошская область находится на юге Кыргызстана. Ош – город республиканского подчинения в Киргизии, административный центр Ошской области. Второй по численности населения город Киргизии, официально именуемый «южной столицей». Он же один из древнейших городов Средней Азии, чья история насчитывает более 3000 лет. Когда-то Ош был местом пересечения караванных путей из Китая и Индии в Европу.

В состав области входят 7 районов и 3 города. Ошская область является одной из крупных территориальных единиц с экономической особенностью и самым густонаселенным регионом республики.

Сельское хозяйство является одной из основных отраслей реального сектора экономики области, производящей значительно больше валовой продукции, чем производит промышленность.

Организации, фирмы и компании Ошской области сельскохозяйственного сегмента развивают хлопководство, табаководства, выращивание овощей, выработку шерсти и молока, животноводство. Посевная площадь, занята посевами зерновых, кормовых, масличных культур.

В нашей стране все больше внимания уделяется натуральности продуктов, способам их производства, воздействиям на окружающую среду в ходе производства продукции.

Ошская область готов экспортировать на китайский рынок экологически чистые сельскохозяйственные продукты овощи, фрукты, горный мёд, мяса и другие.

Факты сотрудничества между Китаем и Кыргызстаном полностью доказали, что только открытость и взаимодействие могут обеспечить беспроигрышное сотрудничество. В целях дальнейшего укрепления взаимодействия и открытости наша страна является страной, поддерживающей инициативу «Один пояс и один путь». В настоящее время Китай стал основным инвестором экономики Ошской области. В будущем Ошская область будет продолжать создавать хорошую обстановку для инвестиций и торговли, создавать более удобные условия для китайских предприятий, вступивших на путь инициативы «Один пояс и один путь» и отправляющихся на просторные земли Кыргызстана.

Мы заинтересованы в практическом сотрудничестве с регионами Китая и обмениваться, изучать опыт друг друга.

关于在"一带一路"框架内加强与中亚国家人文合作的几点建议

王宪举[*]

一、中国与中亚国家人文合作的发展和问题

自 2013 年 9 月 7 日习近平主席提出"丝绸之路经济带"倡议，并于同年 10 月 3 日倡导建设"21 世纪海上丝绸之路"以来，五年过去了。五年来，中国和中亚国家的人文合作取得了一定的发展，主要表现在：人文合作的机制逐步建立起来；开展了一系列丰富多彩的人文交流活动；教育、旅游、媒体等领域的合作初见成效；各国人民之间的相互了解不断增加。中亚国家人民对中国的认知有了很大提高，不少人对"一带一路"特别是"丝绸之路经济带"有了一定程度的了解，大多数人对中国抱有友好感情。

但是，也应看到，中国与中亚国家之间的人文合作水平还低于经贸合作，与政治、安全、经贸合作的高水平不相适应。主要表现有：

第一，双边民间来往较少。虽然中国和中亚国家的官方交流比较多，但是民间来往却远远不够，各种民间合作就更少。

第二，文化艺术、教育和媒体之间的合作比较薄弱。以电视媒体为例，中国中央电视台的频道，特别是第一、第四和第十三新闻频道，关于中亚国家的报道很少。

第三，相互的旅游者人数比较少。虽然中亚国家具有浓郁的异国风情，阿拉木图、塔什干、撒马尔罕、布哈拉等古丝绸之路重镇闻名遐迩，但是前往游览的中国人还比较少。中亚各国居民因收入较低，很少来中国旅游。民间相互来往较少的重要障碍之一是签证制度。近年来，乌兹别克斯坦、哈萨克斯坦等国采取措施，试图改善旅游工作，但是效果尚不明显。在简化签证方面，中国与中亚国家都应加大力度。

第四，在中亚五国开设了十几家孔子学院和数十家孔子课堂，对于中

---

[*] 中国人民大学—圣彼得堡国立大学俄罗斯研究中心副主任，研究员。

亚青少年了解中国文化起了重要作用。然而，与土耳其、俄罗斯、美国等相比，迄今在中亚地区几乎还没有一家中国创办的大学。中国文化的传播停留在一般的介绍水平上，亟需深入和提高。

第五，在媒体和信息领域，中国在中亚国家根本不占优势。俄罗斯、西方大国和土耳其的优势十分明显，中亚的新闻媒体基本上被它们控制。俄语、英语以及中亚各国的本国语言是媒体和信息交流、传播的主要工具，汉语的空间很小。而俄语、英语和其他语言的报道和评论经常不够客观，有的甚至故意歪曲和挑拨离间。

中亚地区还在一定程度上存在"中国威胁论"。这种言论时常见诸媒体，也反映在社会生活中。2016年哈萨克斯坦《土地法》修正案引发的抗议活动，就是一个明证。

二、存在这些问题的主要原因

第一，在"丝绸之路经济带"建设中，在政策沟通、设施联通、贸易畅通、资金融通、民心相通的"五通"中，民心相通是最不容易做、也最不好检查落实的一个领域。设施、贸易、资金都是看得见摸得着的，而民心是不易看见的。贸易和资金以美元计算，公路和铁路以公里计算，但是民心相通很难用数字来反映，方法之一是以民意调查来衡量，而民意调查又有着很大的不确定性，因为调查的对象（地区、人员）年龄、职业不同，结果就大不相同。由于考察民心相通很不容易得出准确的结论，所以我国有关部门不很重视这个"软实力"，没有下大力气做这方面的工作，比起做投资和搞项目的劲头，差得很远。

第二，在中亚地区，存在着大国竞争，各个大国都在利用政治、经济、文化、军事等各种手段，施加自己的影响。众所周知，美国一直把"民主改造"作为其中亚政策的核心内容和主要目的之一。对于中国在中亚的作用和影响，一些大国自然要贬低、破坏、挑拨离间。而我们在媒体和信息竞争中显得很弱。

第三，整个对外宣传、对外传播工作是我国的一个软肋。这固然有语言和翻译力量不足的问题，但有关部门和人员不善于做、不会做，是更主要的问题。在外宣工作中，存在主观主义、简单化、千篇一律、工作不细致等问题，亟需改进。

第四，世界早已进入信息时代，互联网成为人们信息沟通的主要工具。中国虽有华为这样在世界各国通讯产业中名列前茅的大公司，但中国在中亚地区信息市场中占比非常微弱。中国和中亚国家在信息安全方面合作的潜力很大。

三、加强合作的几点建议

一是，对于已有的人文合作机制和活动，要进一步完善和加强。同时，在人文合作领域，努力创作新的合作形式。

二是，应抓紧在中亚建立由我方资助或合作创办的大学。上海大学和华东师范大学已经开始谈判建立塔什干商业学院和撒马尔罕技术学院，应该尽最大努力，必要时联合上海和国内其他力量，把学院办好。同时，应在哈萨克斯坦和吉尔吉斯斯坦等国创办一两所大学。奥什孔院在教授中国文化和授予学位方面取得了可贵的经验，应予以总结推广。

三是，应仿效中俄文化年，举行中国和中亚国家的文化年、艺术年、语言年、教育年、青年年等活动。

四是，中国文化企业，或者其他有条件的企业应去中亚国家开展文化合作，建立文化企业或文化项目。

五是，信息合作是一个非常关键的领域，我们应该利用信息技术和设备的优势，与中亚国家合作建立各种信息中心和平台，通过信息传播扩大中国在中亚的影响力，同时也扩大中亚国家在中国的存在空间。

六是，加强对中亚各国语言的学习，培养更多掌握中亚各国语言的人才。这对于发展人文合作具有至关重要的意义。对于在懂得英语或俄语的同时，又掌握和运用哈萨克语、乌兹别克语、吉尔吉斯语、塔吉克语和土库曼语的人员，应该在工资待遇上予以提高，给予语言补贴。希望通过这些办法，鼓励青年积极学习中亚各国语言。

"一带一路"框架下多维度开发中亚旅游资源的可行性研究

吴娜娜[*]

"一带一路"是"丝绸之路经济带"和"21世纪海上丝绸之路"的简称，古代丝绸之路最初以运输丝绸、瓷器等商品为主，后交易商品的种类随时间推移不断扩充和丰富，运输路线也逐渐固化为"陆上丝绸之路"和"海上丝绸之路"。前者起于长安，经凉州、酒泉、瓜州、敦煌及中亚国家、阿富汗、伊朗、伊拉克、叙利亚等至罗马，全长6440千米。后者起于广州，经泉州、宁波、扬州，再经南洋、阿拉伯海，直至非洲东海岸。在当时特定的历史环境下，这两条路线的兴盛源于经济，后逐步扩散至政治、文化各领域，成为东西方全方位互动和对话的重要平台。

但随着各国发展阶段的变更，尤其是以丝绸为主的传统经济形势的衰落，加之后期全球经济危机的影响，沿线国家的经济贸易往来大幅度缩减，文化交流减弱。但在历史长河中，丝绸之路沿线国家在政治、经济和文化领域的依存性和互补性已然存在，尤其是在全球经济略显疲软的时代背景下，各国也急于打破旧有经济结构和发展模式，寻求新的经济增长刺激点，以文化为排头兵增强本国影响力的辐射半径。在此历史机遇期，中国国家主席习近平提出建设"新丝绸之路经济带"和"21世纪海上丝绸之路"的合作倡议，与沿线国家共同打造政治互信、经济融合、文化包容的利益共同体、命运共同体和责任共同体。

为此，中国制定和出台了一系列行之有效的政策和措施，意在以区域合作的方式拉动本国和沿线国家经济的长足和可持续发展。而较之国家间其他领域的合作，受固定出行路线的限制，旅游产业的互助式合作尚不明显，欧美以及东南亚依然是我国大多数家庭出境旅游的首选。而中亚作为古代陆上丝绸之路的重要地标之一，虽拥有得天独厚的自然景观和意蕴深长的人文景观，却因长期疏于管理和宣传普及度不够等原因未能被国人熟知，很多旅游资源处于荒废状态。以下笔者将从开发中亚国家旅游资源的

---

[*] 北京航天情报与信息研究所工程师。

必要性、中亚国家旅游业的发展现状以及打造多维度互动体验式旅游的可能性途径三方面展开论述。

一、中亚国家开发旅游资源的必要性

（一）旅游资源的自然属性

自然界和人类社会凡能对旅游者产生吸引力，可以为旅游业开发利用，并可产生经济效益、社会效益和环境效益的各种事物现象和因素，均称为旅游资源。旅游资源大体可分为自然风景旅游资源和人文景观旅游资源。前者可归纳为地貌、水文、气候和生物四大类；后者特指历史文化古迹、古建筑、民族风情和文化艺术等。

旅游资源具有多样性、地域性、季节性和垄断性等特征，且在功能上集中表现为对区域经济发展的拉动和助力以及对本区域悠久历史文化成果的展示、推广。具体而言，发展现代旅游的社会效用可归纳为如下四点：

1. 增加就业岗位

旅游业本质上属于第三产业，是劳动密集型的服务行业，服务内容包含餐饮、休闲娱乐、游览、购物等多个板块，需要大量经过专业培训的服务人员，这对解决当地就业岗位紧缺的现状不无裨益。

2. 增加外汇收入

具有区域和民族特色的旅游资源必然吸引境外旅游者的消费，根据世界旅游组织的最新统计，2017年国际游客数量增长了7%，同年国际旅游花费达2580亿美元，2018年国际旅游业依然保持强劲增长态势。因此，发展旅游业可大幅度增加当地的外汇收入。

3. 带动社会经济中其他行业的发展

旅游业的长期稳固发展必然依靠于与之相匹配的交通运输、酒店餐饮和银行货币兑换等设施的服务的升级和完善，二者之间是相互推动和促进的良性循环关系。因此，发展旅游业在客观上带动了社会经济领域中其他行业的同步发展。

4. 增进文化交流

跨境旅游是近距离接触和感受异国自然风景和历史文化的过程，也是调整、补充，乃至重建该国之于"他者"心理识别图景的绝佳时期，对于活跃民间交往、增进历史文化了解、缩小和化解民族隔阂有着不可替代的作用和影响力。

（二）中亚国家整体的社会经济发展态势

自苏联解体后，中亚各国均根据本国特定的资源分布情况、人口总量、文化习俗和政治体制等因素制定了短期和中长期的发展战略，也取得了相当大的经济成就，政治局势趋于稳定，经济发展也相对平稳。但囿于各国经济改革程度深浅不一和既有经济发展水平参差不齐，中亚各国地区间发展不平衡问题逐渐显露，哈萨克斯坦在经济发展水平上明显领先于其他四国。但即便如此，受长期的互融互通的影响，中亚五国在整体经济发展态势上具有某种共通性和相互映照性。在此笔者将主要参考中国社会科学院俄罗斯东欧中亚研究所近三年出版的《中亚国家发展报告》，并依据书中相关描述，对中亚五国的总体经济发展水平和态势做归纳性分析。

美国传统基金会每年会依据 50 个指标从贸易政策、政府财政开支、政府对经济的干预、货币政策以及资本流动和外国投资等十大方面对各国经济运行情况进行评估，进而得出对应的经济自由度指数。从近三年基金会公布的数据看，中亚五国中哈萨克斯坦的经济自由度指数明显高于其他四国，这表明政府对经济的干涉水平相对较低，市场资源元素相对自由地流动，外商投资环境较好。值得注意的是，比较 2017 年与 2018 年的数据，除了乌兹别克斯坦经济自由度指数排名略有回落以外，其他四国均有不同程度的上升。其中，吉尔吉斯斯坦的提升最为显著，排名由第 89 名升至 78 名。而相对客观和准确的经济自由度指数可视为本国对外贸易状况的一面镜子，它从更加宏观的角度对经济运行的总体趋势进行全面剖析和梳理，与一定时期的对外贸易走向成正相关。

由于中亚五国工业化水平普遍较低，对国外高精尖技术的依赖性较大，出口商品的种类单一，多集中于某些科技含量较低的农产品、矿产资源等，产业结构不合理，工农业比例失衡，第三产业明显落后。即使在相对领先的工业领域，虽得益于苏联时期遗留的工业基础，但技术持续性革新和升级的动力不足。国家财政来源过度依赖能源产业，服务型产业发展缓慢，缺乏新的经济增长点。具体而言，中亚五国中的哈萨克斯坦、乌兹别克斯坦和土库曼斯坦的石油和天然气出口在三国对外贸易总额中所占权重相对较大，并很大程度上左右着本国对外贸易顺差和逆差的比值。而吉尔吉斯斯坦和塔吉克斯坦金属矿产资源丰富，其原料和制成品是两国出口贸易的主要组成部分，也是国家财政收入的主要支撑。在全球经济发展速度明显放缓的时代背景下，尤其在能源等大宗商品价格持续下滑的制约下，中亚五国的外贸贸易状况不大乐观，总贸易额增幅甚微，且容易出现反弹。例如，2017 年之前国际原油市场多次动荡，哈萨克斯坦经济被裹挟其中，外贸出口遭遇"寒冬"。

由此可见，在中亚五国的对外贸易发展进程中，以现代化服务业为主导的服务贸易出口所占比例较低，旅游行业参与度不高。为充分调动各种潜在社会资源以加速经济结构调整和完善，中亚五国政府已经开始推进一些大刀阔斧的改革，同时并行着多行业联动的宏观筹划和内容详尽的细节安排。例如，2016年，乌兹别克斯坦政府从放宽签证入手，年底《关于采取措施保障旅游业加速发展》的总统令颁布，次年《促进乌兹别克斯坦旅游产业加速发展措施实施纲要》和《2017—2021年乌兹别克斯坦旅游产业发展规划》相继问世。随着休闲度假旅游区项目的趋于成熟，乌兹别克斯坦还提出与其他中亚国家共创旅游产品的建设性构想，而中国国家旅游局也与乌兹别克斯坦国家旅游发展委员会达成并签署旅游合作协议。2016年中国与哈萨克斯坦签订了《关于便利中国公民赴哈萨克斯坦共和国团队旅游的备忘录》。在旅游文化产业日益兴起的浪潮中，土库曼斯坦也加快了对本国旅游资源的重磅推介和重新整合。在2018年以《共创丝路未来》为主题的中国—亚欧博览会上，土库曼斯坦驻华大使隆重介绍了本国旅游资源的丰富性和多样性，也表达了期待与中国在旅游行业展开互惠性合作的强烈愿望。

二、中亚国家旅游业的发展现状

中亚五国山水相连，自然风貌浑然一体，又因历史上长期处于同一种政治、经济体制下，故在文化氛围、宗教礼节和民间风俗上具有很大的相似性，人文景观也呈现出恰当的和谐和共生性。从旅游资源的构成、独特性、旅游业发展现状和局限性切入，中亚五国旅游资源的共性特点可归纳如下：

（一）历史底蕴深厚

中亚五国的很多城市和小镇是古代丝绸之路的重要坐标，曾经繁盛一时的骆驼商队在这片土地上留下了或深或浅的历史足迹，断壁残垣的古城墙和一望无际的神秘沙漠都是这段历史的无声见证者。且公元前众多帝国也纷纷建都于此，每一个孤寂的古城都可能尘封着一段动人心魄的往事。

（二）原生态气息浓厚

受经济发展水平的制约，中亚五国的旅游资源尚未遭受过度的商业开发，许多历史文化景点处于无人看管的状态，即使在已经开辟为自然保护区的地方人为介入的痕迹也很少，自然风光依然保有最初和最原始的魅力。但与此同时，由于相应的保护和挖掘工作不到位或明显滞后，受日晒雨淋的侵蚀，一些人文景观也在悄悄退化和隐没，日后利用和开发的难度也随之增加。

（三）城市配套基础设施陈旧、现代服务意识欠缺

相较于其他旅游资源丰富的国家，中亚国家在配套设施的完善上明显落后。城市交通出行方式单一，交通设备老旧，人性化指引和服务不到位，酒店设施陈旧，现代化设备少，且因为竞争意识欠缺，整体性价比不高。餐饮和购物方面同样存在类似的问题，团体接待能力差，服务反馈机制不健全，应急响应能力尚待提高。

三、打造多维度互动体验式旅游的可能性途径

受益于独特的地理位置，中亚积淀和浸染了悠久的古代文明和体系庞大的三大宗教，以不同风格为代表的典型建筑散布在中亚的各个角落。后虽因战争、自然灾害等原因，为数不少的历史珍宝遗憾地从地球表面消失，但至今也保留了不少极具代表性的建筑，如土库曼斯坦境内的尼萨古城（帕提亚帝国的第一个首都），乌兹别克斯坦境内历史追溯至公元前5世纪的撒马尔罕，等等。它们或繁盛依旧，或早已荒无人烟，但都曾经是人类文明发展史上浓墨重彩的篇章，是现代人通往逝去文明的历史凭证，同样也是不可多得且独一无二的旅游资源。从与时代背景的吻合度、旅游产品开发的热度和旅游路线预期的接受即认可度出发，笔者在此仅以中亚五国境内现遗留的古代丝绸之路古城为对象展开论述。

2012年，联合国教科文组织世界遗产委员会通过了由中国、哈萨克斯坦、吉尔吉斯斯坦三国联合申报的项目——"丝绸之路：起始段和天山廊道的路网"，项目包含丝绸之路沿线的城镇遗迹、交通遗迹、宗教遗产、商贸城市等共33处。其中绝大多数（22处）位于中国境内，8处位于哈萨克斯坦境内，分别为：科斯托比遗址（哈萨克斯坦南部的江布尔州）、阿克托贝遗址（哈萨克斯坦南部的江布尔州）、库兰遗址（哈萨克斯坦南部的江布尔州）、开阿利克遗址（哈萨克斯坦东南部的阿拉木图州）、塔尔加尔遗址（哈萨克斯坦东南部的阿拉木图州）、奥尔内克遗址（哈萨克斯坦南部的江布尔州）、阿克亚塔斯遗址（哈萨克斯坦南部的江布尔州）、卡拉摩尔根遗址（哈萨克斯坦东南部的阿拉木图州）。吉尔吉斯斯坦境内共有3处，分别为：阿克·贝希姆遗址（吉尔吉斯斯坦北部的楚河州楚河以南）——中亚最大的中世纪考古遗迹、布拉纳遗址（吉尔吉斯斯坦北部的

楚河州东北方)、科拉斯纳亚·瑞希卡遗址(吉尔吉斯斯坦北部的楚河州)。这些遗址内现程度不一地存留有古城墙、祭坛、墓地、佛寺、防御工事、清真寺等建筑，散发着古老神秘而又耐人寻味的奇幻之光。

若拟对上述古城进行商业开发需兼顾历史文化性、休闲娱乐性和生态保护性。在突出其深厚历史文化底蕴的同时，必须保护古城建筑的原生态，拒绝和排斥短期内为追求商业利润最大化而过度、无节制或不加保护措施的随意开发，防止出现现代消费文化"掏空"古代文明的现象。针对古城本身的优劣势和全方位开发的难易度，并结合当下盛行的休闲放松方式，笔者设想了三种旅游资源开发形式：

(一) 经典文化旅游

相较于其他热门人文景观的旅游景点，上述古城相对于我国旅游消费群体而言相对陌生，接受度低，因此可采用多种形式，例如拍摄景点宣传片、投入广告，或者创立与古城历史背景相贴合的文化开放日和纪念周等，提高景点的知名度。此外，与国内业务成熟的旅游公司合作，定制以感受历史文化为主脉的旅游方案和路线，将古丝绸之路上的重要地标串接为一条集景点游览、博物馆文物赏析、民族风情体验为一体的经典文化旅游路线。

(二) 古城探险旅游

借用近几年大热的 IP 经营模式，可通过签约合同的法律途径授权有经营资质的公司针对古城的历史史实和建筑体系进行再创造。提取有效素材，融入游戏、探险等引人入胜的元素，修建仿造古城风格的全新建筑体，打造符合年轻人审美习惯、融头脑风暴、挑战极限为一体的古城探险之旅。该种形式既可获得不菲的经济收益，也在最大程度上保护了原有古城遗址。

(三) 城市间互动旅游

我国多个省份积极响应"一带一路"的号召，根据自身特色和未来发展方向主动寻求与其他国家的合作机遇，在众多经济领域尝试建立双边合作机制。在此框架下，旅游或将是中亚五国进一步打开国门，走向世界的切入点。中亚可通过多种方式寻找与古城在历史定位、开发设计、经营策略、生态保护等方面相契合的省份城市，建立共享共建的合作机制。在引入资金流完善本国基础设施和进一步科学开发、挖掘古城的同时，通过城市间旅游资源的纽带关系，可极大提高古城在该省份的认知度和流行度。

四、结语

"一带一路"构想以史为触点,以实现互助共赢为着力点,以全方位平等合作为原则,以人民共享发展成果为落脚点。而作为古丝绸之路贸易的重要参与国,中亚各国在经济发展上与我国存在诸多的互补性。我国拥有庞大且逐年增长的旅游消费群体,中亚各国在自然和人文景观上独树一帜,异域风情浓郁,但整体社会经济的飞跃式发展缺乏引擎,动力不足。若能合理有序地开发本国旅游资源,利用外来资金链,大幅度完善配套基础设施和提升现代服务意识,则能有效带动本国其他经济领域的稳步发展,从而实现社会的长治久安。

参考文献

1. 王义桅:《世界是通的——"一带一路"的逻辑》,商务印书馆,2016年版。

2. 刘卫东、田锦尘、欧晓理:《"一带一路"战略研究》,商务印书馆,2017年版。

3. 张真真:《塔吉克斯坦独立后的政治经济发展》,上海大学出版社,2017年版。

4. 彼得·弗兰科潘著,孙芳译:《丝绸之路:一部全新的世界史》,浙江大学出版社,2016年版。

5. 国家旅游局资源开发司、中国科学院地理研究所:《中国旅游资源普查规范(试行稿)》,中国旅游出版社,1993年版。

6. 孙力:《中亚发展报告(2017)》,社会科学文献出版社,2017年版。

7. 孙力、肖斌:《中亚发展报告(2018)》,社会科学文献出版社,2018年版。

8. 孙力、肖斌、杨进:《中亚发展报告(2019)》,社会科学文献出版社,2019年版。

9. http://kghistory.akipress.org/unews/un_post:8436.

第三篇

上海合作组织发展的新机遇

构建"上合组织命运共同体"的基本路径

王海运[*]

习近平主席2018年6月在上合组织成员国元首青岛峰会讲话中提出，我们要继续在"上海精神"指引下，同舟共济，精诚合作，齐心协力构建"上合组织命运共同体"，推动建设新型国际关系，携手迈向持久和平、普遍安全、共同繁荣、开放包容、清洁美丽的世界。

习主席关于构建"上合组织命运共同体"的建议得到了上合组织成员国的热情响应，被写入《上合组织成员国元首理事会青岛宣言》。这表明，构建"上合组织命运共同体"已经成为新时代上合组织建设的崇高目标和行动指南。

为了构建"上合组织命运共同体"，建议成员国遵循以下路径做出共同努力：

一是大力弘扬"上海精神"。

上合组织建立之时所确立的核心理念——"上海精神"，是上合组织的立身之本、凝聚力核心。正是在"上海精神"的指引下，短短十几年，上合组织就发展成为世界上人口最多、地域最广、潜力最大、具有广泛国际影响力的新型地区合作组织，为维护地区和平稳定、促进区域经济合作做出了重要贡献。

正如习近平主席在青岛峰会上所言，上合组织始终保持旺盛的生命力、强劲的合作动力，根本原因在于他创造性地提出并始终践行了"上海精神"。

"上海精神"承载着上合组织成员国对新型国际秩序的诉求，体现着上合组织的新型发展观、新型安全观、新型文明观、新型合作观、新型秩序观。"上海精神"超越了文明冲突、冷战思维和零和博弈，为构建新型国际关系指明了方向。在"上海精神"指引下所建立的上合组织一系列合作机制贯穿着"人类命运共同体"所倡导的"合作共赢"理念。一定意义上讲，"上海精神"是"人类命运共同体"的先期实践。"上海精神"与"人类命运共同体"一脉相通，为打造"上合组织命运共同体"提供了坚

---

[*] 上合组织国家研究中心高级顾问，上海大学兼职教授。

实的理念基础。

因此，大力弘扬"上海精神"，是将上合组织打造成为"人类命运共同体"示范平台的关键。上合组织有必要组织力量，进一步阐释"上海精神"的深刻内涵和精神实质，探讨弘扬"上海精神"的新思路、新举措。

二是切实强化成员国、观察员国和对话伙伴国的发展中国家和新兴国家意识。

强化成员国、观察员国和对话伙伴国对于在当今国际关系中共同身份、相似地位、相近利益的认知，是将上合组织打造成为构建"人类命运共同体"示范平台的重要基础。

上合组织成员国、观察员国、对话伙伴国全部都是发展中国家。其中，中国、俄罗斯和印度还是具有广泛国际影响力的新兴大国、金砖大国，其他一些中等国家例如成员国哈萨克斯坦等也大有希望发展成为地区级新兴大国。

广大发展中国家、新兴国家对霸权主义、单边主义、新干涉主义、强权政治有着本能的抵制，对构建更好地体现广大发展中国家、新兴国家权益的新型国际秩序有着共同的期望。不论在世界多极化、国际关系民主化、世界文明多样性问题上，在维护以联合国为中心的国际安全机制和以不干涉主权国家内政为核心的国际安全准则问题上，还是在反对民主和人权双重标准问题上，在推动全球治理走向"多边共治"、构建稳定有序的国际关系问题上，广大发展中国家、新兴国家都有着非常广泛的共识、非常相近的理念，因而有条件凝聚成为构建"人类命运共同体"的基础性力量。

目前的问题在于，部分发展中国家甚至是新兴国家缺少发展中国家、新兴国家意识，经不住霸权势力的威胁利诱、挑拨离间，纠缠于历史恩怨或些许小利，因而为霸权势力所利用，形不成构建"人类命运共同体"的合力。扩员后的上合组织成员国亦或多或少地存在着上述问题。

因此，强化成员国、观察员国和对话伙伴国的发展中国家、新兴国家意识，消除其战略互疑、增强其战略互信，是构建"上合组织命运共同体"的认识论基础。

三是协力推动"一带一路"建设合作与"一带一盟"对接合作。

"一带一路"建设合作，是推动欧亚经济大合作的伟大事业。深化"一带一盟"对接合作、构建合作范围更加广阔的"欧亚全面伙伴关系"，是实现欧亚国家共同发展的重要途径。欧亚国家应当齐心协力，共同奏响这一"交响乐"。

基于这种认识，笔者认为，上合组织应当切实发挥"一带一路"建设合作、"一带一盟"对接合作"主要平台"的重要作用，大力弘扬合作共赢、共商共建共享理念，加强政策沟通、设施联通、贸易畅通、资金融通、民心相通，提升区域经济一体化水平，推升欧亚大陆经济板块凸起、对冲海洋霸权，既为构建"上合组织命运共同体"也为构建"人类命运共同体"做出无愧为"新型地区合作组织"的贡献。

四是确立新时代上合组织"五大平台"建设目标。

习近平在上合组织青岛峰会讲话中特别强调，为了齐心协力构建"上合组织命运共同体"，他提出了以下建议：第一，凝聚团结互信的强大力量；第二，筑牢和平安全的共同基础；第三，打造共同发展繁荣的强劲引擎；第四，拉紧人文交流合作的共同纽带；第五，共同拓展国际合作的伙伴网络。

笔者理解，习主席实际上提出了上合组织"五大平台"建设的宏伟目标：促进成员国政治互信、真诚团结的"政治合作平台"；促进地区和平稳定、实现共同安全的"安全合作平台"；促进"丝绸之路经济带"建设及"一带一盟"对接合作，实现共同发展、共同繁荣的"经济合作平台"；促进成员国睦邻友好、文明互鉴的"人文合作平台"；促进新兴力量团结和新型国际秩序构建的"国际合作平台"。

在上述五大平台建设中，核心目标应是构建"国际合作平台"。"国际合作平台"的基本内涵是，以认同"上海精神"为基础，积极稳妥地推动上合组织向南亚、西亚扩展，同时强化新老成员国的新兴国家与发展中国家意识，打造"紧密朋友圈"和"伙伴关系网络"，借以集结起一支有别于西方世界的新兴地缘战略力量，使之成为促进全球战略稳定的战略依托。

为了更好地为上合组织建设提供智力支持，成员国智库有必要发起成立"五大论坛"："政治互信论坛"（为化解战略互疑、增强战略互信展开坦诚对话，为深化睦邻友好关系夯实政治基础）；"共同安全论坛"（针对"三股势力"泛起，为防范比邻地区极端势力的恐怖活动向上合组织地区蔓延、应对某些大国在上合组织地区"生乱生战"提供思路）；"务实合作论坛"（为促进上合组织经济合作、推动"一带一路"建设合作、"一带一盟"对接合作贡献智慧）；"文明互鉴论坛"（为应对新干涉主义和"颜色革命"出谋划策）；"国际合作论坛"（为强化成员国对共同利益和共同理念的战略认知、加强在重大国际和地区问题上的战略协作出谋划策）。

五是以上合组织为基础打造"新兴力量统一战线"。

当前国际局势动荡加剧的根源主要是，霸权国家维护日渐衰落的全球霸权的挣扎走向极端化和非理性。深患"霸权衰落焦虑症"的霸权国家，为了遏制新兴国家特别是新兴大国的崛起无所不用其极。对俄罗斯，不仅以莫须有罪名不断加大经济制裁和金融制裁，而且不断强化北约在中东欧的军事部署，威胁俄罗斯的国家安全。对中国，不仅发起了蛮横无理的贸易战，甚至以中俄军事技术合作为由对中国军事部门进行制裁，而且以应对所谓"中国威胁"为名，策划以围堵中国为指向的"印太战略"。霸权国家还肆无忌惮地推行"逆全球化""去全球化"，接连退出多个国际组织和国际条约，企图颠覆以联合国为中心的国际安全机制。

霸权国家的所作所为，给世界的和平稳定带来严峻挑战，给广大发展中国家特别是新兴大国的安全环境和发展环境造成严重破坏。为了稳定复杂严峻的国际形势，代表新兴力量的上合组织必须推动欧亚国家在政治和安全领域走向"大合作"，推动新兴力量走向大联合，共同致力于平衡国际格局、构建新型国际秩序。

鉴此，上合组织应当高举"结伴而不结盟"旗帜、团结广大发展中国家，构建"新兴力量统一战线"，共同应对日益极端化的霸权挑战、促进地区和平稳定，共同抵制新干涉主义和西方意识形态优越论、化解文明冲突和教派冲突，共同推动新时代的全球治理走向"多边共治"、营造体现广大发展中国家权益的稳定有序的新型国际秩序。

综上所述，上合组织必须而且有条件成为构建"人类命运共同体"的示范平台。只要坚持以"上海精神"为指引，齐心协力打造"上合组织命运共同体"，上合组织就一定能够得到更快更好的发展，为地区国家的稳定与发展、"人类命运共同体"的构建，做出"新型国际组织""负责任国际组织"的重大贡献。

上海合作组织新的发展机遇：合作前景

阿克马利·布尔汉诺夫[*]

上海合作组织成立于 2001 年 6 月，当时是由五个国家共同发起成立的。目前上海合作组织已经成为一个非常具有国际影响力的多边机构，上合组织的原则是相互信任和互利合作。可以说在相对不长的历史时期，上合组织发展的非常迅速，从一个邻国之间就边境问题进行协商的机制已经变成了一个真正意义上的多边的国际机制，而且具有非常巨大的军事和经济潜力。"上海五国"也就是上合组织的前身，最初是为了解决边界问题而成立的，所以安全问题始终是上合组织关心的焦点。上合组织在打击"三股势力"——极端主义、分裂主义和恐怖主义方面有所作为，而且持续地进行合作。

如果谈一下上合组织未来优先发展方向，我认为首先上合组织的经济合作正在迅速发展，机制务实的性质正在日益凸显。在这一背景下，这些项目涉及交通、工业新技术、农业等各个领域。上合组织另一非常重要的合作方向就是中亚、中东欧、南亚的基础设施项目。因为跨境基础设施也是"一带一路"项目非常重要的"五通"的一个方面，例如公路的建设、铁路、隧道和电站的建设。在这方面上海合作组织成员国之间可以进一步改善成员国之间的物流和交通。

第三个上合组织未来着力的重要方向就是创新项目的实施。这是指各国之间合作进行科技研发，以及在上合组织成员国包括在上合之外的国家和地区进行这些成果的商业转化。大家都知道 2017 年 6 月印度和巴基斯坦成为上合组织的正式成员国，一年多以来印度和巴基斯坦完成了所有加入上合组织必要的法律程序，上海合作组织已经成为国际地缘政治的全新的现实，也正在吸引到国际社会更多的关注。当然扩员之后方方面面都很关心上合组织未来的发展前景和会有哪些新的发展机遇的问题。不排除印巴两个国家能够为上合组织的多边经济合作伙伴关系做出巨大贡献的可能性，也能够推动上合成员国对外经济关系的多样化。乌兹别克斯坦总统米尔济约耶夫在上合组织青岛峰会上强调，中亚地区安全的一个非常重要的

---

[*] 乌兹别克斯坦最高会议议员，乌兹别克斯坦发展战略中心主任。

因素依然是阿富汗局势，我们要支持阿富汗的经济社会的发展和经济复苏。印度和巴基斯坦其实在阿富汗局势的稳定和相关问题的解决上能够做出自己的贡献。上合组织的所有成员国，也可以共同致力于阿富汗经济的稳定和复兴。

这里我们看到其实印度和巴基斯坦第一次出现在同样的一个国际组织的范围内，这非常重要，这可以推动这两个国家开展更加具有建设性的双边对话。值得指出的是印巴加入上海合作组织之后，上海合作组织的范围进一步扩大，目前覆盖的地缘范围已经达到了印度洋。传统上俄罗斯和印度正在致力于建设欧亚大陆的南北通道，以便将俄罗斯和印度洋连接起来。而中亚对这个项目也非常感兴趣，因为中亚是欧亚大陆南北连接的重要通道和构建地区，印巴成为上合组织的正式成员国，可以为上合组织各个方面的活动以及各个领域的合作，如政治、安全、跨境资源的合作，人力资源和跨境发展带来新的契机和内容。上合组织的扩员历史机遇，使得上合组织的投资实力和能力都翻了一番，上合组织所覆盖的人口从15亿人扩大到了35亿人，上合组织成为了一个真正地跨欧亚的组织。

各位参会的领导和专家，我们的发展战略中心是乌兹别克斯坦一个全新的政府牵头的智库机构，我们愿意和欧亚各国的智库，包括和中国的机构开展更加富有成效的合作。不久前在米尔济约耶夫总统的倡导下，我们正式设立了上合组织人文外交学院，我们也希望在这个平台上和各个国家开展更多的合作。

（根据现场同传速记稿整理）

【俄文原文】

Новые возможности развития ШОС: перспективы для сотрудничества

Бурханов Акмал[*]

Шанхайская организация сотрудничества, созданная в июне 2001

---

[*] Директор Центра Стратегия развития Узбекистана, депутат Парламента.

г. усилиями России, Китая, Казахстана, Кыргызстана, Таджикистана и Узбекистана, в настоящее время превратилась в полноценную региональную организацию нового типа, которая строится на принципах взаимного доверия и взаимовыгодного сотрудничества.

За короткий исторический отрезок времени ШОС прошла эволюцию от консультативного механизма соседних государств по урегулированию пограничных вопросов и укреплению мер доверия в военной области до многопрофильной международной организации со значительным военно-экономическим потенциалом.

Начав с сотрудничества в борьбе против международного терроризма, сепаратизма и экстремизма или т. н. «сил трёх зол», она расширила рамки своей деятельности на экономическую сферу, а затем и на такие области, как здравоохранение, образование, культура, туризм и др. Это свидетельствует о том, что Организация создана не только для сдерживания деструктивных сил, но и для сближения народов стран – участниц в целях дальнейшего роста их экономик и улучшения благосостояния граждан.

Говоря о новых горизонтах сотрудничества, которые открываются для стран ШОС, нужно отметить, что экономическая составляющая деятельности ШОС всё уверенней обретает документальные, институциональные и практические черты. В данном контексте одним из основных направлений экономического сотрудничества должна стать проектная деятельность в сфере транспорта, промышленности, новых технологий, сельского хозяйства.

Необходимо отметить, что новые возможности развития сотрудничества в рамках ШОС будут появляться благодаря растущему спросу стран Центральной Азии, Восточной Европы и Южной Азии на инфраструктурные проекты.

В последние годы несколько важных проектов было реализовано на территории стран-участниц организации в рамках инициативы «Один пояс и один путь». В частности, это строительство автомобильных магистралей, железных дорог, туннелей и электростанций. Данные проекты улучшают логистику между странами и способствуют развитию торговли среди членов ШОС.

Ещё одним важным направлением деятельности является стимулирование и поддержка инновационных проектов, в которых заинтересованы национальные экономики стран ШОС. Речь может идти о совместной разработке технологий и их коммерческой реализации на рынках стран ШОС и за её пределами, а также о создании транснациональных корпораций базирования ШОС.

Необходимо подчеркнуть, что многие международные организации и отдельные страны проявляют интерес к сотрудничеству с ШОС в различных сферах. В июне 2017 г. Индия и Пакистан вошли в организацию, менее чем за два года выполнив все необходимые условия для вступления. Таким образом несмотря на небольшой срок своего существования, ШОС как новая геополитическая реальность привлекает к себе внимание мирового сообщества, что также закономерно вызывает вопрос о перспективах и новых возможностях её дальнейшего развития.

Не исключено, что оба государства смогут внести значительный вклад в развитие многостороннего экономического партнёрства в рамках ШОС и способствовать диверсификации внешнеэкономических связей.

Как отметил Президент Узбекистана на саммите ШОС, прошедшем в этом году в городе Циндао, «важным условием обеспечения региональной безопасности остаётся достижение мира в Афганистане и содействие его социально-экономическому развитию». Большой вклад Индия и Пакистан могут внести и в деятельность Организации по стабилизации ситуации в Афганистане и решению связанных с ней проблем, в частности в оказание поддержки программам ШОС и её членов, направленных на стабилизацию афганской экономики. Представляется что работа Индия и Пакистана в одной международной организации будет способствовать интенсификации конструктивного двустороннего диалога.

Следует отметить, что вступление в ШОС этих государств обеспечит безопасный доступ к Индийскому океану государств-членов ШОС. Сегодня Россия и Индия находятся в процессе создания коридора «Север-Юг», связывающего Россию с Индийским океаном, государства Центральной Азии также заинтересованы в данном проекте. Вступление в ШОС Индии и Пакистана позволит расширить её рамки и приведёт к качественным изменениям во всех областях деятельности–в сферах политики, экономики, безопасности, приграничного сотрудничества, людских ресурсов, культуры и др.

Очевидно, что расширение ШОС можно рассматривать как историческую возможность не только удвоить для себя новые инвестиционные и потребительские рынки организации за счет Индии и Пакистана, поскольку совокупное население двух стран составляет более 1,5 миллиарда человек, а общее число населения стран-участниц организации – 3,5 миллиарда человек, но и обеспечить гарантированное экономическое присутствие на огромном пространстве Южной Азии.

Процессы, происходящие в ШОС наглядно демонстрируют всю возрастающую роль Организации на мировой арене. Начавшееся расширение организации укрепит коллективную составляющую ШОС. Желание более 10 стран мира присоединиться в той или иной форме к работе Организации свидетельствует о том, что международный престиж ШОС неуклонно повышается. В этих условиях активно развивающиеся политическое, экономическое, культурно-гуманитарное сотрудничество между странами ШОС открывает новые возможности в развитии Организации и способствует дальнейшему углублению взаимовыгод-ного сотрудничества.

Это, в свою очередь, дает прекрасную возможность сотрудничеству мозговых центров стран-участниц в вопросах информационно-аналитического сопровождения, происходящих реформ и перспектив реализации намеченных планов в рамках ШОС. В этой связи, наш информационно-аналитический Центр «Стратегия развития», признанный одним из ответственных органов реализации и сопровождения реформ, происходящих в Узбекистане в рамках Стратегий действий страны по приоритетным направлениям, всегда готов и открыт к подомному сотрудничеству. Вместе с тем, недавно созданный по инициативе нашего Президента Центр народной дипломатии ШОС в Узбекистане может стать еще одной площадкой в содействии развитию сотрудничества между странами ШОС, укрепления духа взаимного доверия и добрососедства.

青岛峰会后的上海合作组织：
新职能、新使命与新挑战

许　涛[*]

今天，上海合作组织地区拥有3440万平方公里的广袤地域，占整个地球陆地面积的四分之一，或者说，占从南极洲到印度洋、从连云港到加里宁格勒的欧亚大陆的三分之二。在其成员国居住的人口为31.3亿，几乎占全球人口的一半。对于国际社会而言，上合组织今天成为覆盖地域最大、承载各民族人口最多、国际影响力最广泛的综合性地区合作组织，开创了堪称冷战后国际合作新范式的"上合组织现象"。对于地区而言，上合组织的诞生和成熟为欧亚地区的稳定与发展做出了不可替代的贡献。随着地区形势的深刻变化和组织自身的重大调整，未来的合作领域、方式、重心的再定位无法回避。对中国新时代外交而言，如何继续运用好这个地区平台，将中共十九大以来形成的重要理念融入地区合作，为实现既定的国内发展目标经营好有利的周边环境，这些问题在青岛峰会隆重而顺利举行之后，恰恰是需要学术界冷静下来认真思考的。

一、青岛峰会在"上海进程"中的里程碑意义

2018年6月在中国青岛举行的上合组织成员国元首理事会第十八次会议，是中国政府第四次作为轮值主席国主场承办的上合峰会，也是去年上合组织阿斯塔纳峰会完成扩容后的第一次峰会，还是十九大提出新时代中国特色大国外交理念后首次参加的上合组织峰会。全面、准确评估青岛峰会对推动上合组织近期建设和长远发展的意义，充分发挥和释放本届峰会各项成果影响潜力，无论对于上合组织的健康发展还是提升中国各相关智库的上合问题研究水平都具有积极意义。

（一）赋予"上海精神"新的时代内涵

在青岛峰会上，习近平主席强调，"上海合作组织始终保持旺盛生命

---

[*] 中国现代国际关系研究院研究员，国务院发展研究中心欧亚社会发展研究所特聘研究员，上海合作组织研究室主任，上海大学兼职教授。

力、强劲合作动力,根本原因在于它创造性地提出并始终践行'上海精神'"。"这超越了文明冲突、冷战思维、零和博弈等陈旧观念,掀开了国际关系史崭新的一页,得到国际社会日益广泛的认同"。同时,习主席正式提出了"提倡创新、协调、绿色、开放、共享的发展观"、"践行共同、综合、合作、可持续的安全观"、"秉持开放、融通、互利、共赢的合作观"、"树立平等、互鉴、对话、包容的文明观"、"坚持共商共建共享的全球治理观"五点倡议,成为代表各成员国对继续坚持"上海精神"和保持上合组织本色最系统、最完整、最深刻的阐释。这不仅是新时代背景下以新视角对"上海精神"的解读,也是上合组织长期坚持政策创新的具体体现,无疑对本组织的长期发展具有深远意义。

(二) 探索组织内成员国关系新模式

由于上合组织的高度开放性和包容性,成员国之间在政治制度、意识形态、发展水平、文化传统等诸多领域存在着极大的差异性,这就很难在组织内事事达成协商一致的程度。成员国政治权力上的平等和组织议事机制上的效率,在这一原则的宏观坚持与具体把握上形成矛盾。由于地缘战略和国内政治上的考虑,印度不同意以成员国的身份支持和参与中国领导人提出的"一带一路"倡议。2017年6月的上合组织阿斯塔纳峰会上,成员国欢迎"一带一路"倡议的表述写入了联合宣言(此文件仍由六个成员国国家元首签署)。12月,上合组织成员国总理会在俄罗斯索契举行,印巴代表正式与会。会议联合公报首次采取分别列举相关成员国总理支持"一带一路"倡议的方式,既体现了组织的包容性,也灵活坚持了"协商一致"原则。在上合组织扩容后的第一次峰会上,用与时俱进的态度坚持"协商一致"原则并尝试制度创新,其效果对今后组织发展和成员国关系巩固提供了有益的启示和经验。

(三) 为组织健康发展提供"中国智慧"

在青岛峰会上,习近平主席阐述了"大道之行,天下为公"、"协和万邦,和衷共济,四海一家"的"和合"理念与"上海精神"的相通之处,依托历史文化的纵深证实了上合组织强调求同存异、合作共赢而发展壮大绝非偶然。持续伴随着"上海进程"的博大包容性,奠定了上合组织蕴含强大生命力的基础。"和而不同"的地区合作观,足以超越甚至弥合成员国之间国家体制、意识形态、文化传统上存在的重大差异,并逐渐形成各成员国普遍认同的多边合作义利观。促成这样的效果,不仅体现了中国政府和中国领导人一如既往推动上合组织健康发展的积极态度,也表现出新老成员对当今地区形势基本看法和主要关注点的高度一致。尤其重要的是，习近平主席在中共十九大的政治报告中提出新时代中国特色大国外交的基本内涵："推动建设相互尊重、公平正义、合作共赢的新型国际关系，确立构建人类命运共同体的共同理念"，也正式写入了青岛峰会联合宣言。在互信、平等、协商的前提下，中国智慧、中国认知、中国方案如此高浓度融入上合组织共同文件，势必将为本组织的未来发展注入生动的色彩和活力。

二、上合组织在新形势下面临的挑战与机遇

目前，发达国家长期主导的经济全球化引起世界不平衡发展带来的矛盾凸显，对世界经济前景的担忧使一些国家放弃有序经济活动而纷纷出台保护措施。这种情形不仅是冷战结束以来从未遇到过的对国际关系体系的挑战，也是以自由主义市场经济为基本形式的资本运动再次进入模式更新前的困境阶段。上合组织成员国基本由发展中国家和新兴经济体组成，各国根据自身的经济体量、社会模式和发展阶段与全球化进程选择了不同的关系定位。当经济全球化陷入困境时，上合组织各成员国的国内经济难免或多或少受到冲击，从而也必然波及地区经济合作的发展。

尽管单边主义、贸易保护主义、逆全球化思潮不断有新的表现，但"地球村"的世界决定了各国日益利益交融、命运与共，合作共赢是大势所趋。上合组织成员国与国际社会遇到空前挑战的同时，也面临前所未有的机遇。意识到共同的发展风险将会使成员国对地区合作报以更高期望，而且解决这些问题的过程无疑将成为构建新的世界经济体系和国际关系的有机组成部分。

首先，能否有效巩固上合组织政治基础是必须重视的问题。尽管上合组织17年来成功的重要经验之一，就是其对成员国间存在着巨大差异的博大包容性。但完成首次扩容后的上合组织内部出现的差异性，无论从质量上还是数量上看，都是与此前不可同日而语的。另外，在印巴之间、中印之间因一系列历史遗留问题尚未解决，影响国家关系的偶发双边事件尚未达到有效管控的程度。中亚成员国之间存在的边界领土问题、跨界水资源问题、跨国民族问题也长期影响着国家关系和地区稳定。在2017年，中亚地区虽然出现改善国家关系的积极势头，但同时伴随出现的边境冲突又在强调着这一进程的曲折与漫长。

其次，上合组织成员国地区安全威胁因素呈现综合性特征。安全合作向来是上合组织的重要工作方向，也是二十年"上海进程"产生过的最具

影响力的领域。由于上合组织多数成员国目前或进入经济发展关键期、或处在社会转型敏感期，可能引发国家安全危机、甚至地区局部动荡的因素呈分散化、碎片化、多样化特征，并互为条件、共生共存、交织发展。虽然近年在中亚各国已经极少出现成规模的恐怖袭击，但随着"伊斯兰国"中亚籍人员的回流、阿富汗局势持续恶化、中亚各国社会矛盾积累等影响的叠加，中亚"三股势力"极有可能成为激活地区非传统安全威胁的诱发性因素。

最后，上合组织经济合作面临全球及地区发展环境变化的考验。在经济贸易领域中开展互利务实合作，是上合组织成立以来重点推动的又一方向。但由于各成员国经济利益需求、资源禀赋、经济体量、发展阶段等方面存在的巨大差异，上合组织经济合作也是制度化建设水平最低的领域之一。已经提出多年的上合组织自由贸易区、上合组织开发银行迟迟难以取得实质性推动，这也恰恰从另一层面标志着多边经济合作机制建设的难度。鉴于亚太地区在未来世界经济格局中的潜在地位，全球及地区不同层次的经济合作机制和发展方案交叉存在于上合地区渐成常态，各成员国面临的多元化选择势必挑战本组织内的经济合作的协调力与行动力。

三、青岛峰会后上合组织的重要职能建设

在全球及地区形势均发生急剧变化的背景下，上合组织框架下开展地区合作的需求也在随之上升。从形势、能力与任务三个视角审视上合组织未来发展，青岛峰会后势必迎来一个组织建设与职能定位的升级、创新时期。

（一）将巩固政治互信作为政治建设第一要务

完成扩容后的上合组织内部成员国关系的变化是无法回避的事实：创始成员国多数共同经历二十年"上海进程"形成的政治互信水平与合作默契程度在扩员后客观上下降了。因为印、巴两国毕竟没有与六个创始成员国一道经历过共同解决边境军事安全问题的协商，以及后来在地区非传统安全领域中的深入合作，决策层面的战略互信和操作层面的政策对接尚缺乏应有的磨合。新成员国对包括"上海精神"在内的上合组织政治文化内涵尚需时间理解和适应，上合组织各层级机制也应将促进与帮助新成员国顺利完成这一过程列入工作日程。

（二）用"新安全观"指导地区稳定与发展环境构建

青岛峰会后的安全合作将围绕以下重心开展：一是推动对中方倡议的

"新安全观"的理解和实践，并使其在地区安全合作的操作层面得到丰满和完善；二是以"上海精神"和"新安全观"为指导，帮助成员国（尤其是新成员国）摆脱国家安全和地区安全要素认知差异上的羁绊，形成"共同安全高于个体安全、维护共同安全才能保障个体安全"的组织共识；三是以落实本届峰会批准的《上合组织成员国打击恐怖主义、分裂主义和极端主义2019年至2021年合作纲要》《2018—2023年上合组织成员国禁毒战略》《上合组织预防麻醉药品和精神药品滥用构想》和磋商中的《上合组织成员国粮食安全合作纲要》等重要文件为契机，以上合组织秘书处和地区反恐机构为依托，推动包括反恐情报交流、打击跨国犯罪、预防地区冲突、信息网络安全、生态与环境安全等综合安全和可持续安全的机制化与功能化建设。

（三）协调不同区域经济发展方案和倡议的对接

在经济全球化不均衡发展引起多重困境的今天，表现为区域或次区域的多边经济活动空前活跃。这在当今世界经济中已是普遍现象，在上合组织空间内也同样出现了不同应对方案和发展倡议。基于上合组织成员国经济利益上的差异，出现不同目的、不同组合、不同路线的多边经济活动本属正常。但如果缺乏沟通和协调，这些多边行为产生的影响难免相互掣肘。从地区稳定与发展大局出发，协调和对接这些不同取向的多边经济活动，将成为上合组织未来在经济合作领域中的又一重要职能。

（四）以促进文明互鉴与扩大文化交流为重心

随着地区政治、安全、经济合作不断深化，上合组织成员国间需要构建与总体关系水平相匹配的人文氛围越来越被提到议事日程上来。在青岛峰会上，习近平将"拉紧人文交流合作的共同纽带"作为重要倡议之一在主持大范围会谈时再次强调。在上合组织完成首次扩员后，在成员国文化传统、地缘利益、发展诉求上呈现出更加多样性和复杂性的今天，这一重要倡议具有十分现实的指导意义。首先需要继续扩大和加强的，是各成员国间在教育、旅游、媒体领域中的合作。

（五）从全球治理改革入手构建上合命运共同体

早期全球治理与全球化发展初始阶段一样，由发达国家主导着规则、方式和路径制定。随着新兴经济体的加入，全球治理的价值、主体和规则等基本要素都面临着重新审视和评估。上合组织就改革全球治理体系集体发声，不仅表达了各成员国的共同发展利益，也形成了当今世界上最强影响力。这是青岛峰会后上合组织的又一重要使命，具体包含三方面内容：其一，与金砖会议、二十国集团、东盟、亚信等组织、机制、平台加强联系与协作，扩大新兴市场国家和发展中国家在联合国、国际货币基金组织、世界银行等国际组织和机构中的话语权；其二，结合新发展观、新安全观、新合作观、新文明观，开辟新兴治理领域，在海洋、极地、网络、外空、核安全、气候变化等新兴领域建立合作共赢的新机制；其三，充分发挥上合组织扩员潜力，通过改善治理思路和治理方式在广袤上合空间打造地区命运共同体，为更长远的全球性目标提供有益的经验和示范。

"大欧亚"：俄罗斯与中国视角

李 新[*]

2016年6月25日，俄罗斯总统普京访华期间与中国国家主席习近平签署的《中华人民共和国和俄罗斯联邦联合声明》"主张在开放、透明和考虑彼此利益的基础上建立欧亚全面伙伴关系，包括可能吸纳欧亚经济联盟、上海合作组织和东盟成员国加入。鉴此，两国元首责成两国政府相关部门积极研究提出落实该倡议的举措，以推动深化地区一体化进程"[①]。其实，俄罗斯智库在2015—2016年间就展开了关于"大欧亚"战略的讨论。本文尝试对俄罗斯"大欧亚"的战略意图、内涵及其实现途径进行分析，并在此基础上研究中国"一带一路"倡议与俄罗斯"大欧亚"战略之间的关系，对欧亚全面伙伴关系的定位、内涵和建设"路线图"进行战略性思考。

近年来，中俄两国高层交往频繁，达成了"一带一路"建设与欧亚经济联盟建设对接合作的重要共识；建立了各层级、各部门、各地方交往和磋商的完备机制，两国能源、贸易、投资、高技术、金融、基础设施建设、农业等各领域合作发展迅速；两国人员往来每年超过300万人次，中国连续多年保持俄罗斯最大外国游客客源国地位，同时也是俄罗斯最大贸易伙伴；两国在国际和地区事务中保持密切战略协作，积极倡导世界多极化和国际关系民主化，有力维护了地区及世界和平、安全和稳定。当前，中俄全面战略协作伙伴关系处于历史最好时期，普京再次出任俄罗斯总统，为两国关系的进一步发展赢得新的机遇期。美国决定同时对中国和俄罗斯两个大国进行遏制，必然使中俄两国走得更近。但也不可否认，双方之间政治、经济、军事、社会层面仍需加强互信。

---

[*] 上海国际问题研究院俄罗斯中亚研究中心主任，上海财经大学世界经济专业教授、博士生导师。

[①] 《中华人民共和国和俄罗斯联邦联合声明》，《人民日报》，2016年6月26日，第2版。

一、当前世界经济格局与国际形势

(一) 世界经济持续复苏，逆全球化趋势上升

2008年全球金融危机爆发以来，各国积极采取刺激措施，从2009年的增长陷阱中把经济拉了出来。2010年世界经济增长率一度高达5.3%，全球贸易总量罕见地增长12.8%。然而随着刺激效应的衰减和增长乏力，世界经济增长率迅速下降至2012年的3.1%，之后转向停滞，一直徘徊在3.2%—3.4%之间，世界经济长期处于低迷状态。经过漫长的复苏期，全球经济在2017年迎来近十年最大幅度的增长提速3.7%，世界经济进入相对强势的复苏轨道。

由于周期性因素的影响和内生增长动力的增强，以及金融环境改善和市场需求复苏，自2016年中期以来全球经济周期性上升势头不断加强。2017年约120个经济体同比增速出现了上升，这是2010年以来最广泛的全球增长同步上扬。主要经济体加快了增长速度。2017年发达经济体走出1%的增长区间，进入2%的增长区间，达到2.3%。美国在2012年率先从谷底反弹，一直保持2%左右的增长率。2017年增长率高于2016年0.8个百分点。欧元区也在2014年摆脱衰退转向正增长，2017年增长率达到2.4%。日本在"安倍经济学"的刺激下2012年摆脱衰退进入正增长周期，除了2014年出现0.1%的负增长以外均保持了1%以上的增长率，2017年甚至接近2%。

新兴经济体在2008年全球金融危机期间就表现出了良好的成绩，在发达经济体衰退3.4%的背景下反而增长了2.6%。2010年增长率高达7.5%，之后增长率在2015年跌至谷底的4.1%，2016年和2017年分别上升到4.4%和4.7%。近10年来，新兴经济体增长率领先发达经济体平均4个百分点，但有逐渐缩小的趋势，从2009年相差6个百分点缩小至2015年的2个百分点。

在投资特别是发达经济体投资回升，亚洲制造业产出增长的支持下，世界贸易出现强劲反弹，比2016年增长率高出近一倍。同时，各地区贸易扩张的同步性也是历年罕见。发达经济体贸易增长率从2016年的2.6%上升到2017年的4.1%，新兴经济体则从2016年的2.3%提升到2017年的5.9%。

2016年全球跨国直接投资复苏遭遇短暂挫折后，2017年受各主要区域经济增长、贸易增速回升和跨国公司利润率上升影响，跨国直接投资呈现

温和复苏势头。据联合国贸发会议估计，全球跨国直接投资流量增长5%，达到1.8万亿美元。

2018年世界经济环境有望继续改善，主要经济体增长提速，国际贸易恢复增长动力，金融市场信心稳定。国际货币基金组织预测，2017年的强劲增长势头将延续到2018年和2019年，接近4%。

2008年全球金融危机爆发后，发达经济体增长缓慢，部分欧美国家为求自保对全球化的质疑声调门抬高。美国从全球化的倡导者转向明显的贸易保护主义倾向，不少国家也纷纷采取了关税壁垒、禁令、配额等传统贸易保护主义措施以及出口鼓励、紧急贸易救助、政府采购优先权、政府补贴、本地化要求等新型贸易保护主义措施。2017年上半年，全球范围内共发送309项贸易保护措施。特朗普就任美国总统后，扛起"美国优先"的大旗，相继退出TPP和巴黎气候协定等数个多边机制，并试图对北美自由贸易协定重新谈判，修改与韩国贸易协定，修改WTO规则，对进口钢铁和铝产品征收高额关税，威胁对中国开打"贸易战"。美国减税计划不仅会促使国内企业大规模扩大投资，还会鼓励美国的海外资产大规模回流，而且还将刺激其他国家特别是新兴经济体出现大规模资本外流，这将使新兴经济体面临较大经济寒流的侵袭。此外，投资保护主义也开始泛滥，多国出台限制外来投资的法律，收紧并购政策，加强有针对性的审查制度等，这有悖于经济全球化发展趋势，阻碍世界经济复苏进程，自由化和全球化进程遭遇强劲"逆流"。

（二）中、俄因受美国的遏制而加强双边关系

特朗普政府的首份《国家安全战略报告》将俄罗斯和中国描述为挑战其全球霸权地位的"修正主义国家"；首份《国防战略报告》批评中国和俄罗斯"企图塑造符合其威权模式的世界，操控他国经济、外交和安全决策"，"对美国的安全与繁荣造成巨大威胁"；特朗普在其发表的第一份国情咨文中把中国和俄罗斯确定为与恐怖组织并列的挑战美国利益的"对手"，这些都是其所谓的"可怕的危险"。

美、俄两国历史上难以妥协的不信任决定了相互之间的敌对关系难以消除。遏制俄罗斯的膨胀是美国的战略利益要求。"二战"结束不久，美、苏两大集团便互相视对方为挑战自己全球霸权地位的威胁，持续几十年的"冷战"以苏联惨败而告终。北约不仅没有因其对手华约进而苏联解体而解散，反而进一步东扩，并将反导系统推进到东欧，北约边界直逼前苏联边境。"华盛顿共识"开具的"休克疗法"药方使俄罗斯进一步沦为"二流"乃至"三流"国家。进入21世纪，以

美国为首的西方开始将触手伸向后苏联地区，策划了一系列"颜色革命"，成功扶持了格鲁吉亚和乌克兰的亲西方政权。2009 年欧盟抛出"东方伙伴关系计划"，试图将后苏联地区的乌克兰、摩尔多瓦、白俄罗斯、格鲁吉亚、阿塞拜疆和亚美尼亚纳入西方的轨道。2011 年俄罗斯誓言成立欧亚联盟，为保卫家园而战。乌克兰成为这场争夺战最悲惨的牺牲品。美欧宣布对俄罗斯实施持久的严厉制裁，美俄关系面临新的"冷战"。因此，美俄之间关系的实质是美国要求消除对其全球霸权的战略威胁，这是美国的根本战略利益。布热津斯基在 1997 年的《大棋局》一书中已经表示得非常明确：欧洲和北约向后苏联空间扩张；通过市场化实现俄罗斯政治体制非集中化，并将其变成邦联制；使俄罗斯放弃帝国遗产和帝国复辟，实现欧亚地缘政治多元化，不允许向美国统治地位提出挑战的任何集团的存在；在美国霸权条件下建立跨欧亚安全体系。2018 年 3 月俄罗斯总统选举前夕，北约接受乌克兰为"申请国"；英国因前特工被毒事件宣布驱逐 23 名俄罗斯外交官，之后英、美、法、德四国领导人发表联合声明将此事件定性为"俄罗斯对英国发动化武袭击"；同时美国也因干预总统选举而宣布再次对俄罗斯 5 个实体和 19 名个人实施制裁；美、英三艘核潜艇在北冰洋集结，进行"2018 冰原演习"。曾在苏联时期担任克格勃高级官员的 B. 亚库宁表示，即使是"冷战"时期俄罗斯也没有承受到来自西方如此大的压力。

遏制中国的崛起也是美国的迫切性战略任务。2008 年全球金融危机爆发，一方面使得美、欧、日等发达经济体相继陷入衰退和债务危机以及社会危机和政治危机；另一方面也凸显了中国经济实力的强势崛起。2010 年中国 GDP 总量超过日本成为世界第二大经济体，2015 年达到日本的两倍，与美国差距的缩小呈加速之势。美国深深体会到了自己全球霸权地位受到了中国的严峻挑战，开始"战略东移"，通过"亚太战略再平衡"来遏制中国的崛起。一方面在政治和军事领域巩固美、日、韩军事同盟，放任日本军国主义抬头，借"朝核"问题加强该地区军事部署，挑拨并力挺菲律宾、越南等声索中国南海领土，使它们成为牵制中国的马前卒；另一方面先是在经济领域试图与日本主导 TPP，使其成为遏制中国经济发展的利器，后提出"印太战略"，同时阻挠中韩和中日韩自贸区的谈判进程。此外，让美国历届政府头痛的是美中贸易逆差扩大问题得不到有效解决，2015 年达到创纪录的历史最高水平 3656.9 亿美元。为此两国之间贸易摩擦不断，美国持续对中国施压，威胁对中国产品征收高关税甚至将中国确定为"汇率操纵国"。因此,对美国来说,中国已经成为"威胁"其国家利益的根本性因素。遏制中国的崛起,消除对其世界霸主地位的威胁,是美国和中国之间的根本性矛盾,也是美国不可回避的根本性问题。美国最新发布的《国防战略报告》诬中国"意在短期内获取印太地区霸权,未来取代美国全球主导地位"。特朗普上任以来,提高对从中国进口的产品征收的关税,反对承认中国市场经济地位,启动"301调查"。对美国进口的钢铁和铝分别征收25%和10%的关税并计划对从中国进口产品全面征收关税。2018年3月24日凌晨,特朗普签署针对中国的总统备忘录,要求中国减少贸易逆差1000亿美元,对总额600亿美元的中国商品加征关税,向WTO诉中国侵犯美国知识产权,限制企业在美投资。白宫新任经济顾问库德洛公开表示"美国将组建大型贸易伙伴联盟一起来对付中国"。美国开始采取全面措施试图遏制中国的崛起。

美国同时遏制中国和俄罗斯两个强势崛起的大国促使两国相互走近。中国和俄罗斯代表着广大新兴经济体的利益。它们要求在国际治理体系中获得与其政治和经济地位相一致的权益。它们反对美国的全球霸权主义,主张世界格局多极化。美国的遏制政策加速了中俄两国互相接近的进程。2015年中俄两国发表《关于丝绸之路经济带建设与欧亚经济联盟建设对接合作的联合声明》,标志着俄罗斯对外政策加速"向东转"。两国早在1996年就建立了"战略协作伙伴关系"。2010年两国元首决定"全面深化战略协作伙伴关系"。2014年两国元首宣布"全面战略协作伙伴关系进入新阶段"。2017年两国又决定"进一步深化全面战略协作伙伴关系"。2018年3月,习近平主席再一次将两国关系提升到"风雨同舟的全面战略协作伙伴关系"。这实际上已经达到了两国间最高的政治合作水平。

中美关系是中国大国关系当中需要处理好的最主要和最重要的一对关系。改革开放30多年来,中国是美国主导的现行国际秩序的受益者。况且,生活在美国的华裔人数接近400万,中国留学生30多万人,中国连续7年成为美国最大的留学生来源国。中国与美国的双边贸易额高达5000多亿美元,相互投资达到1000多亿美元,中国持有美国国债1万多亿美元。如此紧密的联系把中美两国紧紧地捆绑在一起。

俄美关系的改善决定着俄欧关系的改善,俄罗斯想要融入欧洲必须借助俄美关系破冰。俄罗斯强大的核武库和富饶的广域疆土始终是美国的心头病,美俄之间根本性的矛盾难以解决。这也制约着特朗普改善与俄关系,同时也决定了俄罗斯不可能真正成为西方大家庭的一员。而俄罗斯现有的经济发展模式危机与西方制裁和能源价格下跌叠加在一起,也殃及了欧亚经济联盟其他伙伴国。

显然,在全球化时代中、美、俄之间存在千丝万缕的联系,相互之间已经不是对抗的"三角关系"。美国在国际舞台上采取全面收缩的方针,战略重点转向大国竞争,为避免"三败俱伤",需要三国共同协调世界格局。

(三) 中国誓言实现"中国梦",构建人类命运共同体

在40多年时间里,中国经济迅速崛起,年均增长率超过9%,累计吸引外资1.7万亿美元,累计对外直接投资超过1.2万亿美元,为世界经济发展做出了巨大贡献。近十年来中国经济对世界经济增长的贡献率年均超过30%。如今的中国比历史上任何一个时期都更加接近世界舞台的中央,都更加接近实现中华民族的伟大复兴。为迎接中华民族伟大复兴"中国梦"的实现,2013年中共十八届三中全会做出全面深化改革的重大部署,让市场在资源配置中起决定性作用。面对世界上贸易保护主义抬头和"逆全球化",2012年中国与东盟十国、日本、韩国、印度、澳大利亚和新西兰共同决定建设"区域全面经济伙伴关系"(RCEP);2013年习近平主席向全世界发出共商、共建、共享"一带一路"倡议,分享中国改革开放和经济发展的成果;2014年APEC峰会接受习近平主席的倡议,将亚太自贸区建设提上议事日程,并批准了亚太自贸区路线图;2017年在达沃斯世界经济论坛上习近平主席纵论经济全球化,提出要打造富有活力的增长模式、开放共赢的合作模式、公正合理的治理模式和平衡普惠的发展模式。2017年中共十九大提出了"中国经济由高速增长阶段转向高质量发展阶段"总要求,到2020年实现第一个"百年奋斗目标",到2050年实现第二个"百年奋斗目标","把我国建设成富强民主文明和谐美丽的社会主义现代化强国",实现中华民族伟大复兴中国梦。为此,中国将继续推动全面对外开放,加强与国际规则对接,放宽市场准入。坚持"引进来"和"走出去"并重,扩大双向投资与贸易,共建开放型世界经济。秉持共商共建共享的原则推进"一带一路"建设,积极参与全球治理。推进相互谅解、包容、信任的务实合作。"推动建设相互尊重、公平正义、合作共赢的新型国际关系"。"促进贸易和投资自由化便利化,推动经济全球化朝着更加开放、包容、普惠、平衡、共赢的方向发展","构建人类命运共同体"。面对中国经济由高速增长转向高质量发展阶段和转变发展方式、优化经济结构、转换增长动力的迫切任务,2017年国内生产总值突破80万亿元人民币,比2010年翻一番。

当今世界处于大发展、大变革与大调整时期，但和平与发展仍是时代的主题。全球治理体系与国际秩序的变革正加速推进，世界各国相互联系与依存日益加深。与此同时，世界面临的不稳定性与不确定性非常突出，全球增长动力不足，贫富分化严重，恐怖主义、网络安全、传染性疾病等威胁蔓延，当今人类面临着许多共同的挑战。全球的问题需要人类共同面对、共同应对。习近平在中共十九大报告中指出，"构建人类命运共同体，建设持久和平、普遍安全、共同繁荣、开放包容、清洁美丽的世界"。他提出要相互尊重、平等协商，坚持摒弃冷战思维和强权政治；要坚持以对话解决争端、以协商化解分歧；要同舟共济，促进贸易和投资自由化便利化；要尊重世界文明多样性；要保护好人类赖以生存的地球家园。2017年2月，联合国社会发展委员会通过文件，"呼吁国际社会本着合作共赢和构建人类命运共同体的精神，加强对非洲经济社会发展的支持"。"构建人类命运共同体"理念正式写入联合国决议，表明该理念已经得到国际社会的广泛认可。人类命运共同体思想为全球生态和谐，为国际和平事业，为变革全球治理体系，为构建全球公平正义的新秩序贡献了中国方案和中国智慧。

二、俄罗斯文献中的"欧亚""小欧亚""中欧亚"和"大欧亚"范畴

（一）欧亚概念

"欧亚"这一术语作为地理名词，表示欧亚构造板块上分布的国家，包括整个欧洲和亚洲。从欧亚意识来说，它起源于20世纪20年代初的"白色移民"[①]。1920年 H. 特鲁别茨基在索菲亚出版《欧洲和人类》之后涌现了一大批欧亚集刊。П. 别尔佳耶夫、П. 斯特鲁维、П. 米留科夫、И. 伊利英为欧亚思想和欧亚主义做出了很大贡献。他们将欧洲和亚洲看作一个整体，而这个整体陆地的核心部分即欧洲和亚洲的毗连地区称作"欧亚"，因为俄罗斯占据它的大部分，是"俄罗斯的人类聚居区"和

---

① 俄国"十月革命"胜利后，被剥夺的资产阶级组织"白色近卫军"和"白色运动"进行反扑，俄国进入国内战争时期。随着新罗西斯克 A. 邓尼金军、克里米亚 П. 符朗戈尔军和远东 A. 高尔察克军的溃败，白军开始大逃亡，形成三波"白色移民潮"，大部分逃往欧洲。远东白军溃败后，大量官兵和反苏人士逃往中国东北和上海租界等地，称"白俄"。

"俄罗斯—欧亚"①。莫斯科卡耐基中心主任 Д. 特列宁更加明确地指出，"欧亚"概念就是前沙俄帝国，然后是苏联、前苏联地区的新称谓②。美国乔治·华盛顿大学马琳·拉鲁尔（Marlene Laruelle）教授从地缘政治角度认为"欧亚"一般"表示俄罗斯及其'边缘世界'的历史空间"③。在北美、欧洲和亚洲，许多学术机构和国际组织在刻意抽象掉苏联痕迹而又必须表述这一空间的时候用"欧亚"来代替"后苏联"④一词。这一"欧亚"范畴充其量只能算作"小欧亚"。

（二）"小欧亚"与"俄罗斯世界"

英国学者迈克尔·埃默森（Michael Emerson）认为，"小欧亚是由那些自认为很大程度上属于欧亚的国家和人民组成的，这些国家包括俄罗斯、哈萨克斯坦、土耳其……它们认为自己是欧亚思想的创造者，对欧亚有着自己的认识"⑤。Д. 特列宁明确地将俄罗斯在前苏联地区推进的一体化进程称作"小欧亚"。他指出，"致力于建设欧亚联盟即俄罗斯主导的'小欧亚'的现代欧亚思想在很大程度上具有抽象的性质"，"2014—2015年地缘政治因素和经济危机使得'小欧亚'一体化进程受阻但没有停下脚步"⑥，"以欧亚经济联盟表现的'小欧亚'只是一个囊中羞涩的经济协议而已"⑦。俄罗斯科学院社会科学学术信息研究所副所长 Д. 叶夫列缅科也持有同样的看法⑧。

---

① Марк Энтин, Екатерина Энтина, В поддержку геополитического проекта Большой Евразии. 电子出版物《Вся Европа》, №6 (111), 2016. http://alleuropalux.org/? p =13361。

② Дмитрий Тренин, Азиатская политика России: от двустороннуго подхода к глобальной стратегии. Notes de l'Ifri. Russie. Nei. Visions, №94, июнь 2016 г. С. 7.

③ MarleneLaruelle. Eurasia, Eurasianism, Eurasian Union: Terminological Gaps and Overlaps. PONARS Eurasia Policy Meno№366. July 2015. http://www.ponarseurasia.org/memo/eurasia-eurasianism-eurasian-union-terminological-gaps-and-overlaps.

④ 在表述苏联解体后这一地区的整体时，这一地区的国家特别是俄罗斯习惯用"前苏联"一词，而美国和欧洲则习惯用"后苏联空间"。受西方文献影响，俄罗斯文献当中也出现"后苏联空间"一词。在中国"前苏联地区"使用的较多。

⑤ Майк Эмерсон, На пути к «Большой Евразии»: Кто? Почему? Что? Как? EurasiaEmergingMarketsForum. 11 – 13 сентября 2013 года, Назарбаев Университе, Националтный аналитический центр, Астана, Казахстан. С. 64; Emerson M. Towards a Greate Eurasia. Global Journal of Emerging Market Economies, January 2014, Volume6, Issue1. pp. 69 – 93.

⑥ Дмитрий Тренин, Россия и мир в XXI веке. Серия русский путь. Москва, Эксмо. 2015. с. 134, 157.

⑦ Дмитрий Тренин, Азиатская политика России: от двустороннуго подхода к глобальной стратегии. Notesdel'Ifri. Russie. Nei. Visions, №94, июнь 2016 г. С. 7.

⑧ Дмитрий Ефременко, Рождение Большой Евразии. 2017年1月31日，欧亚研究中心网：http://www.eurasian-studies.org/archives/2821。

(三)"中欧亚"与"地球的心脏"

第一次将欧亚作为大陆整体来研究的是英国"地缘政治之父"H. 麦金德,他在 1904 年将欧亚大陆的东北部称作"地球的心脏"(heartland),包括中亚、阿富汗和西伯利亚南部地区。并称"谁能控制'地球的心脏',谁就能控制世界岛,谁控制了世界岛,谁就能控制整个世界"①。Z. 布热津斯基在其 1997 年出版的著名的《大棋局:美国的首要地位及其地缘战略》中附和了 H. 麦金德的思想:"在'欧亚'占统治地位的强国将会控制世界三分之二经济上最发达的地区"②。也正是从这个意义上来讲,俄罗斯在融入欧洲的进程受阻之后,将注意力转向了自己的周边国家,开始超越"小欧亚"。瓦尔代国际辩论俱乐部提出了"中欧亚"范畴。2015 年 4 月,瓦尔代俱乐部欧亚项目主管 T. 博尔达乔夫在俄罗斯《消息报》撰文称,"现在,2015 年,可以说'中欧亚'时刻已经到来,这是国际政治经济局势独一无二的交汇点"③,"在欧亚的核心部分俄罗斯西伯利亚、哈萨克斯坦、中亚地区、中国的西部将形成自主的增长极,有可能成为 21 世纪上半期最重要的地缘经济和地缘政治进程之一","中欧亚开始了大规模的进程,正在改变着它的经济和政治结构"④,"中欧亚应当成为生活在其中的人民共同的安全和坚固的大厦,成为俄罗斯和中国完成其对外政策战略性任务所必须的和稳定发展的共同大后方"⑤。

(四)从"中欧亚"到"大欧亚"

随着形势的不断发展,瓦尔代俱乐部很快就从"中欧亚"转向了"大欧亚"。2015 年 6 月该俱乐部发表的报告《奔向大洋 3:建设中欧亚》强调,"在'中欧亚'建立合作区可以形成另一个逻辑上合理的计划,即建立大欧亚合作、可持续发展和安全、不仅向东方而且向欧亚最西边开放的共同体(或者甚至是联盟)","'大欧亚'应当成为所有人的正和游戏的

---

① Астанинскийклуб, доклад 《ГеоэкономикаЕвразии》. Ноябрь 2015 года, Астана, Казахстан. с. 8.

② Астанинскийклуб, доклад 《ГеоэкономикаЕвразии》. Ноябрь 2015 года, Астана, Казахстан. с. 8.

③ Тимофей Бордачёв, Создавая Евразию вместе, газета 《Известия》, 15апреля 2015 года, С. 3.

④ Тимофей Бордачёв, Новое евразийство, Россия в глобальной политике. №2, 2015 г.

⑤ Тимофей Бордачёв, Создавая Евразию вместе, газета 《Известия》, 15 апреля 2015 года, С. 3.

榜样，合作胜于对抗的榜样"。① 瓦尔代俱乐部的创始人 C. 卡拉甘诺夫进一步指出，在欧亚大部地区存在着形成新的向所有人敞开合作的经济和政治空间的趋势，权且称之为"大欧亚共同体"。②

最早提出"大欧亚"概念的是英国学者迈克尔·埃默尔（Michael Emerson）。他在 2013 年 9 月哈萨克斯坦纳扎尔巴耶夫大学举办的"欧亚新兴市场论坛"上发表《走向"大欧亚"之路：谁？为什么？什么？如何？》的论文。他的"大欧亚"概念囊括了欧亚大陆范围内欧洲和亚洲所有国家，并涉及了各国在战略安全、政治意识形态、长期社会经济问题和文化价值观等方面共同努力的问题。③ Д. 叶夫列缅科所说的"大欧亚"，"是指以欧亚大陆及其相邻的非洲大陆空间（或许整个非洲）为舞台发生的地缘政治和地缘经济变化的基本进程"，"在与印度、越南、伊朗、以色列、埃及甚至在某些条件下与土耳其、沙特、日本和韩国发展战略伙伴关系或者建设性对话的同时，俄罗斯将促进大欧亚成为更加均衡的具有不同力量中心的体系"。④ C. 卡拉甘诺夫认为，"从地理上来说，它包括上合组织、欧亚经济联盟和东盟成员国，以及与'丝绸之路经济带'和欧亚经济联盟对接的国家如土耳其、伊朗、以色列、埃及，甚至中国与东盟推动的印度、日本和韩国参加的区域全面经济伙伴关系（RCEP）所开辟的新的经济空间"。⑤ Ю. 雅科维茨和 E. 拉斯特沃尔采夫从世界文明的角度认为，"大欧亚包含 12 个区域文明当中的 8 个：西欧文明、东欧文明、欧亚文明、中国文明、印度文明、日本文明、佛教文明、穆斯林文明（包括北非）和 9 个文明联合体（欧盟、欧亚经济联盟、独联体、东盟、上合组织、伊斯兰合作组织、阿拉伯国家联盟、黑海经合组

---

① Сергей Караганов, Тимофей Бордачев и др., К Великому океану – 3: Создание Центральной Евразии. Москва, июнь 2015 года. Сс. 13 – 14.

② Сергей Караганов, Поворот к Азии: история политической идеи. Россия в глобальной политике. №6, 2015г.

③ Майк Эмерсон, На пути к «Большой Евразии»: Кто? Почему? Что? Как? EurasiaEmerging-MarketsForum. 11 – 13 сентября 2013 года, НазарбаевУниверсите, Национальныйаналитическийцентр, Астана, Казахстан. с. 64; Emerson M. Towards a Greate Eurasia. Global Journal of Emerging Market Economies, January 2014, Volume6, Issue1. pp. 69 – 93.

④ Дмитрий Ефременко, Рождение Большой Евразии. 2017 年 1 月 31 日，欧亚研究中心网：http：//www.eurasian-studies.org/archives/2821。

⑤ Сергей Караганов, С Востока на Запад, или Большая Евразия. Российская газета – Федеральный выпуск №7109, 24.10.2016 г., с. Влась.

织、地中海联盟）"。①

三、俄罗斯从"大欧洲"到"大欧亚"的思维逻辑

（一）"大欧洲"梦想之破灭

2015 年 9 月，俄罗斯前外长、国际事务委员会主席 И. 伊万诺夫在拉脱维亚首都里加举行的第 20 届波罗的海论坛"美国、欧盟与俄罗斯：新现实"研讨会上承认"大欧洲"计划已经无果而终②。

"大欧洲"在地理空间上包括所有欧洲国家，前苏联地区的俄罗斯、哈萨克斯坦和南高加索三国。И. 伊万诺夫所指的"大欧洲"不是地理意义上的而是政治意义上的"大欧洲"计划。这里有两方面的含义，其一是俄罗斯积极融入欧洲的计划；其二是欧盟和北约东扩的计划。尽管从加里宁格勒到符拉迪沃斯托克的所有俄罗斯人都认为自己是欧洲人，但是在西欧人眼里俄罗斯是"欧洲的亚细亚"③。20 世纪 90 年代俄罗斯与欧盟、北约签署的合作文件以及加入欧洲理事会标志着"大欧洲"计划的实际启动。在普京的第一总统任期与欧盟就建设经济、安全、人文和教育四个方面的"共同空间"达成一致，并制定了"从里斯本到符拉迪沃斯托克大欧洲"的"路线图"。

我们再来看西方"大欧洲"计划的真相。法国时任总统戴高乐在 1962 年 9 月历史性地访问联邦德国时第一次描述了"大欧洲"计划，即要从大西洋到乌拉尔山消除"东方过时的意识形态"。30 年后，Z. 布热津斯基在其《大棋局：美国的首要地位及其地缘战略》一书中道出了真相：（在美国的保护下）欧洲和北约向后苏联空间扩张，实现欧亚地区地缘政治多元化，在市场经济基础上实现俄罗斯社会现代化和政治体制非集中化，并将其变成邦联制，使俄罗斯放弃帝国遗产和帝国复辟，不允许向美国统治地位提出挑战的任何集团的存在，在"多元化"基础上建立跨欧亚安全体系。④ 历史进程"按照"布热津斯基的计划稳步推进，欧盟和北约东扩到

---

① Юрий Яковец, Еагений Растворцев, Большая Евразия: стратегия партнерства цивилизаций и объединений. Научный доклад. Москва, МИСК, 2017. С. 14.

② Игорь Иванов, Закат Большой Европы - выступление на XX ежегодной конференции Балтийского форума «США, ЕС и Россия - новая реальность», 12 сентября 2015 г., Рига, Латвия. http://globalaffairs.ru/global-processes/Zakat-Bolshoi-Evropy-17680.

③ Кудров В. М., Национальная экономиика России. Москва, «Дело», 2006. Стр. 21.

④ 兹比格纽·布热津斯基著，中国国际问题研究所译：《大棋局：美国的首要地位及其地缘战略》，上海世纪出版集团，2007 年版，第 2、26、41 页。

前苏联边界后开始将触角伸向前苏联国家。从支持"古阿姆集团"（GUAM）①摆脱对俄罗斯的依赖，到2003年欧盟启动"大欧洲—邻国"计划，欲将前苏联地区的东部邻国乌克兰、摩尔多瓦、白俄罗斯、格鲁吉亚、阿塞拜疆和亚美尼亚纳入其麾下。同时还在前苏联地区策划了一系列"颜色革命"，试图扶持亲西方政权。2009年欧盟抛出向前苏联地区扩张的"东方伙伴关系"计划。而对于俄罗斯来说，前苏联地区仍然是其核心利益所在。所以针对欧盟的步步紧逼，俄罗斯开始加强该地区的欧亚一体化进程。2010年启动俄罗斯、白俄罗斯、哈萨克斯坦关税同盟，2011年俄、白、哈三国元首连续在《消息报》上发表文章，共同表示要建设欧亚联盟。2014年西方与俄罗斯因为乌克兰危机而彻底决裂，对俄罗斯从政治、经济、技术等各方面进行严厉制裁。"冷战"的幽灵重新游荡在东西方的上空，"这将是俄罗斯长期的与美国的冲突和与欧盟的相互疏远"②。

（二）俄罗斯对外政策被迫"向东转"

Д. 特列宁认为，俄罗斯"欧亚一体化"思想包含着地缘政治利益，即在前苏联空间平台上建立以莫斯科为首的"力量中心"。但是"欧亚一体化"并不具备必要的前提条件，独联体国家也不需要以俄罗斯为核心的"力量中心"，即真正的经济、金融、政治、军事联盟。③

从地缘经济来说，俄罗斯经济遭受了西方的制裁，加上此时国际石油价格突然腰斩，对俄罗斯缺乏多元化的经济造成沉重打击。俄罗斯现有的经济发展模式危机与西方制裁和能源价格下跌叠加在一起，严重殃及欧亚经济联盟其他伙伴国。显然，俄罗斯对继续经营欧亚经济联盟已深感力不从心。

与西方相比，亚洲在俄罗斯战略优先方向上一直排在次要位置上。但面对西方咄咄逼人的挤压和制裁，俄罗斯对外政策不得不转向东方。其实，俄罗斯"向东转"早在2012年就开始了。是年普京开始其第三个总统任期，把开发东西伯利亚和远东作为国家的一项战略任务，以在符拉迪沃斯托克举办APEC峰会为契机，采取了一系列开发开放措施，如设立远东开发部，成立远东开发公司和基金，通过远东发展规划，设立超前发展

---

① "古阿姆集团"系格鲁吉亚、乌克兰、阿塞拜疆和摩尔多瓦四个国家英文名称第一个字母的缩写GUAM的音译，成立于1997年。

② Дмитрий Тренин, Россия и мир в XXI веке. Серия русский путь. Москва, Эксмо. 2015. С. 173.

③ Дмитрий Тренин, Россия и мир в XXI веке. Серия русский путь. Москва, Эксмо. 2015. С. 173.

区和符拉迪沃斯托克自由港,举办年度东方经济论坛,无偿分配远东土地,实行优惠的吸引外资政策等。目的是要远东作为先遣军,率先融入亚太经济一体化进程,进而带动远东开发,使其成为俄罗斯新的经济增长点。2014年的乌克兰危机加速了俄罗斯"向东转"的进程。

(三) 俄罗斯从避免对中国的单方面依赖到"大欧亚"战略

随着俄罗斯对外政策"向东转",以及美国对俄罗斯强化制裁和在亚太地区对中国进行遏制,中俄两国战略协作伙伴关系得以进一步巩固和提升。

为了避免对中国的过度依赖,Д. 特列宁认为俄罗斯"向东转",不是转向中国,而是转向"大亚洲",加强与日本、韩国、东盟和印度的关系。[①] 对俄罗斯对外政策具有重大影响作用的俄罗斯国防和对外政策委员会主席 С. 卡拉甘诺夫针对中国成为俄罗斯第一大贸易伙伴和第二大投资伙伴,认为重要的是亚洲贸易的多元化,避免对即便是友好的中国的高度依赖;进一步主张在欧亚大陆建立一个以其为核心的非西方的地缘政治集团"大欧亚共同体"。[②] A. 卢金和 С. 卢贾宁等从地缘政治角度将"丝绸之路经济带解读为俄罗斯开辟新坐标,将俄罗斯从东西方之间的'桥梁'变成'欧亚的核心'",进而形成"自己的国际坐标体系,其核心环节应当是借助丝绸之路经济带对'欧亚经济联盟—上合组织'进行结构改造",[③] 以扩大的上合组织为平台建设"大欧亚共同体";莫斯科在亚太地区的战略应该以全面的和全球性的视野建设更加广泛的"大欧亚"。[④] 在俄罗斯的极力支持下,上合组织成功扩员,吸纳印度和巴基斯坦加入。俄罗斯已经就下一步把伊朗拉入上合组织开始做准备。С. 卡拉甘诺夫坚信21世纪正在形成以美国为首的与以俄罗斯和中国为核心的"大欧亚共同体"两大新的地缘政治集团。[⑤] 俄罗斯对外政策进入了欧亚时代。

---

① Дмитрий Тренин, Россия и мир в XXI веке. Серия русский путь. Москва, Эксмо. 2015. С. 185.

② Сергей Караганов, Евроазиатский выход из европейского кризиса. Россия в глобальной политпке. №3,2015.

③ Александр Лукин, Сергей Лузянин, Ли Синь и др., Китайский глобальный проект для Евразии: постановка задачи. Аналитический доклад под ред. Владимира Якунина. М.: Научный эксперт. 2016,стр. 82.

④ Дмитрий Тренин, Азиатская политика России: от двустороннуго подхода к глобальной стратегии. Notes de l'Ifri. Russie. Nei. Visions, №94, июнь 2016 г. С. 3.

⑤ Сергей Караганов, Евроазиатский выход из европейского кризиса. Россия в глобальной политпке. №3,2015.

2015年4月，Т. 博尔达乔夫在俄罗斯《消息报》具有先见之明地指出，"欧亚转型为共同发展的大区的动力是欧亚经济一体化和2013年中国提出的'丝绸之路经济带'框架的大范围伙伴关系"。① 一个月之后，中俄两国元首签署《关于丝绸之路经济带建设与欧亚经济联盟建设对接合作的联合声明》，成为俄罗斯"大欧亚"战略形成的基础。Т. 博尔达乔夫认为，俄罗斯必须开始与地区主要伙伴讨论欧亚空间共同发展战略，将来走向广泛的欧亚共同体。② 而 С. 卡拉甘诺夫认为，"欧亚经济联盟"与"丝绸之路经济带"对接的联合声明对扩大俄罗斯、中国、哈萨克斯坦、上合组织其他伙伴国，以及印度、伊朗、韩国、巴基斯坦，还有以色列、土耳其之间的合作赋予了更加强大的生命力。③ "大欧亚共同体"可以通过上合组织来发挥组织功能，辅之以亚投行、上合组织开发银行，建立自己的支付体系和储备货币，迅速发展物流运输网络。④ 2015年11月，阿斯塔纳俱乐部表示，联合声明的签署使得"大欧亚从讨论走向实践"。⑤

（四）俄罗斯"大欧亚"战略目标是确立其在欧亚大陆的核心地位

С. 卡拉甘诺夫将"大欧亚共同体"的目标确定为"欧亚国家共同的经济、政治和文化的复兴和发展，把欧亚变成世界经济和政治的中心"；它将包括东亚、东南亚和南亚国家、欧亚中心国家、俄罗斯，今后还将包括欧洲次大陆国家及其组织，只要它们能够进行建设性的合作。⑥ 他还设计了"大欧亚共同体"的基本原则，如在国际法传统价值观基础之上尊重主权和领土完整，共同维护和平与稳定；尊重政治多元化，拒绝相互干涉内政；经济开放，降低国际贸易和投资壁垒，拒绝经济关系政治化，坚持互利共赢的原则开展经济合作；建立从雅加达到里斯本整个欧亚大陆的发展、合作和安全体系；保持军事政治稳定，防止冲突；保持和发展文化多样性，通过欧亚文明对话走向和平、合作和共同富裕；保护与社会和国家

---

① Тимофей Бордачёв, Создавая Евразию вместе, газета «Известия», 15 апреля 2015 года, С. 3.

② Тимофей Бордачёв, Новое евразийство, Россия в глобальной политике. №2, 2015 г.

③ Сергей Караганов, Евроазиатский выход из европейского кризиса. Россия в глобальной политпке. №3, 2015.

④ Сергей Караганов, Евроазиатский выход из европейского кризиса. Россия в глобальной политпке. №3, 2015.

⑤ Астанинскийклуб, доклад «ГеоэкономикаЕвразии». Ноябрь 2015 года, Астана, Казахстан. С. 10, 12.

⑥ Сергей Караганов, От поворота на Восток к Большой Евразии: глдбальный контекст. Муждународная жизнь, 5. 2017. С. 11.

权利不可分割的人权。[1]

  С. 卡拉甘诺夫确信，"大欧亚"将会瞄准"俄罗斯地缘战略和地缘经济未来的定位，即正在上升的大陆的核心，成为整个欧亚大陆重要的交通和经济枢纽之一和最重要的安全提供者"；"大欧亚"是各国和各组织不同计划都加入其中的共同计划，致力于实现共同目标即建设发展、和平和紧密合作的大陆，"在这个建设过程中首要发挥重要作用的理所当然是俄罗斯—中国大联合"。[2] Д. 叶夫列缅科同样认为与中国的战略伙伴关系对俄罗斯非常重要，虽然并不是针对美国或其他国家的军事政治联盟，但是中国也好，俄罗斯也好，都将在欧亚和世界建立更加公平、安全的国际关系体系事务中团结行动。[3] Д. 特列宁表示，"在全球治理方面中俄将会共同加强上合组织和金砖国家等非西方国际机构的影响力"。[4] 俄罗斯的 Г. 伊瓦申佐夫大使更是指出，"今天统一的欧亚即中国与东南亚和俄罗斯与欧亚联盟正在挤压早先不可一世的美、欧、日经济'三重奏'。"[5]

  尽管俄罗斯认识到，没有中国的合作不可能实现其"大欧亚"战略任务，但正如 С. 卡拉甘诺夫认为的，"需要让俄罗斯作为连接整个欧亚大陆的核心实现最优的地缘政治和地缘经济地位，并为中国营造一个友好和建设性的均衡态势，使得这个国家对其邻国来说不至于'过于强大'和成为潜在的霸主"[6]。

（五）俄罗斯建设"大欧亚共同体"的"路线图"

  俄罗斯把上合组织看作"大欧亚"建设的基础和平台。瓦尔代俱乐部在 2015 年就强调，"欧亚空间国际合作的最重要机制是上合组织"，"上合组织的迅速发展可以成为建立大欧亚共同体这一潜力巨大的计划的核心机

---

[1] Сергей Караганов, От поворота на Восток к Большой Евразии: глобальный контекст. Муждународная жизнь, 5. 2017. С. 13.

[2] Сергей Караганов, От поворота на Восток к Большой Евразии: глобальный контекст. Муждународная жизнь, 5. 2017. С. 13.

[3] Дмитрий Ефременко, Рождение Большой Евразии. 2017 年 1 月 31 日, 欧亚研究中心网：http://www.eurasian-studies.org/archives/2821.

[4] Дмитрий Тренин, От Большой Европы к Большой Азии? Китайско-российская АнтантаРоссия в Глобальной политике. №3, 2015.

[5] Глеб Ивашенцов. Путь к мирной Евразии. 14 мая 2015 г. http://russiancouncil.ru/en/inner/?id_4=5918#top-content.

[6] Сергей Караганов, С Востока на Запад, или Большая Евразия. Российская газета - Федеральный выпуск №7109, 24. 10. 2016 г., с. Влась.

制"。① Д. 叶夫列缅科明确表示,"最能够胜任国际组织的角色,使大欧亚顺利建成的,非上合组织莫属","上合组织是建设大欧亚的孵化器"。② Д. 特列宁也认为,"上合组织将为大亚洲提供政策沟通和协调、共同经济发展、金融支持和安全领域合作的机制"。③ А. 卢金和 С. 卢贾宁等也发现"'丝绸之路经济带'为从东西方之间的'桥梁'变成'欧亚的核心'"创造了机会,其"核心环节应当是借助'丝绸之路经济带'对'欧亚经济联盟—上合组织'进行结构改造"。④ С. 卡拉甘诺夫对此也没有异议,"俄罗斯和中国开始建设的大欧亚地缘经济和地缘政治大厦的基础已经显现出来,这一大厦的联系纽带理所当然是上合组织",⑤ 并进一步认为,"大欧亚共同体,它开始围绕正在扩大的和日益强壮的上合组织进行建设"⑥。

С. 卡拉甘诺夫还为俄罗斯建设"大欧亚"规划了几个步骤,即利用现有发展趋势将各国、现有组织和对话平台的行为纳入一个统一轨道,目标是形成新的地缘经济、地缘政治和地缘文化共性——伙伴关系,然后建设"大欧亚共同体"。建设这样的伙伴关系,理所当然的谈判平台就是上合组织,必须赋予该组织更大的能量和开放,把它从局限的地区组织变成更大的组织。

四、中俄合作建设"欧亚全面经济伙伴关系"的可能性

尽管俄罗斯从"大欧洲"转向"大欧亚"具有强烈的地缘政治意图,但其标榜的"大欧亚"经济一体化内容与中国"一带一路"深度经济合作具有高度的契合关系。

---

① Сергей Караганов, Тимофей Бордачев и др., К Великому океану – 3: Создание Центральной Евразии. Москва, июнь 2015 года. С. 14.
② Дмитрий Ефременко, Рождение Большой Евразии. 2017 年 1 月 31 日,欧亚研究中心网: http://www.eurasian-studies.org/archives/2821.
③ Дмитрий Тренин, От Большой Европы к Большой Азии? Китайско – российская АнтантаРоссия в Глобальной политике. №3, 2015.
④ Александр Лукин, Сергей Лузянин, Ли Синь и др., Китайский глобальный проект для Евразии: постановка задачи. Аналитический доклад под ред. Владимира Якунина. М.: Научный эксперт. 2016, стр. 82.
⑤ Сергей Караганов, С Востока на Запад, или Большая Евразия. Российская газета – Федеральный выпуск №7109, 24. 10. 2016 г., с. Власв.
⑥ Сергей Караганов, Поворот к Азии: история политической идеи. Россия в глобальной политике. №6, 2015г.

（一）中国"一带一路"首倡"大欧亚"经济一体化进程

2013年9月和10月，习近平分别在哈萨克斯坦和印度尼西亚发出与相关国家和地区共建"丝绸之路经济带"和"21世纪海上丝绸之路"的重大倡议，他强调"'一带一路'建设根植于丝绸之路的历史土壤，重点面向亚欧非大陆"①。根据这一倡议中国国务院授权发布的《推动共建丝绸之路经济带和21世纪海上丝绸之路的愿景与行动》在欧亚大陆规划了中国—中亚—西亚、新亚欧大陆桥、中国—中南半岛、中巴、中蒙俄和孟中印缅六大经济走廊②，国家发改委和国家海洋局共同发布的《"一带一路"海上合作设想》规划了中国—印度洋—非洲—地中海、中国—大洋洲—南太平洋和经北冰洋连接欧洲的三大蓝色经济通道③。"一带一路"贯穿欧亚大陆，东边连接亚太经济圈，西边连接欧洲经济圈……因此有必要"同有关国家一道，实施好丝绸之路经济带同欧亚经济联盟对接，促进欧亚地区平衡发展"④。共建"一带一路"的倡议在整个欧亚非大陆形成广泛共识。

2015年5月，中俄两国元首签署《关于丝绸之路经济带建设和欧亚经济联盟建设对接合作的联合声明》时，习近平表示，"深入推进两国发展战略对接和'一带一路'建设同欧亚经济联盟建设对接合作，进而在欧亚大陆发展更高水平、更深层次的经济合作关系"。⑤ 普京也将这一对接看作是"在整个欧亚大陆开辟共同经济空间"。⑥ 2015年12月，他在总统咨文中"建议与欧亚经济联盟一起与上合组织和东盟成员国以及正在加入上合组织的国家就建立可能的经济伙伴关系进行磋商"。⑦ 2016年5月，普京在俄罗斯—东盟对话系列会议上表示，除了"欧亚联盟与东盟建设自贸区"之外，"另一个具有前景的区域经济一体化方向可能是欧亚经济联盟、东

---

① 《携手推进"一带一路"建设（习近平在"一带一路"国际合作高峰论坛开幕式上的讲话）》，《人民日报》，2017年5月15日，第3版。

② 《推动共建丝绸之路经济带和21世纪海上丝绸之路的愿景与行动》，《人民日报》，2015年3月29日，第4版。

③ 《"一带一路"建设海上合作设想》（全文），中国网新闻中心，http://www.china.com.cn/news/2017-06/20/content_41063034.htm. 2017年6月20日。

④ 《团结互助，共迎挑战，推动上海合作组织实现新跨越（习近平在上海合作组织成员国元首理事会第15次会议上的讲话）》，《人民日报》，2015年7月11日，第2版。

⑤ 《习近平出席〈中俄睦邻友好合作条约〉签署15周年纪念大会并发表重要讲话》，《人民日报》，2016年6月26日，第1版。

⑥ Заявлениядляпрессыпоитогамроссийско-китайскихпереговоров. 俄罗斯总统网站：http://www.kremlin.ru/events/president/transcripts/49433. 2015年5月8日。

⑦ В. Путин, Послание Президента Федеральному Собранию. 3 декабря 2015 года. 俄罗斯总统网站：http://www.kremlin.ru/events/president/news/50689。

盟、上合组织和'一带一路'的相互对接"①，"我们将讨论建立有欧亚经济联盟、东盟和上合组织参与的广泛的跨国伙伴关系"②。在随后签署的《索契宣言》明确规定了"研究东盟、欧亚经济联盟和上合组织之间互利合作的可能性"以及"俄方提出的欧亚经济联盟与东盟建设全面自由贸易区的建议"。③ 2016年6月17日，普京在彼得堡国际经济论坛开幕式上明确发出了建设"大欧亚伙伴关系"的倡议："建议考虑建设有欧亚经济联盟及与其有着紧密关系的中国、印度、巴基斯坦、伊朗，以及我们的独联体伙伴和其他感兴趣的国家和组织参与的大欧亚伙伴关系"。④

作为国家领导人第一次提出"大欧亚思想"的是哈萨克斯坦总统纳扎尔巴耶夫于2015年9月在联大发言中呼应"一带一路"倡议时表示："当前条件下复兴'丝绸之路经济带'对欧亚各国都是非常重要的，缩短亚太地区到欧洲的运输距离可以为许多国家带来财富。团结在'大欧亚'思想周围的时代已经到来，它将欧亚经济联盟、'丝绸之路经济带'和欧盟联合成21世纪统一的一体化项目"⑤。哈总统提出的"大欧亚"思想将合作范围缩小至一体化的"三驾马车"，即欧亚经济联盟、欧盟和"一带一路"，实现一体化计划的和谐与合作，其中包括成员国贸易关系自由化、共同开发交通走廊、能源运输路线多元化、扩大投资合作以及其他经济合作问题。哈方的"大欧亚"设想与其战略利益紧密结合，即通过陆路运输路线将太平洋和欧洲连接起来，从而实现哈方发挥自己过境运输潜力的预期。发展物流运输基础设施可以成为哈方今后长期经济发展的驱动力。此外，哈方的"大欧亚"思想还反映了其多元的对外政策，与世界政治的所有力量中心保持平等关系。

由此可见，无论是最早呼吁聚焦"大欧亚思想"的哈萨克斯坦总统纳扎尔巴耶夫还是随后提出"大欧亚伙伴关系"倡议的俄罗斯总统普京都是将本国经济发展战略与"一带一路"倡议进行了对接，在欧亚大陆经济一

---

① Выступление В. Путина во встрече глав делегаций – участников саммита Россия – АСЕАН с представителями Делового форума. http：//russian – asean20. ru/transcripts/20160520/194566. html.

② Выступление В. Путина на торжественном приёме в честь глав делегаций – участников Саммита Россия – АСЕАН. http：//russian – asean20. ru/transcripts/20160519/169250. html.

③ 俄罗斯—东盟峰会官方网站，http：//russian – asean20. ru/documents/。

④ Выступление В. Путина 17 июня 2016 года на пленарном заседании XX Петербургского международного экономического форума. http：//www. kremlin. ru/events/president/news/52178.

⑤ Полный текст выступления Нурсултана Назарбаева на 70 – й сессии Генассамблеи ООН. http：//www. diapfzon. kz/kazakhstan/kaz – politics/75936 – polnyy – tekst – vystuplenienursultana – nazarbaeva – na – 70 – y – sessii – genassamblei – oon – video. html. 2015年9月29日。

体化进程中实现自身利益最大化。"大欧亚"作为欧亚大陆经济一体化进程符合中、俄、哈及亚欧非大陆其他国家繁荣经济的共同利益。

(二) 习近平提出的"一带一路":欧亚地区更深层次的区域经济合作

中国的"21 世纪海上丝绸之路"(中国—印度洋—非洲—地中海)和经北冰洋连接欧洲的两条"蓝色经济通道"①,特别是"一带一路"对接俄罗斯北方航道共建"冰上丝绸之路"②形成环绕整个欧亚大陆的海上通道;而陆上的"丝绸之路经济带""重点畅通中国经中亚、俄罗斯至欧洲(波罗的海);中国经中亚、西亚至波斯湾、地中海共同打造新亚欧大陆桥、中蒙俄、中国—中亚—西亚等"六大国际经济走廊开辟"整个欧亚大陆的共同经济空间"。

2015 年 3 月发布的《推动共建丝绸之路经济带和 21 世纪海上丝绸之路的愿景与行动》明确指出,共建"一带一路""旨在促进经济要素有序自由流动、资源高效配置和市场深度融合,推动沿线各国实现经济政策协调,开展更大范围、更高水平、更深层次的区域合作,共同打造开放、包容、均衡、普惠的区域经济合作架构"。③ "一带一路"贯穿亚欧非大陆,一头是活跃的东亚经济圈,一头是发达的欧洲经济圈,中间广大腹地国家经济发展潜力巨大,共建"一带一路"致力于亚欧非大陆及附近海洋的互联互通,建立和加强沿线各国互联互通伙伴关系,"努力实现区域基础设施更加完善,安全高效的陆海空通道网络基本形成,互联互通达到新水平;投资贸易便利化水平进一步提升,高标准自由贸易区网络基本形成,经济联系更加紧密"。④

投资贸易合作是"一带一路"建设的重点内容,"宜着力研究解决投资贸易便利化问题,消除投资和贸易壁垒,构建区域内和各国良好的营商环境,积极同沿线国家和地区共同商建自由贸易区"⑤。重点加强海关合作,以及检验检疫、标准计量等方面的双多边合作,降低非关税壁垒,提高贸易自由化便利化水平;拓宽贸易领域,优化贸易结构,创新贸易方

---

① 《"一带一路"建设海上合作设想》(全文),中国网新闻中心,http://www.china.com.cn/news/2017-06/20/content_ 41063034.htm. 2017 年 6 月 20 日。
② 《习近平接受俄罗斯媒体采访》,《人民日报》,2017 年 7 月 4 日,第 1 版。
③ 《推动共建丝绸之路经济带和 21 世纪海上丝绸之路的愿景与行动》,《人民日报》,2015 年 3 月 29 日,第 4 版。
④ 《推动共建丝绸之路经济带和 21 世纪海上丝绸之路的愿景与行动》,《人民日报》,2015 年 3 月 29 日,第 4 版。
⑤ 《推动共建丝绸之路经济带和 21 世纪海上丝绸之路的愿景与行动》,《人民日报》,2015 年 3 月 29 日,第 4 版。

式，把投资和贸易有机结合起来，以投资带动贸易发展；加快投资便利化进程，消除投资壁垒；拓展相互投资领域，推动新兴产业合作，优化产业链分工布局，提升区域产业配套能力和综合竞争力。

加快实施自由贸易区战略是中国新一轮对外开放的重要内容，是全面深化改革、构建开放型经济新体制的必然选择。中国国务院发布的《关于加快实施自由贸易区战略的若干意见》开宗明义地表示，"通过自由贸易区扩大开放，提高开放水平和质量，深度参与国际规则制定，拓展开放型经济新空间，形成全方位开放新格局"。"重点是加快与周边、'一带一路'沿线以及产能合作重点国家、地区和区域经济集团商建自由贸易区"，"争取同大部分新兴经济体、发展中大国、主要区域经济集团和部分发达国家建立自由贸易区，构建金砖国家大市场、新兴经济体大市场和发展中国家大市场等"。[①] 提出的任务目标是：近期加快正在进行的自由贸易区谈判进程，积极推动与我国周边大部分国家和地区建立自由贸易区；中长期，形成包括邻近国家和地区、涵盖"一带一路"沿线国家以及辐射五大洲重要国家的高标准全球自由贸易区网络。[②] 目前，中国与东盟、韩国、澳大利亚、新西兰、瑞士等15个经济体签署了自由贸易和更紧密贸易关系协定，正在谈判的自贸区（包括升级版）有11个，包括区域全面经济合作伙伴关系RCEP，还有11个自贸区正在研究。

（三）普京"大欧亚伙伴关系"：在整个欧亚大陆形成共同经济空间

俄罗斯"大欧亚伙伴关系"主张欧亚经济联盟、上合组织、东盟与"一带一路"对接，坚持欧亚经济联盟与东盟建立自贸区。普京还表示，"大欧亚伙伴关系"计划也是向欧洲开放的，并希望欧洲参与"大欧亚伙伴关系"计划。早在2011年欧亚经济联盟的创始人普京就已经预见到了从"小欧亚"到"大欧亚"的发展，进而"把欧洲与充满生机和活力的亚太地区联系起来"。他试图"在整个欧亚大陆范围内实现'和谐的'自由贸易和市场开放原则"。[③] 哈萨克斯坦总统纳扎尔巴耶夫也表示，要让欧

---

① 《国务院关于加快实施自由贸易区战略的若干意见（国发〔2015〕69号）》，中国政府网站，http://www.gov.cn/zhengce/content/2015-12/17/content_10424.htm，发布日期：2015年12月17日。
② 《国务院关于加快实施自由贸易区战略的若干意见（国发〔2015〕69号）》，中国政府网站，http://www.gov.cn/zhengce/content/2015-12/17/content_10424.htm，发布日期：2015年12月17日。
③ В. Путин, Новый интеграционный проект для Евразии – будущее рождается сегодня. Известия, 3 октября 2011 года.

亚经济联盟成为联系"欧盟与东亚、东南亚和南亚迅速发展经济体的桥梁"。① 普京表示，大欧亚伙伴关系"可以从部门合作和投资管控，以及技术、检验检疫标准的非关税措施、海关程序、知识产品保护的便利化和规则统一化开始，将来逐步降低直至取消关税限制"。② 目前俄罗斯与越南已经签署自由贸易协定，与印度已经启动自贸区谈判，与新加坡、印尼、泰国、马来西亚等计划研究自由贸易的可能性。

阿斯塔纳俱乐部在承认这一进程中"地缘政治起着自己的作用"的同时，认为欧亚的联合与其说是由于地缘政治，不如说是经济的原因，"新的贸易路线的出现，建设新的经济联盟，商品、资本和人员的加速流动，这都促使在崭新的基础上把欧亚联接成一个整体"。③ Д. 特列宁也强调，欧亚经济联盟应当在"丝绸之路经济带"项目上与中国合作，首先要形成统一的贸易投资区，囊括整个中欧亚、北欧亚和东欧亚，中国将成为这个区的经济火车头；这个区可以称作"大亚洲"，从经济中心的上海到欧洲大门的前哨彼得堡。④ C. 卡拉甘诺夫进一步主张将"大欧亚"的目标设定为通过逐步形成的囊括整个大陆的自由贸易区来提高各国和人民的福利水平。⑤ 他为此设计的"路线图"包括：制定协商一致的大欧亚交通战略；建立评级体系；支持亚洲基础设施投资银行、其他区域性银行，建立与 SWIFT 平行的排除将其作为经济战武器使用并促使国际金融秩序稳定的体系；扩大本币结算贸易，建立独立的支付体系；建立与经合组织平行的并与之合作的经济信息中心；建立应对气候和技术灾难以及后危机复苏的欧亚互助网络甚至是组织。⑥

---

① Н. Назарбаев, Евразийский Союз: от идеи к истории будущего. Известия, 25 октября 2011 года.

② Выступление В. Путина 17 июня 2016 года на пленарном заседании XX Петербургского международного экономического форума. http：//www.kremlin.ru/events/president/news/52178.

③ Астанинскийклуб, доклад 《ГеоэкономикаЕвразии》. Ноябрь 2015 года, Астана, Казахстан. с. 8.

④ Дмитрий Тренин, От Большой Европы к Большой Азии? Китайско - российская Антанта Россия в Глобальной политике. №3, 2015.

⑤ Сергей Караганов, С Востока на Запад, или Большая Евразия. Российская газета - Федеральный выпуск №7109, 24. 10. 2016 г., с. Власы.

⑥ Сергей Караганов, От поворота на Восток к Большой Евразии: гдлбальный контекст. Муждународная жизнь, 5. 2017. С. 18.

五、欧亚全面伙伴关系定位和基本原则

2016年6月25日，俄罗斯总统普京访华期间与中国国家主席习近平签署的《中华人民共和国和俄罗斯联邦联合声明》"主张在开放、透明和考虑彼此利益的基础上建立欧亚全面伙伴关系，包括可能吸纳欧亚经济联盟、上海合作组织和东盟成员国加入"。[①] "欧亚全面伙伴关系"是中俄两国在世界区域经济一体化发展大趋势的基础上，根据"大欧亚伙伴关系"和"一带一路"、自由贸易区建设，共同提出来的重大倡议。

（一）区域全面经济伙伴关系（RCEP）经验借鉴

区域全面经济伙伴关系（Regional Comprehensive Economic Partnership, RCEP）谈判于2012年在柬埔寨首都金边正式启动。谈判成员国包括东盟十国、中国、日本、韩国、印度、澳大利亚和新西兰。RCEP是目前亚太地区正在商谈的规模最大、参与成员国最多的自由贸易区谈判协定，旨在通过整合现有资源，加强区域经济贸易合作，全面实现亚太地区的贸易和投资自由化，推动地区经济的繁荣发展。

RCEP涵盖的主要谈判议题有：货物贸易、服务贸易、投资、经济技术合作、知识产权、竞争政策、争端解决机制和其他根据形势需要加入的谈判内容。RCEP谈判基于以下核心原则加以推进：第一，确保谈判内容符合WTO等多边贸易体制的监管规定，并在成员国之间现有的自由贸易协定内容相互兼容的基础上，在货物贸易、服务贸易、投资和其他议题上达成更加广泛和深入的贸易自由化承诺；第二，鉴于不同国家在经济发展水平上的差异，考虑引入灵活的安排机制和差别待遇条款，并对发展中国家和最不发达国家给予技术援助和能力建设，确保所有谈判成员国能够参与谈判，履行RCEP的权利和义务，分享谈判成果；第三，通过实现区域内部贸易自由化和投资便利化，增强贸易和投资的透明度，有利于各成员国全面参与全球和地区价值链；第四，关于投资议题谈判主要包括投资保护、促进、便利和自由化四方面内容，旨在构建自由、便利和竞争性的投资环境；第五，在取得谈判成员国一致同意的基础上，可以吸引其他外部伙伴国加入。

迄今为止，RCEP已经累计进行了14轮谈判，第15轮谈判于2016年10月在中国天津进行。各方已经就货物贸易、服务贸易、投资、知识产

---

① 《中华人民共和国和俄罗斯联邦联合声明》，《人民日报》，2016年6月26日，第2版。

权、经济技术合作、电子商务、法律机制等各项议题进行谈判，目前在包括市场准入模式、协定谈判框架等相关领域达成初步一致，在货物贸易、服务贸易和投资等核心领域进行出要价谈判和深入磋商，并取得一定的进展。2015 年底，RCEP 谈判成员国的领导人在东亚峰会上发表联合声明，希望在 2016 年底结束谈判，比原定计划已晚一年。然而，RCEP 谈判面临着诸多挑战，要达成上述目标仍要克服诸多困难。首先，各国经济发展阶段不同，贸易自由化水平存在显著差异。特别是作为 RCEP 谈判的重要一员，印度的贸易自由化程度较低，增加了 RCEP 达成高水平贸易开放的难度。更为现实可行的方案是由部分国家先行做出高水平开放承诺，给予其他欠发达国家更多的灵活安排和较长的过渡期，双轨推进 RCEP 谈判进程。其次，部分谈判国家之间缺乏政治互信，会干扰自由贸易协定谈判的推进。因而，需要各国政府拿出智慧，推动相互谅解，为推动 RCEP 谈判的推进营造良好的政治氛围。最后，部分国家敏感行业中的利益集团和非政府组织阻挠，也对 RCEP 谈判产生不利影响。韩国和日本在农产品领域存在强大的劳工团体，印度在知识产权保护、粮食和制造业等领域也存在较大的反对贸易自由化的声浪。如果低收入国家预计无法从 RCEP 谈判中获得较大的潜在收益，将会导致 RCEP 谈判达成一致的难度大大增加。

（二）欧亚全面伙伴关系的定位

本文认为，欧亚全面伙伴关系应该聚焦欧亚大陆及其周边地区的区域经济一体化进程，而不是地缘政治集团。欧亚全面伙伴关系以"一带一路"为纽带，以"丝绸之路经济带"与欧亚经济联盟对接，"21 世纪海上丝绸之路"贯穿东盟、印度洋、非洲和地中海，六大经济走廊陆上畅通亚太经济圈和欧洲经济圈为基本框架，整合欧亚经济联盟、上合组织经济合作、东盟乃至 RCEP 等欧亚地区现有众多经济一体化进程，消除"意大利面碗效应"，实现俄罗斯"大欧亚伙伴关系"倡议和中国"一带一路"倡议的有机结合和相互补充，共同致力于欧亚地区区域经济一体化发展。

欧亚全面伙伴关系，旨在遵循 WTO 基本规则的前提下，在整个欧亚地区达成自由贸易协定，通过整合现有资源，加强区域经济贸易合作，全面实现整个欧亚地区的贸易和投资自由化，推动地区经济的繁荣发展。涉及的主要谈判议题可以包括货物贸易、服务贸易、投资、经济技术合作、知识产权、竞争政策、争端解决机制和其他根据形势需要加入的谈判内容。

欧亚全面伙伴关系将成为继 APEC、TPP、TTIP 之后第四个洲际超级区域经济一体化联合体。目前排挤欧亚大陆主要国家的 TPP 已被美国束之高阁，与此同时TTIP也遭遇欧洲国家的抵制，二者面临流产的困境。欧亚全面伙伴关系是俄罗斯"大欧亚"战略构想与中国"一带一路"倡议有机结合的产物，具有同样的地缘经济战略目标，即在整个欧亚地区实现基础设施互联互通，经济一体化发展，商品、资本、技术和服务自由流通，使得经济资源在整个欧亚地区实现有效配置，从而为全球经济规则的制定和世界经济的发展做出自己的贡献。如果欧亚全面伙伴关系能够实现突破性发展，对代表广大发展中国家利益的欧亚地区新兴经济体来说具有重大地缘经济意义，对推动全球经济体系的改革和对发展中国家参与全球经济贸易规则的制定具有重大现实意义。

（三）欧亚全面伙伴关系的基本原则

由于整个欧亚地区经济多样性、安全复杂性以及宗教、文化传统多样性，欧亚全面伙伴关系谈判在坚持统一性原则的前提下，也必须具有一定的灵活性。鉴于此，欧亚全面伙伴关系谈判应坚持以下基本原则：

第一，开放合作，和谐包容。尊重各国发展道路和模式的选择，求同存异，谋求区域经济繁荣发展。欧亚全面伙伴关系倡议虽然是中俄两国提出来的重大倡议，以中国—欧亚经济联盟全面经济贸易伙伴关系为基础，同时向独联体、上合组织、东盟和欧盟开放，其他欧洲和亚洲感兴趣的国家、区域组织均可参与。在取得谈判成员国一致同意的基础上，可以吸引其他外部伙伴国加入。

第二，互利共赢，共同发展。所有参加国一律平等，兼顾各方利益和关切，考虑发展中经济体和最不发达经济体的实际情况，寻求利益契合点和合作最大公约数，体现各方智慧和创意，各施所长，各尽所能，充分发挥各方优势和潜力，努力构建互利共赢的自由贸易区网络。

第三，确保谈判内容符合WTO等多边贸易体制的基本规则，坚持透明度原则和非歧视原则，在同成员国之间现有的自由贸易协定内容相互兼容的基础上，在货物贸易、服务贸易、投资和其他议题上达成更加广泛和深入的贸易自由化承诺，最终实现贸易和投资自由化。

第四，正确处理统一性和灵活性的辩证关系。鉴于不同国家在经济发展水平上的差异，可以考虑引入灵活的安排机制和差别待遇条款，并对发展中国家和最不发达国家给予技术援助和能力建设，确保所有谈判成员国能够参与谈判，履行自由贸易协定的权利和义务，分享谈判成果。为此，俄罗斯总统普京建议，根据不同国家准备程度不同，"我们可以依靠一系列双边和多边层面合作深度、速度和水平以及市场开放程度不等的贸易协定",就某些领域的合作项目达成一致,"为共同和谐发展奠定基础"。① 他还认为,目前欧亚地区出现的多个一体化进程相互补充成为一体化网络,包括自贸区在内的一系列多边和双边协定,可以成为建设大欧亚伙伴关系的基础。

第五,通过实现区域内部贸易自由化和投资便利化,增强贸易和投资的透明度,有利于各成员国全面参与全球和地区价值链。关于投资议题谈判主要包括投资保护、促进、便利和自由化四方面内容,旨在构建自由、便利和竞争性的投资环境。

六、欧亚全面伙伴关系建设路线图

欧亚全面伙伴关系建设路线图需要着重解决建设的抓手、平台、出发点和建设的阶段等问题。

(一) 以"丝绸之路经济带"对接欧亚经济联盟为抓手,硬件基础设施和软件基础设施两方面对接齐头并进,开辟"整个欧亚大陆的共同经济空间"②

开辟共同经济空间可以从软件基础设施和硬件基础设施两个方面同时进行对接。软件基础设施对接,即贸易、投资规则、技术标准、法律基础、海关监管等的对接和相互适应。目的是优化市场软环境,推进贸易和投资便利化、自由化,减少乃至消除有形和无形的贸易壁垒,消除各种要素在不同经济体之间自由流动的障碍。硬件基础设施对接,主要是指通过各种方式,加强互联互通建设,促进各相关国家之间加快交通、能源、信息等基础设施的网络化建设和跨境对接,打造跨欧亚物流运输体系,为畅通物流、人流和信息流提供硬件基础。

(二) 以上合组织为平台,推进欧亚区域经济一体化发展

2015 年 12 月签署的《中俄总理第二十次定期会晤联合公报》明确指出,"双方认为上海合作组织是实现丝绸之路经济带建设与欧亚经济联盟建设对接的最有效平台"③。上合组织八个成员国和四个观察员国中有四个是欧亚经济联盟成员国,以及六个对话伙伴国都是"一带一路"沿线的重

---

① Выступление В. Путина 17 июня 2016 года на пленарном заседании XX Петербургского международного экономического форума. http：//www. kremlin. ru/events/president/news/52178.

② Заявлениядляпрессыпоитогамроссийско－китайскихпереговоров. 俄罗斯总统网站：http：//www. kremlin. ru/events/president/transcripts/49433. 2015 年 5 月 8 日。

③ 《中俄总理第二十次定期会晤联合公报》,《人民日报》,2015 年 12 月 18 日,第 3 版。

要国家。上合组织发表《宣言》不仅"支持中国关于建设丝绸之路经济带的倡议"①,而且还"认为该倡议契合上合组织发展目标"②。早在2002年通过的《上海合作组织宪章》就明确了经济合作的宗旨,即"支持和鼓励各种形式的区域经济合作,推动贸易和投资便利化,以逐步实现商品、资本、服务和技术的自由流动"③,与"旨在促进经济要素有序自由流动、资源高效配置和市场深度融合"的"一带一路"一脉相承,与致力于"开辟整个欧亚大陆的共同经济空间"的"大欧亚伙伴关系"相吻合。

(三) 软件基础设施对接

主要是解决中国与伙伴国之间贸易和投资规则、技术标准、法律基础等涉及相互贸易、投资和经济合作的各种制度安排的对接和相互适应,并制定相关的统一规则和制度安排。目的是优化市场软环境,推进贸易和投资便利化、自由化,减少乃至消除有形和无形的贸易壁垒,消除各种要素在不同经济体之间自由流动的障碍,基本目标是建设自由贸易区。首先,以中国—欧亚经济联盟全面经济伙伴关系为核心。2016年6月普京访华正式决定启动"中国—欧亚经济联盟全面经济伙伴关系"谈判,并将这一"5+1模式"看作"全面欧亚伙伴关系的基础……建立大欧亚伙伴关系的第一步"。④ 而这一步的关键应该将其定位为以自由贸易区为核心的全面经济贸易合作伙伴关系。其涵盖的主要谈判议题应该包括货物贸易、服务贸易、投资、经济技术合作、知识产权、竞争政策、争端解决机制和其他根据形势需要加入的谈判内容。谈判必须遵循平等原则,切忌被变成欧亚经济联盟下设机制。同时坚持中国—欧亚经济联盟全面经济伙伴关系不排他原则,即不能损害中国与欧亚经济联盟成员国双边关系的发展。

鉴于中国与欧亚经济联盟五个成员国之间经济发展水平、经济结构等方面的多样性和差异,本着所有伙伴国都能参与进来的原则,在贸易和投资自由化总体目标原则下,对不同伙伴国区别对待,首先在"浅水区"达

---

① 《上海合作组织成员国元首乌法宣言》,《人民日报》,2015年7月11日,第3版;《上海合作组织成员国元首理事会会议新闻公报》,《人民日报》,2015年7月11日,第2版。
② 《上海合作组织成员国中方首脑(总理)关于区域经济合作的声明》,《人民日报》,2015年12月16日,第3版。
③ 《上海合作组织宪章》,上海合作组织秘书处官方网站,http://www.sectsco.org/CN11/show.asp?id=162。(上网时间:2002年6月15日)
④ Выступление В. Путина 3 сентября 2016 года на пленарном заседании Восточного экономического форума. http://www.kremlin.ru/events/president/news/52808.

成一致，如推进贸易投资便利化、优化市场环境、减少无形的贸易壁垒、便利通关、简化海关、卫生检验检疫、提倡电子化报关等。然后逐步进入"深水区"，实现商品、资本、服务和技术的自由流动，即自由贸易区。进一步地，将自由贸易区扩展到整个上合组织。同样，鉴于上合组织18个成员国、观察员国和对话伙伴国国家大小、经济发展水平和经济结构的巨大差异，上合组织自贸区谈判可以不囿于成员国之间，也不囿于所有参加国达成一致，可以分阶段完成。此外，2015年欧亚经济联盟与越南签署自由贸易协定，2016年与新加坡、马来西亚、印尼、泰国等东盟五个成员国就实现自由贸易的必要性达成一致，与印度开展自由贸易的可行性研究。中国与东盟于2010年就实现了自由贸易并进行"升级版"谈判，中国与巴基斯坦自贸区也升级，印度与东盟自贸区也在2010年启航。这些都为东盟融入欧亚经济一体化进程和更大范围的RCEP的形成奠定了基础，欧亚全面伙伴关系迎来曙光。当然，欧亚全面伙伴关系不能没有欧盟的参与，与欧盟建立自由贸易区是欧亚各国梦寐以求的。

（四）硬件基础设施对接

在双边和小多边层面加快基础设施互联互通建设，务实推进经济走廊的畅通。为此，2015年3月发布的《推动共建丝绸之路经济带和21世纪海上丝绸之路的愿景与行动》规划了六大经济走廊，[①] 畅通整个欧亚大陆的共同经济空间。其中，中蒙俄经济走廊连接中国"一带一路"、俄罗斯"跨欧亚发展带"和蒙古国"草原之路"，对接北方海上航道共建"冰上丝绸之路"，引领中国东北地区和俄罗斯东西伯利亚和远东开发与开放，有利于俄罗斯北极地区的资源开发和利用，有助于东北亚区域经济合作。新亚欧大陆桥、中国—中亚—西亚和中巴经济走廊对接哈萨克斯坦的"光明之路"和欧洲—高加索—亚洲交通走廊（TRACECA），以中亚为物流、客流、信息流、资金流、技术流等集散中心畅通欧亚经济联盟主要成员国，连接作为世界经济火车头的亚太经济圈和世界最大的发达经济体欧洲经济圈，将会带动广阔的中间腹地社会经济的全面发展，改变该地区国家经济对原料和能源的高度依赖，实现工业化和再工业化战略任务，走向全面现代化。

"21世纪海上丝绸之路"连接中国—中南半岛经济走廊，经南海向西进入印度洋，衔接中巴、孟中印缅经济走廊，共同建设中国—印度洋—非

[①]《推动共建丝绸之路经济带和21世纪海上丝绸之路的愿景与行动》，《人民日报》，2015年3月29日，第4版。

洲—地中海蓝色经济通道；经南海向南进入太平洋，共建中国—大洋洲—南太平洋蓝色经济通道；积极推动共建经北冰洋连接欧洲的蓝色经济通道。推进海上互联互通和信息基础设施联通建设，提升海运便利化水平，加强海洋资源开发利用合作，包括北极开发利用，提升海洋产业合作水平。

"一带一路"与中国的欧亚外交

邓 浩[*]

"一带一路"是中国提出的一项重大的国际经济合作倡议，欧亚地区是"一带一路"面对的主要地区，从某种意义上也可以说"一带一路"是中国提出的关于欧亚地区的发展方略，代表了新时期中国对欧亚地区外交的基本方向和目标。本文拟就"一带一路"和中国的欧亚外交问题谈点看法。

主要谈三点看法：一是如何看待"一带一路"在中国欧亚外交中的地位和作用；二是"一带一路"框架下中国对欧亚外交的目标和任务；三是"一带一路"框架下中俄在欧亚地区合作的前景。

一、"一带一路"在中国欧亚外交中的地位和作用

从欧亚地区的视角看，"一带一路"倡议可以说是中国为欧亚地区稳定和发展贡献的中国智慧，也是为破解欧亚地区合作难题和瓶颈提出的"中国药方"，标志着中国对欧亚外交进入一个崭新阶段。

纵向地看，中国对欧亚地区外交大致可以以"一带一路"为分界线分为"一带一路"提出前和"一带一路"提出后两个大的阶段。这两个阶段不是截然对立的，而是一脉相承的，主要的区别在于，"一带一路"提出后，中国对欧亚地区的外交进入一个积极有为、主动引领的新时期，带动中国与欧亚地区国家关系出现新一轮发展高潮。第一，新时期的中国欧亚外交具有了更加宏大的目标和任务。在"一带一路"建设的大背景下，中国的欧亚外交肩负起构建新的区域合作模式、建立欧亚陆上大通道和建设欧亚命运共同体的新使命，面临大发展的良好机遇。欧亚地区成为中国推进构建新型国际关系和构建人类命运共同体的关键和重要地区。第二，中国对欧亚地区外交表现得更加积极、主动、开放和自信。五年多来，以建设"一带一路"为契机，中国对欧亚地区外交空前活跃，硕果累累。一是中国大幅提升了与欧亚地区国家的战略沟通和政治互信水平。中国积极向

---

[*] 中国上合组织国家研究中心秘书长，中国国际问题研究院研究员。

欧亚地区国家宣介"一带一路",促进彼此的战略对接不断深化。中俄签署"一带一盟"对接声明,中哈签署"丝绸之路经济带"与"光明大道"对接规划,中国与欧亚地区大部分国家也签署了共建"一带一路"合作文件,中国与欧亚地区国家的相互信任达到前所未有的高度。二是中国通过实施"一带一路"加速了与欧亚地区国家的经贸合作。中国参与建设的一大批互联互通基础设施项目在欧亚地区建成运行或正在积极推进,中国与欧亚地区的产能合作稳步实施,中哈产能合作、中白工业园等运行良好,中国与欧亚地区贸易投资呈现快速增长势头。[1] 尤为可喜的是,中国与格鲁吉亚签署了中国与欧亚地区第一个自贸协定,中国与欧亚经济联盟签署经贸合作协定,标志着中国与欧亚地区国家的合作进入制度对接合作的新阶段。三是中国与欧亚地区国家的"民心相通"迈向新的境界。孔子学院在欧亚地区各国遍地开花,成为中国扩大软实力的重要抓手。中国游客成为地区各国竞相吸引的"香饽饽"。赴欧亚地区国家的中国游客呈现井喷式增长态势。[2] 在"一带一路"背景下,中国与欧亚地区国家民众相互了解和信任加速深化。第三,中国愿意为欧亚地区稳定和发展承担更大责任,贡献更多力量。在"一带一路"框架下,中国正在欧亚地区与各国一道积极推进中国—中亚—西亚经济走廊、新亚欧大陆桥、中蒙俄经济走廊建设,同时,亚投行和丝路基金为亚欧互联互通产能合作提供强有力的资金支持。

横向地看,"一带一路"实际上代表着中国关于实现欧亚地区稳定和发展的一个全面系统的方案,既接地气又富有远见,在某种程度上甚至可以说是关于欧亚地区发展的一个世纪方案和世纪工程,集中、生动地体现了新时代中国特色大国外交的新理念、新主张,代表了新时期中国对欧亚地区外交的重点和重心,其显著特点有三个:一是包容性。没有地缘政治目的,不是排他的,是真正的不结盟、不对抗,不针对第三方。二是合作性。充分尊重各国的多样性、差异性,不搞强制性,求同存异。同时,主动积极对接不同的区域合作计划和各国发展战略,推进"互联互通"。三是开放性。包括中亚、西亚、南高加索、东欧等诸多地区,是跨地区的、灵活多样的、照顾了各方的舒适度。

---

[1] 《不忘初心 砥砺推动与欧亚地区"一带一路"合作》,中国政府网,http://www.gov.cn/xinwen/2017-10/18/content_5232634.htm。

[2] 《2017中国与世界:中国发展拉紧欧亚纽带》,新华网,http://www.xinhuanet.com//world/2017-12/25/c_1122163301.htm。

二、"一带一路"框架下中国欧亚外交的目标和任务

在"一带一路"框架下，中国在欧亚地区外交的目标就是要同地区各国一道共同努力把欧亚地区打造成共建"一带一路"的典范和构建相互尊重、公平正义、合作共赢新型国际关系以及构建持久和平、普遍安全、共同繁荣、开放包容、清洁美丽的人类命运共同体的样板。这是一个十分宏大的目标，顺应了世界发展的潮流，符合欧亚地区国家的普遍心愿，寄托着中国对未来欧亚地区的深切希望。这一宏伟目标决定了新时期中国对欧亚地区外交的重点所在和任务方向。概括来说，在"一带一路"框架下，着眼于实现"两个构建"，新时期中国欧亚外交的重点和任务主要包括以下内容：

一是秉持和践行共同、综合、合作、可持续的新安全观，以发展促安全，努力把欧亚地区建设成一个休戚与共、危难共担、守望相助的安全利益共同体。

二是加大互联互通建设。充分发挥欧亚地区作为连接东西方战略通道的优势，加大互联互通建设，不仅要推进基础设施的"硬联通"，也要促进政策、制度和技术的"软联通"。

三是加强对接合作力度。聚焦地区国家普遍关注的发展问题，最大限度地寻求与地区各国合作的最大公约数，加大相互之间的战略对接、项目对接和制度对接，建设跨区域大市场。

四是坚持共商共建共享新理念，按照创新、协调、绿色、开放、共享的发展观和开放、融通、互利、共赢的合作观，建立以合作共赢为核心的新的区域合作模式，打造开放、包容、均衡、普惠的新型合作架构。

五是遵照平等、互鉴、对话、包容的文明观，加强文明间的对话、交流和融合，切实促进"民心相通"。

需要特别指出的是，上海合作组织是新时期中国欧亚外交的重要实践平台。2017年扩员后，随着印巴的加入，上合组织在欧亚地区治理中的重要地位凸显，使其成为实施新时期中国欧亚外交的重要抓手。同时，习近平主席在2018年上合组织青岛峰会上明确提出要以创新、协调、绿色、开放、共享的发展观，共同、综合、合作、可持续的安全观，开放、融通、互利、共赢的合作观，平等、互鉴、对话、包容的文明观，共商共建共享

的全球治理观,进一步弘扬"上海精神",构建上合组织命运共同体。① 这使上合组织与新时期中国欧亚外交的目标和任务高度吻合,二者相辅相成,相得益彰。上合组织毫无疑问为新时期中国欧亚外交提供了重要舞台。

三、中国和俄罗斯在欧亚地区合作的前景

欧亚地区是中俄利益密切交织之地,是双方地区合作的重点。俄罗斯是欧亚地区具有举足轻重作用的大国,与俄罗斯的合作状况对新时期中国的欧亚外交无疑具有至关重要的作用。总的来看,中俄在欧亚地区合作是主要面,占据主导性。当前,中俄在欧亚地区合作正迎来大好时机,面临难得的历史机遇。

一是"一带一盟"对接合作稳步推进,成功规避了中俄在欧亚地区的利益碰撞,开辟了中俄在欧亚地区和平相处、合作共赢新时期。"丝绸之路经济带"和"欧亚经济联盟"实质上分别代表着中俄各自的欧亚地区发展方略,中俄实施带盟对接表明,双方希望共同维护欧亚地区的稳定和发展。2017年7月,中俄签署关于共建欧亚经济伙伴关系协议,标志着双方愿意将各自的欧亚地区发展倡议实施对接合作,共同促进地区一体化进程。2018年5月中国与欧亚经济联盟签署经贸合作协定,代表着"一带一盟"对接进入制度对接新境界,为中俄在欧亚地区合作提供了基本的制度性保障。中国积极回应俄方提出的大欧亚伙伴关系计划,② 拓展了中俄在欧亚地区合作空间,进一步夯实了双方在欧亚地区的合作根基。

二是当前中俄在欧亚地区大国博弈中占据相对有利位置,为双方合作重塑地区秩序提供重要契机。目前美国在欧亚地区总体上处于战略收缩,进取心和攻击力远不如昔,短期内尚无意大举卷土重来。欧盟内外交困,对欧亚地区亦心有余而力不足,不得不放缓前进脚步。而中俄则乘势而上,分别推出"一带一路"倡议和建立欧亚经济联盟,明显占得先机和主动。同时,美国首次同时把中俄定性为战略竞争对手并严厉打压,也加速中俄进一步走近,为推进双方在欧亚地区合作平添助力。

三是中俄在欧亚地区合作符合欧亚地区各国愿望,避免了地区国家被

---

① 《上海合作组织青岛峰会举行 习近平主持会议并发表重要讲话》,新华网,http://www.xinhuanet.com/world/2018-06/10/c_1122964457.htm。

② 赵华胜:《中国与大欧亚伙伴关系》,载《国际问题研究》,2017年第6期。

迫"选边站队"。欧亚地区目前已进入相对稳定时期，各国均把发展作为执政兴国的第一要务，面对当前经济发展动力不足，增长乏力的状况，各国都在积极调整战略，着力通过加大对外合作走出困境。中俄以"一带一盟"为抓手，以上合组织为平台积极推动欧亚地区合作顺乎各国意愿，与各国利益需求不谋而合，被各国寄予厚望。同时，中俄携手合作也减轻了地区国家顾虑和担忧，使其避免在中俄之间顾此失彼、左右为难。

与此同时也要看到，中俄在欧亚地区的合作也遇到一定挑战，主要面临三大问题。

第一，如何对待双方力量对比变化。俄罗斯目前虽仍在欧亚地区占据主导地位，但中国影响力则持续大幅上升，如何适应一个不断强大的中国并与之继续合作相处，对俄罗斯是一个全新挑战，也同样考验着中方的智慧。

第二，如何对待西方势力。经过多年经营，西方已在欧亚地区站稳脚跟，与中俄形成共存局面，成为影响地区格局和局势重要一方。如何处理好与西方在欧亚地区的竞合关系，协调好彼此立场，事关中俄在欧亚地区合作的大方向和总目标。

第三，如何对待地区国家。欧亚地区国家主要脱胎于苏联，经过近30年独立发展，各国之间差异性凸显，政治制度、经济体制和对外政策呈现多元化态势，导致彼此利益诉求各异，协调难度加大。如何在一个多元异质且充满变数的地区推进区域合作，对中俄都是一个全新课题。如何弥合地区国家之间的分歧矛盾，化解其内部阻力、干扰和风险，存在诸多未知和不定，尚需艰苦探索。同时，地区国家普遍奉行大国平衡外交，在中俄之间和中俄与西方之间都在寻求"平衡"。

今后中俄在欧亚地区应进一步加大合作力度，切实增强战略沟通和政治互信，稳步推进务实合作，确保欧亚地区成为双方战略协作伙伴关系坚实可靠的地区依托。

一是继续稳步推进"一带一盟"对接合作，将其作为中俄在欧亚地区的合作重点。通过高层交往和双边渠道，进一步加大中俄战略沟通和政策对接，遵循求同存异原则，确保中俄在欧亚地区始终保持合作互动大势；本着平等互利原则，深挖在双边和地区设施联通、产能合作方面的合作潜能，加大项目对接力度，推动形成欧亚地区互联互通新格局；积极落实中国与欧亚经济联盟的经贸合作协定，推进地区贸易投资便利化进程，为欧亚地区经济一体化创造必要条件。

二是加大中俄在上合组织中的合作力度，将其作为中俄在欧亚地区合作的主要平台。秉持"上海精神",坚持不结盟、不对抗、不针对第三方原则,通过多种渠道,加强中俄战略沟通,力争在未来上合组织发展方向、定位和道路等全局性问题上达成高度共识;加强双方相互协作,推动上合组织安全合作迈向更高水平,为欧亚地区社会经济发展提供更加有力的安全保障;本着合作共赢原则,加大对接合作,共同推进欧亚地区区域合作。

三是切实尊重欧亚地区各国利益关切,遵循大小国家一律平等原则,不论是"一带一盟"对接合作,还是上合组织合作,都应主动征求和倾听有关地区国家意见,充分兼顾其合理诉求,力避越俎代庖;发挥地区国家的积极性和主动性,支持其设置地区合作发展议程,并给予有效帮助;发挥各自优势,提供更多资金和技术支持,切实促进欧亚地区国家经济发展和社会进步。

四是加强与欧亚地区大国合作。以印度加入上合组织为契机,以中俄印三边机制、金砖机制和上合组织等为平台,加强中俄印在欧亚事务中的协调合作。积极协调对伊朗、土耳其等中东大国政策,调动伊朗和土耳其的积极性,共同维护欧亚地区稳定大局。努力寻求与欧盟在欧亚地区的利益共同点和契合点,相机开展合作,努力降低对抗性。

上海合作组织在践行"丝绸之路经济带"安全保障中的作用

弗拉基米尔·彼得罗夫斯基[*]

上合组织的安全合作,尤其是在"一带一路"建设的背景下,包括上合组织在其中可以发挥什么样的作用,我觉得从理论的角度来说,"一带一路"倡议是一个加强和巩固安全的要素。

因为第一,"一带一路"致力于经济发展,可以确保经济安全。第二,可以确保交通安全。第三,可以巩固边境安全,即发展中部和西部地区。第四,"一带一路"有助于我们进一步打击"三股势力",主要是发展中亚国家的经济。第五,"一带一路"可以抑制西方包括美国在中亚推动自己新战略的一些潜在的风险。所以其实"一带一路"倡议本身就具有非常强大的安全功能。我记得2014年习近平主席也谈过"一带一路"本身就致力于共建"一带一路"国家的共同发展。

"一带一路"倡议下的这些国际合作的项目其实也存在相当多的风险,我前面非常认真地倾听了中国公安大学张杰教授的发言,因为她是"一带一路"海外安全保护的专家。海外投资安全保护的一方面是"丝绸之路经济带",就是陆路的项目,另一方面是"21世纪海上丝绸之路",是海上方向的合作项目。今天在座的来自中亚国家和俄罗斯的专家,我们更为关切的是陆路的方向——"丝绸之路经济带"。今天上午张杰教授已经谈到了在陆路的"丝绸之路经济带"建设中存在着各种各样的风险,还有各种安全威胁。"一带一路"的基础设施还有石油天然气管线有可能靠近各种热点地区,也有可能受到"三股势力"——恐怖主义、极端主义和分裂主义的威胁,一些有组织犯罪的团伙可能基于巨大的经济利益而觊觎各种"一带一路"的项目,而且也谈到各种自然灾害和人为灾害对"一带一路"倡议的影响。

当我们在谈"丝绸之路经济带"的时候我建议要突出三个特点:第一,这些项目都是国际的过境项目,这点非常关键。因为中国的公司在海

---

[*] 俄罗斯科学院远东研究所研究员,军事科学院院士,政治学博士。

外所进行的一些项目，包括建设基础设施等跨境的国际项目，都会引发司法管辖还有相关的潜在的安全风险。第二，"一带一路"所有项目都不是点状的，而是网状的，不仅仅是单独某一个项目、一个工厂或者是一个仓库，而是一整条的交通要道。它会有数百甚至上千公里的交通通道，这些项目具有连贯性。第三，"一带一路"的所有项目都是 PPP 所支持的项目，就是往往采用公私合营的融资方式，这里面既有大型的国有公司的参与，也有私营公司的参与，不管对国有投资还是私营投资来说安全都是非常重要的。我们自然会产生一个问题，既然有以上三大特点，那么谁来确保安全，用什么样的方式，这个问题也有很多争议。最直接的反映或者答复，有人说用武装力量，用沿线国家的部队来确保这些项目的安全。但是有的时候我们会遇到各种情况，在现实生活中，比方说中国如何确保自己的公民在海外的安全？我记得在 2009 年，中国政府曾经探讨过建立专门的警察部队的可能性，确保海外公民安全，就是领事保护。而且目前我们看到中国在一些过境的基础设施安全保护上，包括一些热点地区确实有中国安保人员。当我们在谈安全问题的时候，各种公司和各种国际关系行为体可以参与确保项目安全。

"一带一路"的项目投资所面临的风险往往不会直接威胁国家安全，这里遇到的更多的是非传统安全因素的一些威胁。目前有这样一种趋势，我们看到中国的私营企业主更倾向于使用私人安保公司的服务，确保自己的安全。这是一个非常有意思的领域，一个比较新的领域，可以说是一片蓝海。私人安保服务在全球范围内需求都很大，对中国来说尤其如此，中国在海外有很多的投资，投资的金额也相当大。这个市场是很有特点的，风险也很大。"一带一路"的项目，不是安保公司都能保护的。

接下来是私人安保公司的法律身份问题，它们有没有这样的授权，是不是可以携带武器，可以携带哪些武器？比方说中国的相关法律禁止私人安保公司携带武器，如果有一些武装分子来对一些项目进行进攻的话，手无寸铁的安保人员怎么跟这些人斗争？很多私人安保公司是在海外离岸注册的，不归中国管，也不归任何国际组织管，那么这种私人安保公司的法律身份和法律地位的问题就无法解决。在俄罗斯也有这方面的问题。俄罗斯有个专门的术语叫作"私人的军事安保公司"，就是一类企业按照俄罗斯现行的立法可以有私人保安公司，但是不允许成立私人的军事公司。因为俄罗斯联邦的刑法典有明确规定，如果有人参与这种私人的军事公司将要被判处 5 年至 7 年的监禁。

其实俄罗斯很多的专家学者也在讨论这种军事安保公司的问题。这里我想强调，私人军事安保机构、安保公司的法律地位，无论在俄罗斯还是在中国目前都没有明确的定位。

　　回到最开始的问题，谁来确保这些项目的安全，谁来作为这些安全产品的提供者，所以又回到了我们讨论的核心问题就是上海合作组织，我们可以依托这个平台建立相关的机制，李新教授其实在这方面也相当有研究，我们非常期待他明天能给我们进行相关的分享。安全是上海合作组织最擅长的，也是上合组织最开始起步的一个领域。所以在新的条件下，我们认为上海合作组织可以发挥更好的作用。首先上合组织不是合作联盟，2001年成立之初最主要的目的一方面是应对传统安全威胁，另一方面是应对非传统安全威胁。在这么多年的实践中，上合组织进行了很多的实践，包括每年举行联合的军事演习，包括上合组织的范围内有地区反恐机构，位于塔什干。

　　最后我想用一个观点结束我的发言，我建议在上合组织框架内，尤其是"丝绸之路经济带"的一些大型跨境基础设施项目的安全保障问题上加强合作，我认为这也是"一带一路"倡议本身的机遇，其实它给上合组织提供了更多在安全领域进行发挥和发展的空间。上合组织签署了很多的合作协议，和欧安组织、和联合国、和不同的国际组织，但是我想提一个问题，上合组织和哪个机构能够共同确保"丝绸之路经济带"的投资项目的安全？中国单方面肯定是没办法胜任这个非常艰巨的任务的。"一带一路"倡议在逐步推进的过程中一定有必要进一步讨论如何加强安全合作。如果上海合作组织能够在新型条件下提供新的服务，那么"一带一路"安保的主体是哪个机构或哪些机构，由谁来扮演这个角色，发挥这样的作用，由谁来主导相关的磋商或者是谈判，这些问题都是值得我们思考的。最后，我们一定要警觉，记住国家要考虑安全，私人资本、私人投资更加关心自己的投资安全，所以我们是不是可以专门成立一个上合组织安全基金，然后一些私营公司可以向这个基金中注资，依靠这个基金在上合组织平台上获得相应的服务。

（根据现场同传速记稿整理）

【俄文原文】

ШОС и обеспечение безопасности для Большого Евразийского партнерства

Владимир Евгеньевич Петровский, д. п. н.,[*]

Реферат: Статья посвящена теоретическим и практическим аспектам обеспечения региональной безопасности для формирующегося Большого евразийского партнерства (БЕП). Поскольку оно создается на базе Евразийского экономического союза и китайской Инициативы Пояса и Пути (ИПП), то существующие механизмы региональной безопасности в Евразии, включая ШОС, а также возможности частных военных и охранных компаний, могут быть использованы для обеспечения безопасности проектов БЕП и ИПП.

В конце 2013 – начале 2014 гг. руководство КНР приняло решение сделать акцент на сухопутной составляющей ИПП – Экономическом поясе Шелкового пути (ЭПШП), что повысило для Пекина значимость участия в проекте государств Центральной Азии и России и послужило объективной основой укрепления отношений и формирования новой архитектуры безопасности на Евразийском пространстве.

Позиция России в отношении создания единого пространства безопасности от Ванкувера до Владивостока и декларируемая ИПП необходимость укрепления политического взаимопонимания и совместной борьбы с традиционными и нетрадиционными угрозами безопасности, а также провозглашаемое ею «сообщество единой судьбы» позволяют решать и эту проблему, более плотно привязав к Китаю и России сопредельные страны и тем самым расширив стратегическое пространство безопасности. Объединив усилия, Китай и Россия смогут способствовать формированию нового международного политического и экономического порядка.

---

[*] действительный член Академии военных наук, главный научный сотрудник Центра «Россия – Китай» ИДВ РАН.

В ноябре 2017 г. российский президент предложил формировать БЕП на базе Евразийского экономического союза и китайской инициативы «Один пояс и один путь». В настоящее время процесс сопряжения интеграционных процессов в рамках ЕАЭС и ЭПШП является наиболее важным содержательным компонентом процесса формирования БЕП, который, по сути, уже идет полным ходом.

В отдельном рассмотрении нуждается вопрос о роли китайских военных и охранных компаний (ЧВОК) в обеспечении безопасности проектов ИПП и ЭПШП. Работа китайских ЧВОК по обеспечению безопасности ЭПШП и ИПП затруднена существующей в Китае нормативно-правовой базой, регулирующей их деятельность. Работа российских ЧВОК также ограничена законодательными рамками. Российское законодательство на данном этапе, как и законодательство многих других стран, не разрешает создание и существование частных военных компаний. В России есть только охранные компании.

В таких условиях достаточно сложно представить себе ситуацию, при которой российские и китайские ЧВОК, даже и при допущении их экстерриториальной деятельности, могли бы взять на себя задачу по обеспечению комплексной безопасности транспортно-логистических и производственных объектов ЭПШП в Евразии.

Как представляется, гарантии безопасности такого рода могут быть обеспечены лишь сотрудничеством и координацией политики КНР и РФ, в том числе в рамках ШОС. Они создадут предпосылки для устойчивого и беспрепятственного процесса реализации инициативы ЭПШП и ее сопряжения с процессами Евразийской экономической интеграции.

В наши дни становится все более общепринятым понимание того, что обеспечение безопасности не должно строиться на изоляции от проблемы развития и базироваться лишь на защите объекта безопасности от угроз и негативных воздействий. Новая философия выживания и безопасности должна соединять в одно целое развитие и обеспечение безопасности, т. е. обеспечивать безопасность через устойчивое развитие.

В последние годы растет всеобщий интерес к концепциям безопасности личности и человеческого развития, которые, в отличие от традиционных концепций безопасности, ставят в центр внимания проблемы выживания и безопасности человека, обеспечения его прав, создания условий для достойного человеческого развития.

Концепции безопасности личности и человеческого развития актуальны для Евразии и стран АТР в плане противодействия новым вызовам и угрозам невоенного характера, а также для обоснования более широкого, целостного подхода к обеспечению региональной безопасности. В рамках такого подхода механизмы региональной безопасности в Евразии, включая Шанхайскую организацию сотрудничества (ШОС), могли бы быть также использованы, в случае необходимости, для защиты внутренней социально-политической стабильности стран-членов и обеспечения безопасности в ходе реализации масштабных проектов экономической интеграции и торгово-экономического сотрудничества.

К ним, прежде всего, относятся российский проект Большого евразийского партнерства (БЕП) и масштабная китайская Инициатива Пояса и Пути (ИПП). Наиболее очевидным воплощением активизации усилий Китая по усилению своего присутствия в Евразии и регионе Центральной Азии является сухопутная часть ИПП – «Экономический пояс Шелкового пути» (ЭПШП). Он является одним из наиболее знаковых и новаторских проявлений современных тенденций экономической регионализации и глобализации. В случае своей реализации он коренным образом изменит геоэкономическую и геополитическую ситуацию в Евразии.

Эта инициатива открывает новые возможности развития для стран Евразии, а также является новым вызовом для России и Китая: от их способности координировать свои усилия и укреплять сотрудничество в конечном счете зависит успех ЭПШП.

Российская инициатива Большого Евразийского партнерства, сформулированная в декабре 2015 г. В. В. Путиным, предполагала запуск консультаций по формированию экономического партнерства между государствами-членами ЕАЭС, АСЕАН и ШОС и государствами, которые присоединяются к ШОС. В 2016 – 2017 гг. концепция неоднократно обсуждалась на различных многосторонних дискуссиях и в экспертной среде, став, по сути, флагманской российской инициативой по развитию евразийской интеграции.

В ноябре 2017 г. российский президент предложил формировать БЕП на базе Евразийского экономического союза и китайской инициативы «Один пояс и один путь». В настоящее время процесс сопряжения интеграционных процессов в рамках ЕАЭС и ЭПШП является наиболее важным содержательным компонентом процесса формирования БЕП, который, по сути, уже идет полным ходом.

Как отмечает К. Сыроежкин, В конце 2013 – начале 2014 гг. руководство КНР приняло решение сделать акцент на сухопутной составляющей ИПП, что повысило для Пекина значимость участия в проекте государств Центральной Азии и России и послужило объективной основой укрепления отношений и формирования новой архитектуры безопасности на Евразийском пространстве.

Позиция России в отношении создания единого пространства безопасности от Ванкувера до Владивостока и декларируемая ИПП необходимость укрепления политического взаимопонимания и совместной борьбы с традиционными и нетрадиционными угрозами безопасности, а также провозглашаемое ею «сообщество единой судьбы» позволяют решать и эту проблему, более плотно привязав к Китаю и России сопредельные страны и тем самым расширив стратегическое пространство безопасности. Объединив усилия, Китай и Россия смогут способствовать формированию нового международного политического и экономического порядка. Причем не только на региональном уровне (АТР и Евразия), но и на глобальном, о чем свидетельствует присоединение к Азиатскому банку инфраструктурных инвестиций (АБИИ) практически всех союзников США.

При этом следует отметить, что не только ЭПШП, но и ИПП в целом имеет непосредственное отношение к обеспечению комплексной безопасности в Евразии и АТР. Как говорится в обнародованной в 2015 г. Голубой книге КНР по вопросам нетрадиционной безопасности, ИПП призвана обеспечивать нижеследующие интересы:

• защита экономической безопасности Китая;

• обеспечение энергетической безопасности путем создания альтернативных маршрутов поставок энергоносителей;

• укрепление пограничной безопасности путем развития северо - западных регионов Китая;

• противодействие силам «трех зол» внутри и вовне Китая с помощью экономического развития и роста благосостояния;

• смягчение негативных последствий геополитических построений США и Запада;

• создание новой международной системы безопасности, которая укрепляла бы комплексную национальную мощь и мягкую силу Китая.

Предложенная КНР в 2014 г. «Новая концепция безопасности в Азии» также выходит за рамки традиционной военной безопасности. Она предлагает комплексный подход к обеспечению безопасности на основе развития, экономической взаимосвязанности и строительства инфраструктуры. Сотрудничество в данных сферах и экономическая взаимозависимость призваны снижать политическое недоверие между соседними государствами, укрепляя дух безопасности на основе сотрудничества между ними и Китаем. В то же время, развитие ИПП (и ЭПШП в первую очередь) само по себе является существенным стабилизирующим фактором в сфере безопасности и может привести к модификации традиционной дипломатии невмешательства, побуждая Китай расширять свое военно-политическое присутствие в странах, вовлеченных в Инициативу.

Как подчеркивал в этой связи И. Денисов, ЭПШП призван сыграть двоякую роль в решении проблемы исламского экстремизма. Во-первых, он позволит создать в СУАР производственные и логистические центры и прочие структуры, завязанные на сотрудничество с соседними странами Центральной Азии, придаст стимул экономическому развитию автономного района, будет способствовать росту занятости и благо-состояния населения, и, следовательно, предотвратит этнические конфликты между уйгурами и ханьцами. Во - вторых, связка вопросов ра-звития и безопасности будет реализована и по другую сторону границы через повышение взаимосвязанности (connectivity) и общий экономический подъем в Центральной Азии, что считается эффективным лекарством против любых проявлений экстремизма и терроризма.

ИПП порождает новые риски для безопасности китайской рабочей силы и инвестиций в рамках расширения китайского экономического присутствия за рубежом. Нестабильность в некоторых регионах Евразии при реализации ЭПШП может побуждать китайские силы безопасности расширять свое присутствие и операции в других странах. Китай готовится к этому, о чем свидетельствует, в частности, ст. 71 Закона о борьбе с терроризмом от 2015 г., санкционирующая контртерр-ористические операции НОАК и Народной вооруженной милиции КНР за рубежом.

Как отмечают авторы подготовленного в Стокгольмском институте исследований проблем мира (SIPRI) аналитического доклада, в настоящее время Китай полагается в защите своих зарубежных интересов в основном на местные вооруженные силы или вооруженные силы других государств (например, России в некоторых странах Центральной Азии). В будущем в этих целях могут более активно использоваться частные военные компании. Также, в виде упреждающих мер, китайское правительство может пойти на расширение и углубление двустороннего и многостороннего военного сотрудничества с некоторыми странами.

На экспертно-аналитическом уровне также предлагаются новые парадигмы сотрудничества в сфере безопасности со странами, вовле-ченными в ИПП, включая создание новых глобальных систем раннего оповещения и превентивных мер для противодействия угрозам безо-пасности, а также международного сотрудничества в разведывательной деятельности и в сфере противодействия нетрадиционным угрозам безопасности, таким как международный терроризм. Созданная в 2004 г. Региональная антитеррористическая структура (РАТС) ШОС является примером уже действующего механизма подобного рода. Однако Китай стремится к созданию и других многосторонних партнерств, таких как учрежденный в августе 2016 г. четырехсторонний механизм координации и сотрудничества между вооруженными силами Китая, Пакистана, Афганистана и Таджикистана.

Россия изначально связывала свое участие в ЭПШП с некоторыми существенными аспектами региональной безопасности. Так, еще на ранней стадии обсуждения ЭПШП ректор МГИМО (У) МИД РФ, академик А. В. Торкунов задавался вопросом:

«Какие усилия будут предприняты Китаем, чтобы провести новый Шелковый путь через регионы, чаще именуемые «дугой нестабильности»?

Эти вопросы заставляют логично увязывать российскую позицию в отношении китайского проекта «Экономического пояса Великого шелкового пути» с необходимостью для Пекина гарантировать безопасное развитие региона. Это в существенной степени обеспечило бы совместимость китайского проекта интеграции с проектом Евразийского экономической союза».

По уместному замечанию С. Г. Лузянина, долгосрочность действующих и осуществление перспективных проектов ИПП находится в прямой зависимости от их безопасности. В Китае пока нет специальных исследований, в которых бы говорилось о том, каким способом КНР планирует нейтрализовать риски и угрозы для Пояса и Пути. Общая аргументация китайских аналитиков при этом сводится к следующему: поскольку концепция Шелкового пути основана на равноправии, уважении интересов и стремлении к всеобщему выигрышу и отвергает мышление холодной войны, то это неизбежно приведет к возникновению новых правил и стандартов. Механизм конфронтации и конкуренции сменится механизмом долгосрочного сотрудничества.

Тем не менее, в развитие этого общего тезиса представители китайского экспертно-аналитического сообщества предлагают и более конкретные меры. Так, для реагирования на угрозы безопасности при реализации ИПП предлагается предпринимать нижеследующие меры:

- В процессе сотрудничества со странами-партнерами предоставлять им больше публичных продуктов в сфере безопасности. Возможный вариант — направление части прибыли на создание фондов обеспечения безопасности в регионе, которые могли бы с финансовой точки зрения обеспечить этот важный участок деятельности по созданию «сообщества единой судьбы».

- При реагировании на геополитические риски следует уделять особое внимание интересам и озабоченностям различных региональных государств. При реагировании на рост политической нестабильности Китай должен действовать в соответствии с принципом невмешательства, играть конструктивную роль, призывая стороны к разрешению конфликтов мирным путем.

- Необходимо подчеркивать, что ИПП — это процесс экономического сотрудничества и соразвития, который не имеет геополитического контекста и военно-стратегического содержания. Вопросы в сфере безопасности, наряду с экономическими, следует включать в соглашения о сотрудничестве со странами – участницами ИПП. Можно в экспериментальном порядке начинать с конкретных функциональных областей, создавая многосторонние механизмы безопасности с небольшим количеством участников. Для обеспечения бесперебойной деятельности трансграничных инфраструктурных объектов можно рассмотреть вопрос об обеспечении их безопасности силами охранных компаний, особенно если речь идет о стратегически важных объектах.

Вопрос о роли китайских военных и охранных компаний (ЧВОК) в обеспечении безопасности проектов ИПП и ЭПШП нуждается в отдельном рассмотрении. Так, по мнению И. Плеханова, китайские ЧВОК сложно назвать рыночными игроками. Все они основаны бывшими военными или полицейскими и, так или иначе, контролируются госорганами. Их основными клиентами являются крупные государственные корпорации.

История создания китайских ЧВК также идет от инициатив государства. В 2007 г. для охраны 600 китайских дипломатов в стране было создано специальное бюро консульской защиты за рубежом, которое несло ответственность за безопасность посольств и дипломатов в случае нападения или эвакуации. В 2009 году в китайской прессе всерьез обсуждался вопрос о возможной отправке китайских полицейских сил для защиты медных рудников китайских компаний в Афганистане.

В итоге стратегический выбор Поднебесной пал не на чисто государственные силовые структуры, работающие за рубежом, не на миротворцев и даже не на контракты с иностранными ЧВОК, а на собственные частные охранные компании под опекой государства. При этом подчеркивается, что это сугубо экономическая рыночная активность в рамках ИПП с позиции «политики невмешательства». Сегодня китайские компании за рубежом тратят 10 млрд. долл. в год на безопасность. Только 10% этих денег достаются китайским охранным фирмам. Этому бизнесу есть куда расти.

Так, ЧВОК Frontier Services Group (FSG), принадлежащая основателю другой известной компании Blackwater Э. Принсу, руководителями которой выступают г-н Принс и гонконгский магнат Гао

Чжэньшунь, заявила в 2017 г. о планах открытия тренировочно-логистической базы в Синьцзян-Уйгурском автономном районе Китая, а в 2018-м — в провинции Юннань. Цель — обеспечить поддержку северному и южному коридорам проекта "Один пояс и один путь", стартующим из этих двух регионов Китая. Северный коридор будет включать в себя Казахстан, Узбекистан, Афганистан и Пакистан. Южный — Мьянму, Таиланд, Лаос и Камбоджу.

«Спрос просто огромен, особенно в связи с растущим представительством наших компаний за рубежом. Их вдохновляет на это инициатива "Пояса и Пути". Мы планируем расширять наш бизнес в Пакистане и Бутане», заявил в интервью The Global Times менеджер одной крупной китайской частной охранной компании.

Однако работа китайских ЧВОК по обеспечению безопасности ЭПШП и ИПП затруднена существующей в Китае нормативно-правовой базой, регулирующей их деятельность. По уголовному законодательству КНР, работники частных предприятий, носящие оружие как внутри государства, так и за рубежом, могут получить до семи лет тюрьмы. Пока в Китае идут дискуссии об отмене таких норм в отношении работников ЧВОК, действующие законы вынуждают нанимающие компании идти на хитрости. Официально числясь сотрудниками ком-пании, бойцы китайских ЧВОК зачастую берут под свою зону отв-етственности лишь внутреннюю территорию предприятий, в то время как за остальное отвечают местные охранники, имеющие право применять оружие. Это порождает определенные сложности для менеджмента.

Для усиления сектора безопасности в Китае происходит и консолидация отрасли частной военной и охранной деятельности. В сентябре 2014 г. в Гонконге был создан Китайский альянс индустриальной безопасности (Chinese Security Industrial Alliance). Он включает около 50 охранных компаний из всего «Большого Китая».

Справедливости ради, работа российских ЧВОК также ограничена законодательными рамками. Российское законодательство на данном этапе, как и законодательство многих других стран, не разрешает создание и существование частных военных компаний. В России есть только охранные компании. Сдерживающим фактором развития в России

ЧВОК является и статья 208 УК РФ, в которой создание вооруженного формирования, не предусмотренного федеральным законом, а равно руководство таким формированием или его финансирование являются преступлением.

В таких условиях достаточно сложно представить себе ситуацию, при которой российские и китайские ЧВОК, даже и при допущении их экстерриториальной деятельности, могли бы взять на себя задачу по обеспечению комплексной безопасности транспортно-логистических и производственных объектов ЭПШП в Евразии.

Как представляется, гарантии безопасности такого рода могут быть обеспечены лишь сотрудничеством и координацией политики КНР и РФ, в том числе в рамках ШОС. Они создадут предпосылки для устойчивого и беспрепятственного процесса реализации инициативы ЭПШП и ее сопряжения с процессами Евразийской экономической интеграции.

Как отмечает в этой связи известный китайский исследователь Ли Синь, «только совместными усилиями в рамках ШОС можно гарантировать реализацию проектов в рамках «Одного пояса и одного пути» в условиях относительной безопасности и тем самым содействовать реализации таких целей ШОС, как укрепление мира, обеспечение безопасности и стабильности в регионе».

ШОС неоднократно выражал общую политическую поддержку ИПП и ЭПШП. Так, в Астанинской декларации от 9 июня 2017 г. государства – члены ШОС приветствовали инициативу «Один пояс и один путь» и, высоко оценивая итоги Форума международного сотрудничества «Один пояс и один путь» 14 – 15 мая 2017 г. в Пекине, высказались за их реализацию, в том числе путем координации международных, региональных и национальных проектов, ориентированных на сотрудничество в целях обеспечения устойчивого развития на основе принципов взаимного уважения, равноправия и взаимной выгоды.

Однако вопрос о конкретных формах и способах участия ШОС в обеспечении безопасности ЭПШП требует дополнительного изучения. В этой связи заслуживает внимания предложение А. Ф. Клименко подготовить Концепцию региональной безопасности ШОС, в которой могли бы быть отражены следующие положения:

- состав субъектов ШОС, на которых распространяется действие этого документа;
- жизненно важные общие и особые интересы членов ШОС;
- виды внешних и внутренних угроз этим интересам;
- цели и задачи сотрудничества участников ШОС в сфере безопасности;
- состав и структура органов, ответственных непосредственно за обеспечение безопасности;
- методы обеспечения безопасности, а также порядок выделения для этого необходимых ресурсов сил и средств и их задействования в случае возникновения угрозы Организации в целом или отдельным ееучастникам;
- порядок взаимодействия с ОДКБ и другими организациями по безопасности, а также некоторые иные вопросы.

Как представляется, способы и методы обеспечения безопасности ЭПШП силами ШОС могли бы быть сформулированы в предлагаемой Концепции по всему спектру вышеуказанных положений. Это подтверждает тенденцию к стратегической взаимодополняемости ролей России и Китая, которая укрепляет потенциал и стабильное развитие ШОС на среднесрочную и долгосрочную перспективу.

上海合作组织扩员后面临的新机遇、新挑战及未来人文合作

汪金国[*]

2017年6月，上海合作组织在阿斯塔纳召开元首峰会，通过了给予印度和巴基斯坦两国上合组织成员国地位的决议。扩员是上合组织发展史上的一件大事，不仅意味着面积、人口和经济总量的扩大，也令中亚和南亚更紧密地联系在一起。扩员后，上合组织将在政治、经济、能源、交通和安全合作等方面迎来新机遇。与此同时，扩员也可能带来新的挑战。因此，深入剖析扩员机遇，预估可能的挑战，有助于最大程度地趋利避害、兑现扩员红利，对上合组织健康和可持续发展具有现实意义。

一、扩员带来新机遇

印巴作为世界人口大国和地区军事、经济大国，其加入上合组织为扩大政治影响力、促进经济发展与贸易合作、增进地区安全等创造了新机遇。

（一）扩大政治影响力

成员国数量的多少和成员国在世界上的权重是衡量一个国际组织影响力大小的重要指标。对于上合组织而言，印巴的加入具有重要意义。印巴无论在人口、经济上均属于极为重要的地区性发展中国家，两国均属于事实上的有核国家，二者的加入极大地增加了上合组织的权重，提升了上合组织的影响力和国际话语权。

同时，印巴的加入意味着上合组织的地域范围从中亚扩展到南亚次大陆，在地域和意识形态上体现了上合组织的开放性和包容性。

从"一带一路"倡议看，印巴属于古代"海上丝绸之路"和"陆上丝绸之路"的交汇点，也是今天"一带"和"一路"的重要交汇点之一，将印巴纳入上合组织，为中国"一带一路"倡议多了一个多边沟通和协商

---

[*] 兰州大学政治与国际关系学院院长，教授。

的平台与渠道，有助于中国"一带一路"倡议的顺利开展。

（二）促进经济发展和贸易合作

经济合作是上合组织发展的两个轮子之一。经济合作因范围广、层次多、关系民生，重要性日益上升。印度和巴基斯坦分别是世界和地区经济大国，根据世界银行的统计，2016 年，按照当年汇率计算，印度 GDP 排名世界第 7，巴基斯坦排名世界第 41。在加入上合组织之前，两国 GDP、对外贸易总量、吸引外来直接投资总额分别相当于上合组织全体成员国的 20.06%、19.95% 和 22.85%，而两国人口总和则相当于上合组织成员国总和的 95.45%。两国加入上合组织将为成员国经济发展、贸易合作创造良好机遇。

1. 促进成员国经济发展

印巴经济长期增长前景较好，将成为上合组织成员国经济成长的机遇。1990—2016 年，印度和巴基斯坦年均经济增长率分别为 5.35% 和 5.18%，在上合组织成员国中仅次于中国。2016 年，按当年汇率计算的印巴人均 GDP 分别为 1709 美元和 1468 美元，属于世界银行划定的中低收入水平。因此，印巴经济增长具有起点低、增长快的后发经济体特点，借助上合组织已有和即将推出的经贸和交通便利化措施，各成员国有望利用印巴经济崛起的历史契机实现共同发展。

印巴人口优势突出，有助于缓解上合组织成员国劳动人口老龄化的总体趋势。根据世界银行的统计，印度自 1966 年开始，巴基斯坦自 1992 年开始，人口抚养比逐年下降，意味着人口红利将持续释放，成为经济增长的动力。相比之下，中国和俄罗斯的人口抚养比分别从 2011 年和 2009 年开始上升，老龄化将成为经济增长的挑战。当前，印巴人口抚养比仍然高于中俄，但是人口红利已经对经济增长产生积极影响。在未来的全球经济周期中，印巴两国充裕的劳动力资源将扮演无可替代的角色。两国加入上合组织后，有望通过跨国产业分工和成员国内部的产业梯度转移，实现人力资源的跨国再分配和再利用，从而促进上合组织成员国经济的包容性增长。

2. 促进成员国贸易合作

印巴工农业结构较为完整，具有开展对外贸易和产能合作的有利条件。印巴加入上合组织后，八个成员国分别处于不同的发展阶段，有利于开展跨国产业转移、产业分工和贸易合作。从进出口产品结构看，印巴以出口矿物产品、农产品、工业原材料和初级制成品为主，俄罗斯以出口能源和矿产品为主，中亚成员国主要出口能源、矿产品、农产品及少量初级制成品，而中国则主要出口技术和资本密集型的工业制成品。印巴出口货物类型与中亚国家接近，但制造业水平稍高，且贸易规模巨大，其加入上合组织将令上合组织成员国贸易类型更加多样化。

目前，巴基斯坦为推进和中亚国家的贸易合作做了大量基础性工作。2015年3月22日，巴基斯坦发布《2015—2018年战略贸易政策框架》，提出尽快完成巴基斯坦—阿富汗跨境贸易协定，加快阿富汗—巴基斯坦—塔吉克斯坦跨境贸易协定谈判，重启中国—巴基斯坦—吉尔吉斯斯坦—哈萨克斯坦四国过境贸易协议，由巴基斯坦商务部牵头推动巴基斯坦—阿富汗和中亚地区经济一体化的制度框架规划。印度也在利用IT产业、医药产业、生物技术等方面的优势积极拓展中亚、俄罗斯的市场，特别是希望建设以印度为核心、以中亚为对象的客户关系网络，为对象国提供医疗、文化、教育等方面的服务产品。此外，印巴快速工业化对能源、矿产品需求巨大，也将促进上合组织在相关产业的合作。

（三）加强能源合作和交通联通

印巴重视中亚能源潜力，希望开辟和中亚的能源、贸易通道。两国加入上合组织后，通过上合组织交通及贸易便利化机制，可为中亚国家走向海洋提供更佳机遇。两国与其他成员国需求互补、相向而行，将为上合组织能源和交通合作提供宝贵机遇。

1. 扩大能源合作

印巴两国都是能源净消费国。截至2016年，印度是继中国、美国之后世界第三大一次能源消费国。随着印度工业化和城市化的推进，印度的对外能源依存度将超过85%，能源也将成为印度最主要的战略关切。巴基斯坦能源匮乏且消费结构失衡。2014年，巴基斯坦石油和天然气消费占能源总消费的79%，消费量预计年均增长5.7%和7.5%。巴基斯坦天然气基本自给，但石油自给率低，80%以上石油消费依赖进口。印巴希望获得稳定的外部能源供应，提高能源进口多元化水平，能源丰富的中亚、俄罗斯是其重要的合作对象。

印度希望通过陆上通道获取中亚能源，促进能源进口多元化，避免海上运输风险。巴基斯坦希望通过与陆上邻国的电力贸易，弥补发电能力缺口。在加入上合组织之前，印巴都已和中亚国家开展能源合作。2011年4月，印度和哈萨克斯坦签订《和平利用核能合作协定》，决定在核燃料供应、核医学、铀矿开采、核电站建设运营等方面开展合作。印度石油天然气公司则与哈萨克斯坦国家油气公司签订协定，收购后者萨特帕耶夫勘探区块25%的权益。

电力短缺的巴基斯坦积极谋求从邻国进口电力。2016年3月，巴基斯坦和土库曼斯坦签署协议，决定由土库曼斯坦经阿富汗向巴基斯坦提供电力。2016年5月，CASA-1000（"中亚—南亚电力1000"计划）项目启动，计划由塔吉克斯坦和吉尔吉斯斯坦为巴基斯坦供应1000兆瓦电力。但是，印巴两国与中亚并不接壤，这成为影响两国与中亚国家能源合作的突出问题。印巴加入上合组织后，中、俄、中亚、印巴连成一片，印巴深入开展与中亚能源、贸易合作的诉求，与欧亚区域合作进程相互促进，有望为上合组织能源合作打开新局面。

2. 促进互联互通

印巴均致力于沟通中亚，其先导项目就是推进交通设施的互联互通。目前，印巴和中亚国家通过双边努力，已经在交通联通方面做了大量工作，奠定了较好的基础。巴基斯坦加入了国际陆路运输协定（TIR Convention），希望帮助企业进入中亚市场，也方便中亚国家借助巴基斯坦港口走向世界。巴基斯坦作为中亚区域经济合作框架（CAREC）的成员国，正积极参与跨境道路建设，推进跨境物流便利化，希望通过跨境交通便利化，促进与中亚国家的贸易关系。2006年6月，时任巴基斯坦总统穆沙拉夫曾表示，"巴基斯坦是上合组织成员国进入阿拉伯海和南亚的天然桥梁"。作为"一带一路"倡议的旗舰项目，中巴经济走廊是发挥巴基斯坦"天然桥梁"作用的载体。随着中巴经济走廊的建成，不仅中国，中亚各国乃至俄罗斯的人员、资源都可经中巴经济走廊走向印度洋。中国、俄罗斯、中亚、南亚有望藉此构建更紧密的相互依赖关系，命运共同体的轮廓会更加清晰。

印度版互联互通倡议以"北南运输走廊"为代表。该项目最早由俄罗斯、印度和伊朗在2002年提出，目的是建立自南向北海陆兼顾的南亚—欧洲运输通道。印度正在着力建设伊朗恰巴哈尔港，希望以此为枢纽，建立印度经伊朗到阿富汗和中亚国家的交通线路。此外，印度还提出"香料之路""季风计划""自由走廊"等互联互通、基础设施建设计划，涵盖东非、中东、东南亚的印度洋地区。2012年6月，印度启动"连接中亚政策"，希望通过全方位接触，挖掘和中亚"大周边"的合作潜力。上合组织有望成为中印互联互通合作新平台。印度版互联互通与"一带一路"倡议在地域范围、合作内容方面有所重叠，为两国合作提供了机会。但印度对中巴经济走廊存在误解，表现出较强的对华战略疑虑，不利于两国在"一带一路"框架下的合作。印度加入上合组织后，将互联互通作为重要政策目标，而上合组织也已在国际道路运输和贸易便利化、标准和政策对接等方面做了大量基础性工作，这为中印在上合组织框架下开展互联互通合作创造了条件。这意味着上合组织有潜力成为中印互联互通合作新平台。

(四) 推动地区安全合作

印巴军事实力雄厚，根据"环球军力"（Global Firepower）的统计，印度军事实力排名世界第四，位居美国、俄罗斯和中国之后，巴基斯坦排名世界第 14 位。印巴加入上合组织将显著增强后者的整体军事实力，提高维护地区安全的能力，特别是促进上合组织在打击"三股势力"、防范阿富汗动荡因素外溢等方面的合作。

1. 打击"三股势力"

印巴将打击"三股势力"作为安全工作重点。印度长期遭受恐怖主义、分离主义和毒品贩卖等非传统安全的伤害。美国国务院发布的报告显示，2016 年全球 55% 的恐袭发生在伊拉克、阿富汗、巴基斯坦、印度和菲律宾这五个国家。印度恐怖袭击的发动者既有本土恐怖组织，也有域外恐怖组织。本土恐怖组织中，既有"印度圣战者""德干圣战者"等宗教极端主义，也有纳萨尔派武装等贫民军事力量，还有"阿萨姆联合解放组织"等分离主义武装。形形色色的恐怖和极端势力成为印度国家发展的巨大威胁。巴基斯坦恐怖势力主要为宗教极端主义分子，且受到阿富汗恐怖组织的渗透。盘踞于西北边境省份的跨境恐怖组织已成为巴基斯坦安全痼疾。巴基斯坦俾路支省的分离主义倾向严重，诞生了种类繁多的武装组织，如"俾路支解放军""俾路支共和军""俾路支民族运动"等。其中，"俾路支解放军"在俾路支的奎达、博莱等地频繁活动，多次袭击政府设施、输油管线、道路干线等。俾路支省的布格蒂反叛组织则多次攻击天然气管道，阻止政府对俾路支的开发建设活动。此外，巴基斯坦还深受阿富汗毒品之苦。阿富汗作为世界最大的毒品来源地，通过巴基斯坦等国向全世界销售毒品，严重威胁巴社会治安。

当前，"伊斯兰国"陷入崩溃，成员四处逃散，全球暴恐形势进一步恶化。中亚和南亚地区作为宗教极端主义势力易染指地区，已成打击"三股势力"的重要战场。上合组织以打击"三股势力"、毒品和武器贩卖为重点任务，在非传统安全合作方面具备其他国际组织和单个国家难以比拟的独特优势，正好契合印巴借国际合作维护非传统安全的诉求。与此同时，印巴两国也在打击"三股势力"方面持续努力，积累了丰富经验，特别是在南亚反恐方面具有不可替代的作用。因此，在打击"三股势力"方面，印巴与上合组织其他成员国是相互需要、互为依赖的关系，印巴加入上合组织有望促进成员国打击"三股势力"的合作，有助于发挥合力，推动中亚南亚区域安全保障体系的建立。

2. 防范阿富汗动荡因素外溢威胁

上合组织高度关注阿富汗动荡因素外溢风险。阿富汗局势关系到几乎所有上合组织成员国的安全，因此上合组织一直关注和积极影响阿富汗局势。

2005年11月，上合组织—阿富汗联络组在北京成立。2009年上合组织在莫斯科召开阿富汗特别会议。2012年，上合组织吸收阿富汗为上合组织观察员国，上合组织与阿富汗的联系更加紧密。中俄两国也一直通过双边渠道推动阿富汗问题解决。2013年，中俄印阿富汗问题会晤、中俄巴三方对话、中阿巴三方对话相继召开。2015年，首轮中国—阿富汗—巴基斯坦战略对话在喀布尔举行。中俄成为阿富汗重建过程的重要参与者。2017年2月，俄罗斯举办阿富汗问题六方磋商，参会方包括了中国、印度、巴基斯坦、伊朗、阿富汗等上合组织成员国和观察员国。

印巴均致力于实现阿富汗和平稳定。印度高度关注阿富汗问题。阿富汗的动荡局势和治理不善，使之成为极端主义、恐怖主义和贩毒活动的温床，对印度国家安全构成威胁。印度积极推进和阿富汗关系，包括为阿富汗提供培训支持和军事援助、扶持阿富汗IT产业、参与阿富汗重建项目，如著名的萨尔玛水坝等，以增强印度对阿富汗的影响力。巴基斯坦是阿富汗政治和解中的重要外部因素，也是打击涉阿恐怖主义的前沿国家。巴基斯坦认识到阿富汗局势关系到自身国家安全，致力于通过促进各政治力量的和解，实现阿富汗和平稳定。印巴加入上合组织后，将进一步增强上合组织对阿富汗问题的影响力，为成员国合力防范阿富汗动荡因素外溢创造积极条件。

二、扩员带来的新挑战

扩员为上合组织成员国合作带来了历史性机遇，但机遇和挑战往往相伴而生。为了充分利用印巴加入上合组织带来的新机遇，上合组织需要正视随扩员而来的新挑战。

第一，"协商一致"难度增大，提高决策效率紧迫性增强。国际组织的决策模式大致有两种，一种是以联合国安理会为代表的"外交式"决策模式，一种是以世界银行和国际货币基金组织为代表的"组织式"决策模式。前者公平性更强，后者效率更高。无论哪种模式，都很难兼顾公平与效率。上合组织的"协商一致"原则集中体现于投票权的平等划分，这决定了上合组织的决策模式是"外交式"而非"组织式"，因此在强调公平的同时，决策效率难以尽如人意。例如，上合组织的能源俱乐部、上合开发银行、上合自贸区等设想受到不同意见掣肘，长期未能落实；2004年提出国际公路运输便利化多边协定的制定工作，但直至2014年上合组织元首峰会才正式签署该协定。上合组织扩员后，将继续坚持"协商一致"原则。但是成员国增多、利益诉求更为多样将增加"协商一致"的工作量和难度。为了保持和提高上合组织的集体行动能力，上合组织需要在改善决策效率方面做出更多努力。

第二，成员国更加多样化，增大构建共同价值观和共同身份认同的难度。扩员之前，上合组织的六个成员国都经历过从传统计划经济向市场经济的转型过程，共同的历史身份和改革记忆让它们更容易理解各自的话语逻辑和利益关切，这为上合组织形成"互信、互利、平等、协商、尊重多样文明、谋求共同发展"的"上海精神"创造了有利条件。印度和巴基斯坦的独立和发展史、地缘战略关切等与其他成员国有所不同，政治文化和意识形态也更为独特。例如，印度的政治制度和价值观受到美、日等国的认同，巴基斯坦的政治制度和政治文化则受到伊斯兰教的深刻影响。这决定了印巴的身份认同、价值观取向、关注重点等与其他成员国有所差异。考虑到原成员国之间的既有差异，印巴加入后，成员国多样性和差异性会显著提高，构建共同身份认同和价值观的难度随之增加，必然要求上合组织在体制优化、政策协调、理论建设等方面付出更多努力。

第三，多种互联互通思路并存，考验上合组织的包容整合能力。近年来，俄罗斯领导建立了欧亚经济联盟，中国提出"一带一路"倡议，印度提出"连接中亚政策"、积极推进"北南运输走廊"等。这在一定程度上代表了三国不同的互联互通思路。2015年5月，中俄决定"将丝绸之路经济带建设和欧亚经济联盟建设相对接……通过双边和多边机制，特别是上海合作组织平台开展合作"。这代表上合组织将成为不同互联互通思路对接包容的平台。2017年6月，欧亚经济联盟和印度启动自贸区谈判。而"北南运输走廊"本身就由印度、俄罗斯等联合发起。这代表俄印之间的互联互通与经贸合作取得重要进展。但是，印度与欧亚经济联盟的合作、"北南运输走廊"等均未纳入上合组织框架，且中印正式的互联互通战略对接尚未提上日程，意味着通过上合组织平台促进地区互联互通仍任重道远。

第四，成员国在反恐和阿富汗问题上的关注重点有所不同，影响上合组织维护地区安全能力的发挥。印度重点关注"哈卡尼网络""虔诚军""圣战者运动"等恐怖组织,而上合组织长期关注"东突厥斯坦运动"、"基地"组织、"伊斯兰国"等,二者的关注重点需要进一步整合。在恐怖活动的归责问题上,印度谴责巴基斯坦支持针对印度的跨境恐怖活动,而巴基斯坦则坚决否认,印巴分歧可能影响上合组织合作。印度与巴基斯坦在阿富汗问题上存在不同的政策偏好,虽然类似分歧不会对上合组织整体行动造成重要影响,但尽快妥善解决分歧对上合组织协调有关反恐和阿富汗问题的立场非常必要。

第五,印巴两国关系存在着难以调和的领土等矛盾纠纷,检验上合组织的组织和运行智慧。众所周知,以查谟和克什米尔领土争端为中心的印巴问题实际上涉及民族、宗教等诸多问题,兼具综合性、长期性和复杂性的特点。半个多世纪以来,印巴之间爆发了三次战争,虽然暂时达成了停火协议,但小规模的冲突时断时续。按照上合组织决策机制[根据《上海合作组织宪章》第十六条,"本组织各机构的决议以不举行投票的协商方式通过,如在协商过程中无任一成员国反对(协商一致),协议被"视为通过"],在某些问题上可能会出现印巴双方由于固有问题或矛盾而使协议或"共识"流产的情况。如何更好地发挥上合组织"外交平台"的斡旋作用,如何利用各个层面的会晤机制搁置、弱化甚而解决矛盾是对上合组织组织和运行机制的检验,也是上合组织作为一个不断发展完善的国际组织不得不面临的问题。因此,在印巴均成为上合组织成员国后,从积极方面讲,上合组织应当积极应对、缓和甚至化解这些冲突;从消极方面讲,上合组织至少不应当让这些冲突影响到上合组织已有的运行机制和未来进一步发展。

三、抓住机遇,应对挑战,推动上合组织的交流与合作

从上文我们可以看到,扩员后的上合组织机遇与挑战并存。未来,上合组织应着眼"趋利"和"避害"开展工作。所以在未来上合组织的运行和发展中,应当努力"化解分歧,扩大合作",努力为各成员国和利益相关国的发展创造稳定的发展环境,逐步成为多边合作和沟通的平台。

在成员国存在部分分歧的领域,如阿富汗问题、反恐问题、互联互通问题,各方需积极行动,求同化异,寻求一致的解决方案。印巴加入上合组织后,有意借上合组织加大对阿富汗的影响力,而上合组织也可借此影响印巴对阿富汗问题的态度。这个双向塑造过程有利于上合组织在阿富汗

问题上形成共同立场。印巴在南亚恐怖组织的认定上存在分歧，但是对南亚之外的恐怖主义共识较多。因此，上合组织可基于先易后难原则，优先在南亚之外开展反恐合作。中印互联互通合作仍有机遇。首先，印度积极倡导的"北南运输走廊"，特别是伊朗恰巴哈尔港项目，面临资金和基建力量不足的问题，可以成为中印企业合作的契机。其次，当共识不足影响中印"一带一路"合作时，将上合组织作为中印新的互联互通合作平台，也不失为可行的变通之策。在上合组织框架下，各方可优先开展务实合作，如按期开放《上海合作组织成员国政府间国际道路运输便利化协定》中规定的跨境线路，并积极邀请本地区其他国家加入互联互通合作，扩大上合组织的地区经济辐射能力。多手段避免或消除扩员副作用。扩员带来的任务增多问题，并非上合组织独有的挑战。几乎所有国际组织，如欧盟、东盟、北约，都会因扩员面临分歧增多、决策能力下降等"任务超载"问题。这些副作用凸显的是能力建设滞后于组织扩张的问题，只能通过加强内部建设予以化解。而化解分歧、促进共识合作，也恰恰是组织存在的价值和吸引力的来源。

在成员国存在普遍共识的领域，如经贸、能源等，大力深化合作。上合组织可结合印巴两国的产业结构和发展需要，重点推进土库曼斯坦—阿富汗—巴基斯坦—印度（TAPI）油气管线等跨中亚—南亚能源管网建设工程；消除跨境贸易和投资壁垒，促进印巴与中亚、中国、俄罗斯的双向投资；充分利用印巴人力资源优势，以及印度在IT产业、医疗、教育等方面的优势，深化成员国之间的产业分工合作，打造上合组织内部产业链。

具体而言，未来上合组织从短期到长期可从如下三方面进行努力：

一是划定重点任务领域，避免"任务超载"。"任务超载"在扩员初期尤其明显。为此，上合组织应当根据扩员后的新形势，按照任务的紧迫程度、解决难度，对各类工作进行轻重缓急排序，保证上合组织将有限的资源用于"性价比"高的政策目标上，以便快速形成扩员后"工作成果清单"。这有助于巩固上合组织的团结和发展信心。上合组织在扩员初期，还应坚持既有的发展方向，这有利于成员国维持共识、稳定预期，也有助于新成员顺利融入上合组织大家庭。扩员可能对上合组织的体制机制提出更高要求。为防止新老问题叠加，在体制机制优化调整到位之前，应谨慎对待上合组织进一步扩员的问题。

二是为发展成员国关系夯实制度和法律基础。首先应敦促新老成员切实遵守已有条约体系，如《关于在边境地区加强军事领域信任的协定》《关于在边境地区相互裁减军事力量的协定》《上合组织睦邻友好合作条约》《上合组织反极端主义公约》等，确保上合组织成员国关系稳定发展。其次，新老成员应携手开展新的建章立制工作，包括制定《上海合作组织成员国长期睦邻友好合作条约》未来 5 年实施纲要、未来 3 年打击"三股势力"合作纲要，并通过制定和落实合作纲要，充实和更新法律文件。上合组织应确保新的制度和规范充分代表新老成员的利益关切和重大诉求，使之成为稳定和改善成员国关系的有力保障。上合组织是一个已成立 16 年的年轻组织，正处在发展壮大的黄金时期。扩员是组织发展的必经之路，随扩员而来的挑战则是"成长的烦恼"。上合组织成员国应在"上海精神"的指引下，深化政治互信，巩固团结协作，充分利用扩员带来的历史性机遇，将上合组织打造为平等相待、守望相助、休戚与共、安危共担的命运共同体。

三是加强人文领域的交流与合作，促进沿线国家"人心相通"。"一带一路"倡议的目标是要建立一个政治互信、经济融合和文化包容的利益共同体，是包括欧亚大陆在内的世界各国构建一个互惠互利的利益、命运和责任共同体。上合组织成员国基本上都是"一带一路"建设沿线国家。上合组织多年的发展表明，加强人文领域的交流与合作，促进沿线国家"人心相通"尤为重要。

这其中的"人心相通"可能更多的是指通过文化教育交流，达到心心相通，互相理解，互相支持。在历史上，我们有很多文化交流的成功范例，如中国文化西传欧洲并对欧洲启蒙运动产生了重要影响（法国学者安田朴称，17、18 世纪的欧洲是"中国化的欧洲"）等。

在实施"一带一路"倡议的过程中，文化教育领域的交流是双向的、互相影响的，因此我们所面临的文化思想领域的挑战将是巨大的、长久的、深远的，同时也是异常严峻的。文化思想领域阵地的争夺，表面看，和风细雨、风平浪静；纵深看，将是中华民族能否复兴的关键所在。在这方面我们有如下几条建议：

（1）将上合组织内现有孔子学院从纯粹教学功能转化为教学研究功能。在汉语普及教育的基础上，推动对上合组织内国家文化的研究，加深各国在文化深层次领域的理解。

（2）加强沿线国家在人文交流和环境保护领域的合作：世俗经典互译互通及数字化项目；历史文物保护及数字化项目；各国文化史编纂工程项目；气候观测和环境保护项目。

（3）打破中医药准入瓶颈，让中医药为更多的沿线国家造福。

（4）推动沿线国家语言研究培训项目，实现语言的快译互通。

（5）加强对宗教极端思想的防范打击，学习借鉴反极端主义法、反洗钱和反资助恐怖主义法。

（6）重视上合组织大学扩充问题，将上合组织大学的交流与合作落到实处。

（7）设立学术研究机构，确立研究方向，共享研究成果。

第四篇

"一带一路"框架内欧亚地区经济合作

"一带一路"与欧亚经济联盟和上合组织区域经济一体化分析[*]

冯宗宪[**]

关于这个题目想从以下三个方面进行分析和讨论：第一个就是"一带一路"与欧亚经济联盟、上合组织合作对接的背景；第二个就是"一带一路"与欧亚经济联盟、上合组织合作对接的动因、机制和方式；第三个就是谈一下对合作对接前景的展望。

一、"一带一路"与欧亚经济联盟、上合组织合作对接的背景

我们看到"一带一路"和上合组织及欧亚经济联盟提出的时间节点是不一样的，但都是在本世纪内。

2001年5月俄罗斯、白俄罗斯、哈萨克斯坦、吉尔吉斯斯坦、塔吉克斯坦五国缔约成立了欧亚经济共同体。欧亚经济共同体的目标就是为了实现各成员国的经济一体化。其宗旨是：在关税同盟的基础上建立统一货币市场和劳动力市场，进而建立统一经济空间，最后由统一经济空间发展成为欧亚经济联盟。2010年1月1日，俄罗斯、白俄罗斯、哈萨克斯坦三国决定在欧亚经济共同体框架内成立关税同盟。2015年欧亚经济联盟正式成立。欧亚经济联盟形成了总人口1.825亿、面积达2000万平方公里的一体化组织，GDP是4.5万亿，占全球GDP的6.1%。在这里俄罗斯具有人口、国土面积和经济总量的优势，其份额占到了90%。欧亚经济联盟的特征应该说是由俄罗斯作为核心主导的、以制度性一体化为特征的区域经济合作组织。

2001年6月15日，中国、俄罗斯、哈萨克斯坦、吉尔吉斯斯坦、塔吉克斯坦、乌兹别克斯坦六国共同签署了《上海合作组织成立宣言》，标志着上海合作组织成立。上海合作组织的宗旨是：加强成员国之间的互相

---

[*] 本文获教育部国别和区域研究2016—2017年度指向性课题项目资助。
[**] 西安交通大学经济与金融学院教授，欧亚经济（论坛）与全球发展研究院院长。

信任与睦邻友好；鼓励成员国在政治、经济、科技、文化、教育、能源、交通、环保和其他领域的有效合作；联合致力于维护和保障地区的和平、安全与稳定。建立民主、公正、合理的国际政治经济新秩序。官方语言为汉语和俄语。2017 年 6 月 9 日，印度、巴基斯坦两国获准加入上合组织。上合组织目前已经达到了 3396.7 万平方公里的规模，人口达到了 31.1 亿，占世界总人口的 42.8%，GDP 达到了 15.98 万亿美元，成为世界上举足轻重的国际合作组织。区域经济一体化应该是一种地区性、集成性的经济活动，最终的目标是要实现区域的经济联合体。从目标和属性来看，上合组织以安全、经济、人文为三大支柱，中俄两国是该组织合作发展的双核心。

2013 年中国提出了"一带一路"倡议。"一带一路"相关的国家基于但不限于古代丝绸之路的范围，各国和国际、地区组织均可参与，让共建成果惠及更广泛的区域。中国是这项倡议的主要推动者和建设者。"一带一路"作为一种区域合作倡议，充分利用现有合作机制，推动沿线各国发展战略对接是推进"一带一路"建设的重要特点。

二、"一带一路"与欧亚经济联盟、上合组织合作对接的动因和机制

（一）合作对接的动因和机制

"一带一路"强调政策沟通、设施联通、贸易畅通、资金融通和民心相通，为此，中国希望建立广泛的沟通和协作机制，首先来看它的直接动因和内在动因发展源泉。"一带一路"与上合组织、欧亚经济联盟对接的直接动因就是作为利益共同体的相互依赖，加强区域合作，获得共同发展和共享收益。

"由于处于复合相互依赖中的各方意识到发生冲突的代价太高，成员间为了管理和限制利益冲突而达成一系列制度安排。"[1]一个国际组织的出现和发展，就是国际制度的一种集中体现和运作，以更好地顺应相互依赖的客观形势，满足相互依赖的需要。美国著名国际关系学者罗伯特·基欧汉（Robert O. Keohane）和约瑟夫·奈（Joseph S. Nye. Jr）在其著作 *Power*

---

[1] Ernst Haas: "Words Can Hurt You, or, Who Said What to Whom about Regimes", International Regimes (Ithaca: Cornell University Press, 1983), p. 23.

and Interdependence 一书里，曾经说过："我们生活在一个相互依赖的时代"。[1]

"一带一路"和其他两方对接合作的内在动因是维护国家经济利益的发展和政治利益，贸易自由化是共同发展的经济源泉，影响因素是各种经济效应、政治效应。所以，中国和俄罗斯分别作为"一带一路"和欧亚经济联盟的引领者，以及上海合作组织的共同引领者，必须考虑到目前CTPP、TTIP、RCEP、美墨加协议产生的贸易效应的冲击和影响。对中方而言，由于目前非制度化区域合作的现状，一方面，国际相互依赖中信息的不完善性（信息的不透明性与掌握信息的不对称性）平添了相互猜疑的成分，不利于区域经济一体化合作的实现；另一方面，行为者机会主义倾向的存在（如"搭便车"），客观上提高了交往的风险，也增加了国际制度的监督和执行成本，从而使国际合作变得脆弱。按照世界银行的数据，当今世界约60%的经济产出来自于距离海岸线不超过100公里的沿海地区，一些国家尤其是内陆国家在经济全球化过程中被边缘化，甚至成为"被遗忘的角落"，反过来制约经济全球化进程。[2] 欧亚经济联盟和上合组织的部分成员国，恰恰是内陆国家，因此"一带一路"与之合作，为它们提供了更多、更近的出海口选择。

区域合作有很多种方式，而采用何种合作方式则取决于参与合作者不同的内部经济结构、区域劳动分工、经济体之间经济相互依赖的程度，以及与世界经济的关系，同时还要受到与此相关的政治因素的影响。[3] 目前合作对接的方式有双边机制、多边机制，但以双边机制为主，多边机制主要采用了上合平台。2015年6月中俄签署的"丝绸之路经济带"与欧亚经济联盟对接的联合声明主要强调具体项目对接，而不是制度和机制对接（如关税、非关税壁垒、市场开放、产业标准等）。当然从2019年起，中国和欧亚经济联盟合作协议将进入实施阶段，但这个合作协议并不是一个自贸区协议，所以还有很大的潜力需要挖掘。同时，三方对接还有价值链的对接，目前中亚、俄罗斯对中国、印度这些新经济体是以输出能源资源为主，中国向这些国家输出制成品，形成一种价值链的回路。

---

[1] Robert O. Keohane, Joseph S. Nye. Jr, *Power & Interdependence* (4th Edition) (Longman Classics in Political Science) 2016.

[2] 《构建人类命运共同体的伟大实践——写在习近平主席提出"一带一路"倡议5周年》，《人民日报》，2018年10月。

[3] 赖纳·特茨拉夫著，吴志成、韦苏等译：《全球化压力下的世界文化》，江西人民出版社，2001年版。

现在融资合作机制包括金砖国家开发银行、亚投行，还有上合组织银联体机制，但是缺乏"上合开发银行"，这方面可能各方还有一些顾虑和争议，有待解决。相互依赖不完全意味着以互利来解决问题，特别是国家间利益的不均等，当其中一个国家的效益可能导致另一国家的弊害的时候，将会引起甚至助长相互之间的矛盾和冲突。

俄罗斯要建立"大欧亚伙伴计划"，希望把中国、印度、巴基斯坦、伊朗、独联体甚至东南亚的国家纳入进去，同时欧亚经济联盟也在和东南亚进行贸易谈判。上合组织的扩员使之有望成为一个从北冰洋到印度洋的欧亚大陆中部的合作机制，为俄罗斯和中亚国家提供南下印度洋的通道，同时有利于促进中国与南亚的合作，也有利于"一带一路"的"孟、中、缅、印经济走廊""中巴经济走廊""中国—中亚—西亚经济走廊"和"中、蒙、俄经济走廊"等交通基础设施建设，这与普京倡议的"大欧亚伙伴关系"不谋而合。由此，上合组织作为一个几乎涵盖区域内所有成员的合作机制，成为衔接中国"一带一路"与俄罗斯"大欧亚伙伴关系"，以及落实"丝绸之路经济带"与欧亚经济联盟对接的重要平台。

（二）合作对接中存在的问题

"一带一路"在不断地与欧亚经济联盟和上合组织的产业以及机制对接，现在上合组织在"一带一路"框架内的融资平台有亚投行、丝路基金等，这样上合组织的项目可以在"一带一路"框架内去推进实施。上海合作组织同时还有一些机制的保障，如部长级的会晤机制、经贸部长会议下的工作组，还有很多合作包括海关合作、交通运输领域的合作，已签订的协议如交通运输便利化协定等，都可以来为"一带一路"建设服务，可以给"一带一路"建设提供机制保障和法律支持。

总之，中国通过"一带一路"与上合组织和欧亚经济联盟对接合作取得了一定的成绩。但总体看，也还存在一些问题，值得我们进一步地来认真研究。

首先，上合组织的经贸合作成效还有待提高，这是它面向未来的挑战，其安全合作还要拓展和完善，双边和多边合作有待协调，还有与"一带一路"倡议和欧亚经济联盟的协调，等等。

其次，从全球层面来看，全球经济增长乏力，全球化步伐放缓，贸易保护主义、"逆全球化"抬头，美国退出中导协议等一系列问题也制约着上合组织和欧亚经济联盟的经济合作，尤其是区域一体化的深入发展。

自 2002 年以来，截至目前，中国已与 25 个国家和地区达成了 17 个自贸协定，自贸伙伴遍及欧洲、亚洲、大洋洲、南美洲和非洲。数据显示，2017年中国与自贸伙伴的贸易投资额占中国对外货物贸易、服务贸易、双向投资的比重分别达到25%、51%、67%。"一带一路"沿线国家国情复杂而多元，多数为发展中国家。中国已同20个国家签署自贸协定，超半数位于"一带一路"沿线。此外，还有中国正在谈的RCEP、中日韩自贸区等，中国希望建立高水平的自贸区网络。但是，从目前来看，包括上合组织、欧亚经济联盟，中国与这些区域合作组织的国家，虽然是一种南南合作模式，但由于发展程度的不同，国家间可能会产生不对称的情形即许多学者所谓的"中心—外围"理论现象。

三、中国与欧亚经济联盟、上合组织构建自贸区的展望

中国十多年来坚持呼吁建立上合组织自贸区。早在2003年9月23日，在北京举行的上海合作组织成员国总理会晤期间，温家宝总理对上海合作组织的区域经济合作提出三点倡议：（1）推进贸易和投资便利化，为实现在上海合作组织框架内的货畅其流，减少直至消除通关口岸、检验检疫、统一标准、交通运输等环节的非关税壁垒。（2）确定若干大的经济技术合作项目，把交通、能源、电信、农业以及家电、轻工、纺织等领域作为优先方向。（3）确立长远的区域经济合作目标，逐步建立上海合作组织自由贸易区。中方提出到2020年建成自贸区的倡议，写入了上合组织经贸合作长期发展规划中。[①]

然而尽管中国在上合组织成立之初就提出了建立自贸区的战略目标倡议，却一直没有得到俄罗斯和中亚国家的响应。近年来，尤其是2014年乌克兰危机的爆发，使俄罗斯与西方的关系再度紧张，西方国家纷纷对俄实行经济制裁，俄罗斯战略重心逐渐转向亚太地区。俄罗斯和中亚一些上合组织成员国均已意识到建立上合组织自贸区的必要性以及加速中亚地区区域经济一体化发展的重要性和紧迫性。哈萨克斯坦总统纳扎尔巴耶夫在2016年2月提出上合组织和欧亚经济联盟建立自贸区的建议。俄新网2017年12月1日报道，俄总理梅德韦杰夫在接受媒体记者采访时表示，原则上不排除建立上海合作组织自贸区的可能，但这是更高水平的一体化，需要更大程度的信任，需通过上合组织所有成员国之间进行谈判达到。他同时

---

① 胡贝贝、吴笛、李新：《上海合作组织自贸区建设及其经济效应分析》，载《国际展望》，2018年3月。

强调，有的欧亚经济联盟成员国不是上合组织成员国，因此，为了达成自贸区协定，应该首先在欧亚经济联盟内部达成共识。但是，在未来这完全是一个有前景和有意义的想法。①

上合组织是"一带一路"和欧亚经济联盟最大的对接平台。在印巴两个发展中大国加入上合组织后，既带来了积极因素，也增加了协调的难度，有可能会产生一种新的模式。

下一步的区域经济一体化有这几个方面需要考虑：

第一，要坚持区域的开放合作，突出经济合作和制度建设功能，特别是在上海合作组织框架内，促进贸易投资自由化、便利化。通过制度建设、功能建设共同来推动上合组织各成员国的共同利益。

第二，要扩展区域经济合作发展向好的形势，通过降低壁垒，促进降低各国经贸合作与生产流通的成本，不断拓宽区域地方发展的市场规模，使大家增强信心。

第三，在中国与欧亚经济联盟经贸合作协定正式生效和实施的基础上，要不失时机地推动中国和欧亚经济联盟的区域经济贸易协议的实质性谈判，在新的形势下各方应该有这个动力，也应该拿出政治意愿来推动。有些问题譬如区域发展不平衡问题，实际上，可以借鉴其他自贸区的经验，像东盟自贸区。所以各方应该在这方面有信心并做好必要的准备。

第四，要积极尽早开展上海合作组织自贸区联合可行性研究。这有利于各方明晰各自的收益和损失，把开放的成果用制度化的方式固定下来，同时尊重经济文化的差异，加强并完善各种贸易制度体系，大力推动欧亚区域经济合作达到一个新水平。

---

① 《俄总理梅德韦杰夫称不排除未来建立上合组织自贸区的可能》，中国商务部网站，2017年12月5日，http://kz.mofcom.gov.cn/article/jmxw/201712/20171202680889.shtml。

"丝绸之路经济带"与欧亚经济联盟对接合作：
相互认知、合作模式及其可能场景

张健荣*

2016年6月25日，商务部与欧亚经济委员正式启动经贸合作协议谈判。据媒体报道，双方经历了五轮协议谈判、三次工作组会议和两次部长级磋商，范围涵盖了海关程序与贸易便利化、知识产权、部门合作和政府采购等十个章节，包含了电子商务和竞争等新议题。2017年10月1日，商务部部长钟山在杭州与欧亚经济委员会贸易委员尼基申娜举行会谈，并共同签署《关于实质性结束中国与欧亚经济联盟经贸合作协议谈判的联合声明》。[①] 这是中国与欧亚经济联盟首次达成的经贸方面的重要制度性安排，是落实习近平主席与普京总统2015年5月签署的《关于丝绸之路经济带建设和欧亚经济联盟建设对接合作的联合声明》的一项重大成果，将成为"带盟"对接合作的法律性基础文件。

国际区域经济合作实践表明，制度和法律规则是合作的基础。唯有规则与制度建设先行，才能实现国际合作的深入开展。"一带一盟"对接合作不仅是形成互联互通、贸易流通的硬件条件，而且还要改善制度建设的软环境。可以看出，包括俄罗斯主导的欧亚经济联盟在内，国际区域组织都是把法律、标准和规则的建设放在首位。

2018年5月17日，中国与欧亚经济联盟正式签署经济贸易协议。从实际操作层面看，中国与欧亚经济组织达成的"经济贸易谈判协定"可理解为"带盟"合作谈判协定，是双方在贸易规则与制度上订立的具有法律效应的文件，是双方必须遵守的各自贸易、服务、投资等行为准则。鉴于欧亚经济联盟中尚未入世的国家还剩白俄罗斯，即使作为世贸成员的俄、哈、吉、亚四国，其入关后过渡期的现行贸易和非关税制度（标准、技术、劳务等）与中方依然存在差异，在双方未来对接合作中，在涉及各自利益及其市场保护问题上，就贸易、服务、投资、知识产权等准则达成必

---

* 上海社会科学院国际问题研究所副研究员，博士。
① 《中国与欧亚经济联盟实质性结束经贸合作协议谈判》，http://www.mofcom.gov.cn/article/ae/ai/201710/20171002654057.shtml。

要协定，在一定程度上反映了俄罗斯主导的欧亚经济联盟与中国对接合作中采取的防范保护措施和法律意识。俄罗斯科学院世界经济与国际关系后苏联问题研究中心研究室主任叶·库兹明娜认为："在这方向令人十分感兴趣的是设法与中国达成经济贸易协定，该协定应该在经济关系上与中国确立共同的游戏规则。这对联盟中的小经济体尤为有利，是其能够取得贸易有利条件的巨大机遇。"[①]

如何达成中俄社会各界对"带盟"对接合作的共同认同，是实现互利共赢，形成利益共同体的关键所在。

一、"带盟"对接合作的相互认知

2015 年 5 月，中俄两国政府签署的"一带一盟"对接合作联合声明表明了两国战略伙伴关系的高度水平，体现了两国战略共识与取向，但必须指出的是，在中俄专家学界，围绕"带盟"对接合作相关问题的讨论可谓众说纷纭，并且至今意见不统一。大家更多关注的问题是，从维护各自利益出发，对接合作会给双方带来什么后果，哪方承担风险更大？从欧亚经济联盟宏观经济政策署发表的"欧亚经济联盟 2016 年国际排名指数"报告来看，"一带一盟"对接合作主体并不对称，中俄两国经济差异很大，中强俄弱，中亚国家则更弱。因此，俄方学者担忧更多，普遍持保守立场，而中方学者同样存在投资风险担忧，但普遍表现更为积极，由此而造成双方智库层面在认知上有所不同。

必须指出的是，不仅中俄学者之间存在不同观点，而且俄罗斯学界内部也存在分歧。一些俄专家学者认为，由于中国经济在欧亚地区扩张上升势头，俄方担心中俄之间可能产生摩擦，才催生出建立欧亚经济联盟的想法，以期"平衡"中国不断上升的影响力。他们认为，中国推行"一带一路"宏伟计划的目的是，试图经过欧亚大陆空间把太平洋与波罗的海连接起来。2015 年 12 月，中方在郑州上合组织总理峰会上提出设立上合组织自贸区倡议，在俄方一些学者看来，其动因就是出于上述战略考虑。问题是，中方这一提议并未得到上合组织其他成员国的相应理解，首先是俄罗斯，其中原因不用多说。事实上，如果赞同这类"门不当户不对的联姻"，意味着对其国家经济产业的一种挑战。

俄罗斯国际事务委员会专家、俄罗斯战略研究中心从事外交与安全问

[①] Павел Громский. ЕАЭС и Китай стали официальными партнерами. http://dea.kg/.

题研究的学者安德烈·杰维亚特金在文章中便明确指出："早在2013年北京就提出了'一带一路'欧亚运输项目的想法。与此同时中国利用上海合作组织平台提议建立地区自由贸易区。欧亚经济联盟全体成员国最终一致认为，在与中国贸易平衡存在巨大赤字情况下，如建立中国与欧亚经济联盟自贸区，对本国工业和农业许多产业部门会构成严重挑战。但是，在投资和交通基础设施合作上意见不统一。俄罗斯一贯对待扩大与中国经济合作较为谨慎，担心地缘经济首先会造成严重后果。"

俄方学者中持类似观点的并非少数。比如，俄罗斯高等经济学院东方研究所负责人阿·马斯洛夫是一位在国内颇有影响力的知华派研究专家，他曾在《独立报》的一次采访中表示："正因为俄罗斯不会全力支持中国方案，所以才会产生'对接'这一想法"。但在他看来，"带盟"对接可避免相互竞争，有利于利益协调，但俄罗斯更应保护自身利益。他说："只有双方利益交汇的地方，俄罗斯才给予合作，这里说的不仅是有关铁路数量，而且还有银行金融行业，推进超前发展区问题。如果我们允许中国商品大规模涌入俄罗斯市场，那么势必就阻止了俄罗斯本国生产。但我们又不能禁止，因为我们实际上正在出现商品饥饿。"[1]

俄罗斯瓦尔代国际论坛俱乐部欧亚计划研究主任季莫菲耶夫·博尔达乔夫在接受记者采访中表示："在这两大方向框架内，欧亚经济联盟和中国提出的'丝绸之路经济带'倡议是整个欧亚未来的根本基础，是俄罗斯在本地区的发展未来。但是欧亚经济联盟与'丝绸之路经济带'是不同的项目。前者是有关一体化和消除壁垒，后者是有关物流和交通基础设施。"[2]

当然，俄罗斯不少人士对两者对接合作是持积极态度的，认为"带盟"对接提出这一事实本身意味着中俄双方构建稳定合作伙伴同盟的乐观前景，有助于转变形成统一的经济空间。比如，欧亚经济委员会一体化发展部副主任维克多·斯巴斯基认为："'丝绸之路经济带'是由许多具体项目构成的宏大计划，其中包括十分重要的基础设施建设。而欧亚经济联盟暂时还没有实施任何项目，但在创造条件，以保障商业活动有利而有效发展。如果欧亚经济联盟成员国企业家觉得参加某一项目是有利的话，包括

---

[1] Алексей Маслов: серьезного «наступления» Китая не началось. https://chinalogist.ru/book/articles/intervyu/aleksey-maslov-sereznogo-nastupleniya-kitaya-ne-nachalos.

[2] Т. Бордачев: "В китайском языке нет слова 'брат'". о сопряжении ЕАЭС и Экономического пояса Шелкового пути. https://lenta.ru/articles/2015/09/30/sopr/.

'丝绸之路经济带'项目,那么我们是绝对支持的!"①

但必须看到,有一些俄罗斯专家的态度则比较谨慎,认为俄罗斯将面临"九级浪"来袭,而俄罗斯的"使命"只能是被动地去适应和契合其中。

在一体化概念的认识上,中俄之间似乎也存在不同理解。俄罗斯科学院经济所副所长斯维特兰娜·戈林金娜特别注意到中俄在思维方式上存在的细微差别,其核心是一体化与再一体化问题。有关"照中国方式"一体化的特点,她指出:"就任何一体化联合而言,技术上始终是无法说清什么在前,什么在后:究竟是合作促使一体化,还是一体化加强合作?我们期待的是欧亚经济联盟内的再一体化。而中方则是另一做法:他们先与合作伙伴开展双边层面合作。"② 在这位俄罗斯经济学家看来,"在中方形成'一带'战略之前,中国已成为俄罗斯、哈萨克斯坦和土库曼斯坦对外贸易第一合作伙伴国,成为乌兹别克斯坦和吉尔吉斯斯坦对外贸易第二合作伙伴国,成为塔吉克斯坦对外贸易第三合作伙伴国。如果从中亚是中方该战略最重要次区域之一视角看,中国在这里已稳稳站住了脚跟。"③

同样,有关"带盟"对接合作问题,在中亚学者中间也曾经产生过不少疑问,哈萨克斯坦国际关系与语言大学应用政治学与国际问题研究中心主任艾达尔·阿姆列巴耶夫教授在2016年3月28—29日上海社会科学院举行的"中国与欧亚:新机遇和新挑战"国际会议上指出,尽管中俄发表了有关对接合作声明,但至今并未取得任何实质性进展。就"一带"而言,主要以项目为主,中方称之为倡议,而非战略构想,并且未设合作机制,而"一盟"则无具体合作项目,两者对接合作并未如其所望。相比而言,哈方提出的"光明之路"新经济计划则更为切合实际,制定了具体的任务、项目和"路线图"。哈方学者尖锐地指出,中方"一带"建设是追求合作共赢,而不是零和博弈。但从现状来看,这一愿望显然远离目标。俄罗斯企业因经济危机和制裁而被迫从中亚市场撤离,中方企业则乘机而

---

① Ольга Соколай. ЕАЭС – Шелковый путь: как вписаться в «девятый вал». https://www.ritmeurasia.org/news - -2015-05-31- -eaes-shelkovyj-put-kak-vpisatsja-v-devjatyj-val-18165.

② Ольга Соколай. ЕАЭС – Шелковый путь: как вписаться в «девятый вал». https://www.ritmeurasia.org/news - -2015-05-31- -eaes-shelkovyj-put-kak-vpisatsja-v-devjatyj-val-18165.

③ Ольга Соколай. ЕАЭС – Шелковый путь: как вписаться в «девятый вал». https://www.ritmeurasia.org/news - -2015-05-31- -eaes-shelkovyj-put-kak-vpisatsja-v-devjatyj-val-18165.

入,填补了这一空缺。同样,上海合作组织区域壮大,扩员要避免组织效率降低,提高其质量水平。中方明确表示"一带"建设不设任何新的机构,中哈之间的项目对接合作则应理解为,哈方通过其"光明之路"计划实现"融入"中方"一带"项目之中。① 在艾达尔·阿姆列巴耶夫教授看来,所谓"一带一盟"对接或者"丝绸之路经济带"与"光明之路"项目对接,更多应理解为一种经济商业合作模式,彼此不可避免地存在竞争关系,唯有符合各自经济利益条件,才谈得上真正实现互利共赢,共同发展与繁荣。

乌兹别克斯坦学者拉菲克·塞弗林在2016年11月上海举办的"'一带一路'与中亚国际论坛"会议上发言指出:"三年前'一带一路'刚刚提出的时候,最初很多人都认为这个战略比较抽象,尤其是中亚国家对此是相当谨慎的。"②

而中国学者在积极看待"带盟"对接合作的同时,对中方海外投资风险存有普遍担忧,由于"带盟"对接合作缺少相应的协调和处理机制,一旦发生利益纠纷,如何处理并得到公平裁决,需要双方达成一致。此外,在多数中方学者看来,"带盟"原本属于两个不同层面的概念,按照"带盟"各自使命,双方并非在同一纬度上运行,前者是以项目为主,由一系列具体项目组成,其中包括大量基础设施建设项目,但并未设立制度安排,而后者则是制度设计,是区域一体化组织机构,拥有齐全的职能管理机制,尽管双方之间已经就上述38个项目合作展开谈判,但可以发现,其中包含了双边和多边项目。来自中国社会科学院俄欧亚所的李永全研究员在"中国与欧亚:新机遇和新挑战"国际会议上指出,中方的"一带一路"倡议不仅是深化改革开放的现实需要,而且是构建地区国际关系的重要举措。这是继实施改革开放后中国发展的一个新的转变,从当年的引进来到如今的走出去。这一转变过程将面临许多问题,中国的"一带一路"倡议基本上属于经济范畴,但各方对此理解并不一致,差异很大。2015年中俄签署的"一带一盟"对接合作声明给我们留下了许多值得讨论的问题,其中存在许多难点与需要解决的问题。首先,无论对概念的相互理解上,还是对共同利益的立场上,各自实际上都有不同看法。其次,"一带

---

① 张健荣:《"中国与欧亚:新机遇和新挑战"国际研讨会综述》,载《俄罗斯学刊》,2016年4月。

② 拉菲克·塞弗林:《丝绸之路上的中亚"马赛克"》,上海大学上海合作组织公共外交研究院编:《"一带一路"与中亚的繁荣稳定》,上海大学出版社,2017年版,第42页。

一盟"之间是否存在竞争关系？与其说这一竞争将在中俄之间，倒不如说将在欧亚经济联盟内部成员国之间，欧亚经济联盟的目的是建设统一经济空间，实行统一标准，任何区域外的项目都会对地区参与方产生影响，引起一系列后果。比如，中国西部—欧洲西部运输通道建设势必与俄罗斯跨西伯利亚铁路运输线形成竞争。李永全认为，要解决上述这一系列问题，我们必须有新的对话机制、新的合作模式。①

二、"带盟"对接合作模式及其可能场景

鉴于欧亚地区一体化的特点，"带盟"对接合作未来前景关系到双方和地区未来发展，无论是中方学界，还是俄方学界，更希望看到是一种合作共赢、利益均沾前景，形成利益共同体和命运共同体。俄罗斯一些学者对此提出了三种可能场景：第一，中国方案完全"吞噬"欧亚经济一体化进程；第二，"带盟"之间竞争加剧，从而不可避免地引起各种对抗后果；第三，利益联合并深化"一体化叠加"合作。

在俄罗斯学者看来，最理想的方案应是第三种场景，它看上去更符合各方愿望。俄罗斯学者戈林金娜指出："中国对欧亚经济联盟采取包容接受便是对欧亚经济联盟恭敬施礼。当习近平提出'丝绸之路经济带'时曾明确表示，有可能在上海合作组织和欧亚经济联盟基础上建立一个共同空间。可见，中方表示是要开展合作，那么俄方就该加快步伐了：'九级浪'已迎面而至，要认真考虑该如何加入其中。"②

显然，应从这些立场去评价中俄领导人关于"带盟对接"合作联合声明。考虑到当前地缘政治和经济现实情况，这是十分及时的手段，有助于欧亚经济联盟和谐地加入"九级浪"中，并且加入不仅是为了把损失降到最低，而且甚至为了能从中获得实在的利益。

俄罗斯科学院远东所所长谢尔盖·卢加宁在发表的有关"带盟"对接合作场景报告中给出了另外两种不同方案：③ 第一种，两者完全不可能对

---

① 张健荣：《"中国与欧亚：新机遇和新挑战"国际研讨会综述》，载《俄罗斯学刊》，2016年4月。

② Ольга Соколай. ЕАЭС – Шелковый путь：как вписаться в «девятый вал». https：//www.ritmeurasia.org/news – – 2015 – 05 – 31 – – eaes – shelkovyj – put – kak – vpisatsja – v – devjatyj – val – 18165.

③ С. Г. Лузянин. Поглощение, сопряжение или конфликт? ШОС, китайский проект «Шелкового Пути и ЕАЭС：варианты взаимодействия в Евразии.

接；第二种，两者部分对接，包括保留部分基础设施（交通运输等）不对接现状，并且此类"部分对接"的可能性更大。在俄罗斯学者看来，"带盟"对接合作可行性主要在中俄双边层面展开，中方是项目的实施者和推动者，丝绸之路走廊一部分穿越欧亚地域空间，而以欧亚经济联盟全体成员国与中国对接合作多半属于一种未来理想。显然，俄罗斯学者的基本观点是立足双边，并且表明实现部分对接是以交通运输基础设施为优先领域。

我们注意到，俄罗斯学者提出的上述几种"带盟"对接合作场景中，更多考虑"带盟"之间潜在竞争与冲突因素，主张欧亚经济联盟有选择地去对接中国"丝绸之路经济带"建设中的合作项目。从"带盟"对接合作进程来看，双轨平行对接合作模式更具现实性与可行性，其未来将可能呈现三种不同合作模式场景：第一种是"一盟＋中国"场景，第二种是"一带＋N"场景，第三种是"自贸区＋中国"场景。

场景之一："一带 ＋ N"模式。

这一对接合作模式体现为以中方"丝绸之路经济带"项目为主导，突出双边合作架构。其特点是，合作对象不局限于联盟内部，也可扩展到联盟以外，可为中国"一带"建设提供广阔合作空间，利于发挥中国的优势，形成紧密的合作关系。从中方角度出发，其提供的大量投资及相对先进的技术在欧亚地区将形成一定规模的产业集群，包括油气产业、汽车制造业、航空制造业、石化与石油技术产业、有色金属业、电子信息产业、煤炭与煤化产业和粮食加工业，实现生产与销售互助互利，形成中国参与的再一体化过程。各成员国对中国经济的依存度将逐渐超过其联盟内相互水平，甚至与中国形成更为广泛的全面合作，而欧亚经济联盟在其成员国经济中的地位有所下降，但并不影响其内部贸易、服务、资本、劳动力自由流动。欧亚地区逐渐成为中国主导的跨国产业集团的组成部分，从而为中国与联盟成员国双边自贸区建立奠定了基础。

作为欧亚经济联盟各成员国第一大贸易伙伴，中国分阶段、按步骤实行向联盟地区产能转移，同时将扩大从其成员国油气、矿产品、农产品、畜产品的进口，双方贸易规模将逐渐上升。通过亚投行及双边政府协议，中国成为联盟成员国跨境基础设施项目的主要投资方，中方在合作项目中的投资比重超过50%以上，一系列跨境交通运输工程相继建成和开工：中哈双西公路、中吉乌铁路、中俄滨海边疆公路，中国东北和新疆边境地区与中亚和俄罗斯之间的地方合作走向便利化和自由化。中方力推自贸区建设设想成为一种可能，其实现可分为两个阶段，先建成双边自贸区，比如中国与格鲁吉亚自贸区已于 2018 年 1 月 1 日起正式实施，中国与斯里兰卡自贸区协定谈判已进入最后阶段。可以预见，中国与"一带"沿线国家建立自贸区将是未来发展趋势，中国与欧亚经济联盟成员之间自贸区的建立将促成中白自贸区、中吉自贸区、中俄自贸区，其最终结果是建立中国与欧亚经济联盟自贸区。

场景之二："一盟 + 中国"模式。

这一对接合作模式体现为以欧亚经济联盟为主导，强调与中国对接合作上有选择性。其特点是，根据欧亚经济联盟的需求，中国向欧亚经济联盟项目进行投资，扮演投资方角色，而欧洲经济联盟扮演合作项目管理者角色。目前双方磋商之中的 38 个项目被视为对接合作重点，但是基本局限于基础设施项目，不涉及其他产业领域。根据 2017 年 10 月完成的双方经济贸易合作协定谈判结果，欧亚经济联盟已经与中方就输入产品、服务、金融、劳力、知识产权保护等达成了框架协议，包括技术标准、贸易规则、非关税制度和评估体系，显然，俄罗斯将双方对接合作分成两步走，第一步与中国签署非优惠贸易协定，第二步与中国磋商优惠贸易协定。

在这一对接合作框架下，欧亚跨地区立体交通网成型，欧亚大陆桥成为世界上最繁忙的陆上运输线，承担中国及东亚运往欧洲的 50% 的货运量。北极航道的商业运营将带动俄罗斯远东开发效应，成为亚洲通往欧洲具有竞争力的海上通道。中国与欧亚经济联盟国家之间大规模的产业联合将加速其产业现代化建设，为加快联盟国家经济结构调整与产业重组提供了良好机遇。欧亚经济联盟投资环境的逐渐改善将增加其吸引力，增强其矿产开采与加工以及油气运输产业的竞争优势，成为中国能源主要供应国。"带盟"对接合作将扩大欧亚巨大市场潜力，提升该地区的经济竞争力，为欧亚经济联盟规模壮大提供条件，其未来扩展范围将延伸到高加索、里海和西亚地区（候选新成员国包括：摩尔多瓦、塔吉克斯坦、乌兹别克斯坦、蒙古国、土库曼斯坦、伊朗、土耳其、叙利亚、突尼斯、埃及）。①

场景之三："自贸区 + 中国"模式。

这一场景令地区各方比较期待，体现为以自贸区建设目标为导向，形成中国与欧亚经济一体化格局。现代欧亚地区面临经济发展再一体化。从苏联经济发展历史看，区域自贸区建设始于 20 世纪 90 年代，后因苏联解

---

① Евразийский экономический союз. https://ru.wikipedia.org/wiki/Евразийский_экономический_союз.

体而中断,1999—2002 年恢复谈判进程,2011 年俄、白、乌三国最终签署了独联体成员国自贸区协定,之后陆续加入的国家有:亚美尼亚、吉尔吉斯斯坦、摩尔多瓦,包括乌兹别克斯坦(接受协议部分特殊条款),而土库曼斯坦和阿塞拜疆至今未签署协定。2015 年俄乌冲突导致双方终止了自贸区协定。

2015 年欧亚经济联盟成立并与越南签署了第一个域外自贸区协定,开启了联盟对外合作新进程,埃及、印度、伊朗等国等待与欧亚经济联盟洽谈自贸区建设。这一地区自贸区的显著特点是:俄罗斯为主导,成员国均属于发展中国家,经济实力有限,经济增长对外部市场的依赖度高,全球经济的变动对其经济会产生很大影响。

有关中国与欧亚地区建立自贸区的设想早在 2003 年上合组织成员国政府总理会议上首次提出,时任中国总理温家宝在讲话中表示要逐步建立上海合作组织自由贸易区。然而,中方倡议的上合组织自贸区未能得到上合组织其他成员国的响应,尽管中国官方和学界多次提出类似问题,但至今依然未能达成共识。

首先俄罗斯对与中国建立自贸区一直持谨慎态度,或者回避这类倡议,这多半出于自身利益考虑,其中不排除地缘战略因素。对欧亚经济联盟其他成员国而言,与中国建双边自贸区是把双刃剑,有利也有弊。联盟国家普遍担心的问题是,欧亚经济联盟国家经济脆弱,产业结构单一,产业技术及其产品缺少竞争力,认为欧亚经济联盟难以与中国竞争,无法承受中国产品对其市场的冲击。比如,俄罗斯圣彼得堡大学研究人员玛丽娜·拉古金娜这样认为:"现阶段要与中国建自贸区是有争议的,原因在于,在中国与欧亚经济联盟成员国双边贸易体系中是以'资源换工业产品'结构为主的,因此欧亚经济联盟成员国要想在自贸区框架内扩大本国机械制造产品的销售市场多半是难以实现的。一旦与中国建立自贸区,只会加强对华有利的贸易关系,这并不符合欧亚经济联盟经济体的利益。"[①]

事实上,地区自贸区的设立首先是在一国境内自由贸易试验区基础上逐渐形成,并且已成为国际贸易的一种惯例。它是根据世界海关组织界定的一国境内海关特殊监管区域以及自身发展战略需要划定区块或者园区,实行贸易投资优惠政策,对其内容和产业领域可加以规定,俄罗斯海参崴

[①] Юрий Масанов. Сопряжение без напряжения: сможет ли экономика Казахстана опереться на Шелковый путь? https://ia-centr.ru/experts/yuriy-masanov/sopryazhenie-bez-napryazheniya-smozhet-li-ekonomika-kazakhstana-operetsya-na-shelkovyy-put/.

自由港建设和中哈边境自贸区尝试便属此类。从世界不同地区自贸区实践来看，尽管发展中国家自贸区和发达国家自贸区之间存在差别，但是自贸区建设是拉动地区贸易增长与发展的重要方式。从欧亚地区自贸区建设现状与前景看，上海合作组织自贸区建设具有现实意义，对欧亚经济联盟发展都具有积极作用。乌克兰危机的发生加大了欧盟与俄罗斯之间的利益冲突。而欧盟早在 2009 年就推出"东方伙伴计划"，把乌克兰、摩尔多瓦、阿塞拜疆、格鲁吉亚、亚美尼亚和白俄罗斯六国纳入其候选联系国轨道。2017 年 11 月第五届欧盟东部伙伴关系峰会制定了欧盟邻国 2020 年前政治和经济合作目标。而 TPP 的最终形成势必将对欧亚地区构成巨大冲击，在这种情况下，后苏联地区国家将面临不同选择，是欧亚经济联盟，还是欧盟"东方伙伴计划"？是 TPP，还是中国"一带"与上合组织自贸区建设？上海合作组织自贸区建设能否启动，对提高地区内贸易和解决发展困境具有积极作用，相比而言，它是一种比较理想的选择。2013 年 11 月 29 日，李克强在上海合作组织成员国总理第十二次会议上的讲话中指出，各成员国应在通关、检验检疫等方面简化手续，降低关税，消除贸易壁垒，创造条件实现上海合作组织框架内的自由贸易。2015 年 12 月 16 日，在中国郑州举行的上海合作组织成员国政府首脑（总理）理事会第十四次会议期间，中国国务院总理表示，已责成各成员国经贸部长采取切实措施，研究开展建立上合组织自贸区可行性的科研工作，这将为各成员国间贸易合作创造更便利的条件。2017 年 12 月初，在索契举行的上海合作组织政府首脑（总理）第十六次理事会前夕，俄罗斯总理梅德韦杰夫在接受媒体记者采访时表示，原则上不排除建立上海合作组织自贸区的可能，但这是更高水平的一体化，需要更大程度的信任，需通过上合组织所有成员国之间进行谈判达到。因此，为了达成自贸区协定，应该首先在欧亚经济联盟内部达成共识。但是，在未来这完全是一个有前景和有意义的想法。①

俄罗斯驻华大使安德烈·杰尼索夫在一次新闻媒体采访中同样表示，"中国提出的建立自由贸易区的建议是上海合作组织一项很有前景的目标，俄罗斯对此表示支持。建立自由贸易区势在必行。但问题是，我们需要为此进行筹备。上海合作组织的成员国经济潜力有所不同，无论是经济体量上还是行业构成上。因此，为了使各位成员国都能从（自贸区）中受益，筹备工作是必须认真做好的。我们并不认为这项计划需要立竿见影地执

---

① 《俄总理梅德韦杰夫称不排除未来建立上合组织自贸区的可能》，http://www.mofcom.gov.cn/article/tongjiziliao/fuwzn/oymytj/201712/20171202680569.shtml。

行，但是我们必须创造先决条件。"①

三、建议与措施

中国与欧亚经济联盟及其成员国经济贸易关系的突出特点是，经济互补性强，贸易合作潜力大，互为战略协作伙伴和贸易紧密合作伙伴，这是建立自贸区的重要前提之一。

在上述不同合作方案及其发展场景中，不仅需要明确项目合作投资方，而且明确合作项目的管理方。中俄在区域经济发展中各自承担着主导权，彼此有效协调与协作是推进合作顺利发展的保障。但是必须指出的是，上述不同合作模式及未来场景设计不同，其对"带盟"对接目标及其地区格局形成将产生不同影响。

从中国角度出发，加快实施自由贸易区战略是中国适应经济全球化新趋势的客观要求，是全面深化改革、构建开放型经济新体制的必然选择。目前全球贸易中有50%以上是在各区域集团内部，其中欧盟内部贸易高达67.6%，北美自由贸易区为55.7%。中国积极推进"一带一路"国际合作，其目标是形成不同类型的自贸区，促进地区经济贸易发展。

从"带盟"对接合作项目出发，中国与欧亚经济联盟达成的经济贸易合作协议为未来建立自贸区奠定了一定基础，有助于构建完善的国际经济贸易体系，避免不成文的非关税贸易壁垒，提高贸易便利化水平，营造产业发展的良好环境，促进与欧亚经济联盟及其成员国经贸关系深入发展。

2017年12月，欧亚经济联盟在与中国交通部门负责人谈判中向中方提出了38个交通合作项目，其中涉及开发港口、铁路和公路交通基础设施，比如在阿尔汉格尔斯克建设深水港和铺设白海—科米—乌拉尔铁路线。②中方需要对上述38个基础设施项目予以斟酌选取，开展可行性研究，重点是中国西部和北部出口通往欧亚地区的道路运输和基础设施改造项目，为中国获取便捷通道，共同参与建设欧亚电力、石油及其产品、基础设施、物流运输、粮食、金融领域的统一空间。

---

① 《俄罗斯联邦驻华大使：上合组织自由贸易区发展前景广阔》，http://news.cri.cn/20180605/886d365d-31b9-179f-dc6b-abace9b64c46.html。

② Транспорт и логистика могут стать драйверами экономического роста в ЕАЭС. http://www.eurasiancommission.org/ru/nae/news/Pages/8-12-2017-2.aspx.

中方应着力于欧亚经济联盟成员国之间的双边发展战略对接合作，通过建立合资企业或者投资基金和产能转移，落实双方合作项目，不仅仅是跨境的双边层面，而且是利益相关的多边层面，包括中央与地方各个层面。这样有利于中国发挥西部地产优势，优调产业结构，鼓励内地企业在矿产资源开采、新能源开发、煤油气化工、装备制造、合成材料、电子信息、航空航天、路桥工程、重型汽车、现代农业、现代服务业、生态保护、文化旅游、文化创意和工程承包、技术服务等领域加强对外合作，扩大产品和技术输出，发挥中国产能与技术优势，积极参与欧亚地区制造业改造，通过建设跨境科技创新园区和自由贸易区，加快物流、人流、技术流、资本流、服务流，有助于建立一批跨区域的创新产业和具有竞争力的制造产业，形成真正意义上的经济合作大通道、大通关、大流通、大流域格局。

但同时必须意识到，在推进"带盟"建设对接合作中，作为地区大国，中俄应该处理好彼此在地区事务中的主导权问题。必须承认，中俄各自国家利益侧重点不同，双方在地区存在利益交叉和竞合，这种竞合是"带盟"对接合作进程的动力与催化剂。如果双方本着互利互惠、合作共赢原则，趋利避害，共同协商态度，就能妥善解决合作进程中出现的各种问题。为此，我们提出如下建议与措施：

第一，强调人类命运共同体的理念，强调对接合作项目接地气，互利共赢，不断壮大中国与欧亚经济联盟之间的投资与贸易规模，优化双方贸易结构，提高高科技合作水平，扩大新的合作领域和经济增长点。

第二，加强贸易政策沟通，消除俄罗斯与中亚国家对中国贸易政策的认识误区和担忧，优化贸易投资环境，使双方的贸易投资活动自由化与便利化，实现利益双赢。在上合组织自贸区建设问题上，中国要采取近期与远期目标相结合，有针对性地加快进行相关研究、规划和设计。首先应取得俄罗斯对建设自由贸易区的认同，然后在与俄方保持密切协调的前提下，依靠政府间的制度性安排，推动区域内贸易和投资自由化取得实质性进展，让欧亚经济联盟国家获得经济效益，提升其推动自由贸易区建立的积极性。在与欧亚经济联盟国家探讨自由贸易区建设时，中国自己也要改变一下思维，即不能只从发展中国家的角度来定位自身经济利益、制定贸易政策，而要充分考虑相对庞大的经济规模和较强的竞争力给欧亚经济联盟造成的压力，让其能够切实感受到自由贸易区建设带来的好处。

第三，加快相互投资便利化和产能合作，发挥政府大项目合作优势，共同建设产业园区和跨境经济合作区，促进技术转化与产业分工；打破企业所有制界线，建立与发展国有企业与民营企业之间的合作伙伴关系，鼓励中小企业参与跨区域合作项目，打造对接合作产业群体和跨国集团。

第四，注重依靠区域主体自身的文明特点、发展特征、资源与制度禀赋的优势形成发展合力，实践一种"合作导向的一体化"，形成开放和互通有无的对接合作模式，避免形而上对接，消除各种内外有别的市场准入、税制、劳动力和货币规则；加强交通运输互联互通，加快运输软件与硬件发展并进，推进物流、技术流、信息流、资本流、人力资源的合理分工与协调。

第五，加强金融和投资基金合作，通过丝路基金、亚投行以及设想建立的上海合作组织开发银行，扩大两地有价债券交易市场合作，发行统一流通债券，增加融资渠道；促进扩大贸易、直接投资和贷款领域的本币结算，加快建设中国与欧亚经济联盟之间的银行结算体系，深化在出口信贷、保险、项目和贸易融资、银行卡领域的国际合作。

第六，落实中国与欧亚经济联盟经济贸易合作协定，尽早出台"带盟"对接合作细则和措施，协调并兼容相关管理规定和标准、经贸等领域政策；以"带盟"建设对接合作为契机，采取分步骤、分阶段推进未来自贸区建设进程，推进中国与欧亚经济联盟成员国之间的双边自由贸易区建设谈判，以双边促多边，以点到面，与欧亚经济联盟各成员国之间建立不同规模的跨境自由贸易实验区，逐渐实现中国与欧亚经济联盟自贸区建设目标。第一步可以推进中国和欧亚经济联盟国家之间《关于建立更紧密经贸关系的安排》（简称"CEPA"），逐渐减低并在未来完全消除"一带"沿线参与方之间的贸易和投资壁垒；第二步推进上海合作组织自贸区建设，建立地域范围覆盖到组织观察员国和对话伙伴国。

小　结

欧亚地区不乏各种相近或者相斥的计划，无论中国的"一带"倡议，还是欧亚经济联盟，开展"带盟"对接合作更符合双方利益，对地区合作发展将起到巨大促进作用。国家利益的保护和区域发展水平是密切关联的，整体区域经济发展水平提高才能为国家发展利益提供更为可靠的保证。"带盟"对接合作未来场景设计提供了一种预测，是否符合未来事实，有待时间验证。但可以断言,中国需要加强与欧亚地区的经济密切合作,欧亚经济联盟一体化进程与中国密切相关。基于欧亚经济联盟和上海合作组织合作机制与平台,将为推进本地区自贸区建设创造有利条件,形成区域贸易发展巨大效应,对欧亚一体化进程将产生深远意义。

"一带一路"框架下助推投资合作

巴伊多列托夫·努拉季尔[*]

我想跟大家交流一下"一带一路"框架下投资合作的问题。目前"一带一路"是世界上规模最为宏大的一个跨国项目，它的主要特点是地理范围广，涉及的国家多，实施周期长，而且覆盖全球30%的GDP和62%的人口。"一带一路"最主要的目的是要全面地推动各国之间的互助和世界经济的可持续发展。"一带一路"具有非常鲜明的特点，最主要的就是让沿线各国能够通过跨地域和地区间的合作，获得互利共赢的效果。

我们看到在信息技术和工业生产快速发展的今天，世界各国彼此之间的经济联系越来越密切，"一带一路"除了中国官方提出的各种项目和优势之外，我们认为"一带一路"有非常大的资源优势。据专家评估，"一带一路"的总投资额能够达到1万亿美元，而且基于亚洲开发银行的评估，为了维持世界经济的可持续发展，治理贫困，应对气候变化带来的挑战，亚洲地区每年就需要1700万亿美元的资金。目前"一带一路"项目主要是由中国通过比较传统的金融工具和金融制度来进行融资，这里面主要是通过国家借款的形式，但是国家借款这种形式也遭遇了很多国家的质疑。比如说一些投资项目在做技术经济论证时提出的目的和最后实际落地时往往会有差距；再比如"一带一路"在巴基斯坦、斯里兰卡和塔吉克斯坦正在实施的一些大型项目。因此我们认为有必要进一步提升投资合作的水平，也增加新的投资合作的工具。所以建议有以下新的投资方向可以考虑：

第一，向绿色经济过渡。气候变化具有全球性，而且需要我们做出快速的应对，预防这些变化可能带来的负面的后果，尤其是对经济发展的影响和阻碍，所以这种清洁发展和绿色发展的项目会有非常大的发展前景，我认为我们应该为子孙后代创造更好的环境。比如说全球气候基金会已经正式表示要应对当前的气候变化，一共需要103亿美元的资金，但是目前已经实施的项目总额超过了143亿美元，绿色发展对中亚来说

---

[*] 吉尔吉斯斯坦战略研究所副所长。

是非常关键的,包括昨天已经有专家谈到了中亚的水问题,也谈到了咸海生态危机的治理问题。所以"一带一路"项目针对中国可以和沿线的国家,尤其是欧亚地区的国家在绿色能源和可替代能源等方向进一步密切合作,这一类的基础设施项目还包括绿色发展,也涵盖中亚地区水资源的使用,而且目前也已经提出了一种理念,是不是考虑成立全球绿色能源平台?同样"一带一路"倡议也可以使中国成为可持续发展的领军国家,鉴于有一些国家要退出《巴黎协定》,中国的国际责任相应就更大。接下来的投资工具可以进一步发挥的就是外国直接投资,因为外国直接投资是"一带一路"投资合作非常重要的组成部分,在向新兴市场国家进行投资的时候,比如说发展中的新兴市场会带来非常好的回报率,刚刚几位专家也讲到投资回报的问题,我们知道外国直接投资对投资对象国是非常有吸引力的,而且比较受到可能的投资对象的欢迎。世界上有很多的国家正在努力控制本国的外债规模,同时还包括通过行政的手段设置一些投资的门槛,高于多大金额的投资就禁止签署投资协议,所以应当进一步扩大对外直接投资的规模,包括通过采取PPP的投资方式,通过主权基金的形式,也可以利用各种大型的区域基金会或者通过签署协议开展大规模的贸易和投资合作。例如"丝绸之路经济带"和欧亚经济联盟的对接这个过程中,如果说贸易领域还要求中国和整个欧亚经济联盟来进行对话的话,来自中国的直接投资就可以不受到这个限制,中国可以直接和沿线国家通过双边的形式签署相关的直接投资协议,我们看到许多国家都对这种开放式的投资政策表示支持。很遗憾的是,实际上这种对外直接投资的过程中有大量的行政壁垒,在一定程度上限制了经济和投资合作的发展。所以我认为另一方面也非常有必要开展定期性的合作对话,类似我们今天这个会议就是非常好的平台。

还有可以进一步推进的方式就是跨文明对话,因为我们都看到在当今的国际条件下信任缺失,公平公正不能受到保障,一些国家不尊重其他国家和现有的国际法体系,这使得我们所处的环境变得越来越复杂。为了缩小同一个国家不同社会阶层之间的差距,就要进行更多的跨文明的对话。古丝绸之路对整个欧亚地区影响重大,但是我们在借用丝绸之路这个概念的时候,在新的时代要赋予新的内容,文化传统和宗教的交织,以及知识的交流能够促进各国人民之间的相互了解。在这一背景下我认为我们应该进一步加强欧亚地区国家的文化人文交流。

最后做一个简单的总结,我认为"一带一路"倡议是否成功在相当程度上会取决于"一带一路"框架内的项目融资手段的多样化。在这个过程中非常需要向绿色能源项目倾斜，更多地使用外国直接投资，还有加强跨文明对话都是非常有效的手段。

（根据现场同传速记稿整理）

【俄文原文】

Стимулирование инвестиционного сотрудничества в рамках инициативы «Один пояс и один путь»

Байдолетов Нурадил [*]

На сегодня инициатива «Один пояс и один путь» – единственная инициатива, имеющая столь большой географический ареал, долгосрочные перс-пективы и страновой охват, объединяя усилия экономик с долей в 30% мирового ВВП и 62% населения Земли. Она предусматривает компл-ексный подход к развитию и ориентирована на долгосрочное устойчивое развитие. В основу инициативы положены принципы открытости, доверия и партнерства, что делает ее в настоящее время уникальной в международном сотрудничестве.

Особенностью инициативы является возможность получения кооп-ерационных выгод от развития регионального сотрудничества. Стремительное развитие и проникновение информационных технологий все более сближает ранее географически обособленные экономические системы, стимулируя к достижению большей торговой, инвестиционной и финансовой связанности.

Помимо программной части инициативы «Один пояс и один путь» необходимо отметить ее большой ресурсный потенциал. По оценкам экспертов объем инвестиций в рамках инициативы превысит сумму в 1 триллион долларов США. При этом, согласно оценкам Азиатского банка

---

[*] Заместитель директора Института стратегических исследований Кыргызстана.

развития, для поддержки устойчивого экономического роста, борьбы с бедностью и реагирования на вызовы в связи с изменением климата необходимо инвестировать в инфраструктуру азиатского региона около 1,7 три-ллионов долларов США ежегодно[①].

Текущая схема реализации проектов через финансовые институты Китая по традиционным каналам межгосударственных заимствований не везде встречает достаточного понимания стран-реципиентов. В некоторых странах усиливаются дебаты о целесообразности привлечения таких больших объемов внешних заимствований, а также соответствия вложений, декларируемым инвестиционным целям (Пакистан, Шри - Ланка, Таджикистан).

В связи с этим, необходимо диверсифицировать виды инвестиционного сотрудничества в дополнение к программам государственных заимствований. Перспективными направлениями для сотрудничества являются:

- Переход к «зеленой экономике»

Проблемы, вызываемые изменением климата, носят глобальный характер и требуют безотлагательных мер по их митигации и предупреждению. Тем самым проекты в интересах чистого и зеленого развития обладают большим мобилизующим и интегрирующим потенциалом. К примеру, размер Глобального климатического фонда согласно озвученным обязательствам составил 10,3 млрд. долларов США, из которых уже реализуются проекты на 1,43 млрд. долларов США[②].

К примеру, к таким инфраструктурным инвестициям можно отнести использование водно-энергетических в продвижении идеи создания глобальной зеленой энергетической платформы.

- Развитие прямого инвестирования

Прямые иностранные инвестиции (ПИИ) являются отличным дополнением к инвестиционному сотрудничеству в рамках инициативы «Один пояс и один путь». В дополнение к возможности вложения в новые развивающиеся рынки, ПИИ обладают большим запасом при-

---

① https://www.adb.org/publications/asia-infrastructure-needs.
② https://www.greenclimate.fund/what-we-do/portfolio-dashboard.

влекательности и положительного восприятия от стран-реципиентов. Если многие Правительства стараются ограничивать внешние заимствования, иногда даже посредством установленных законом лимитов, то в случае с ПИИ декларируется полная открытость.

Необходимо стимулирование участия прямого инвестиционного капитала в странах региона через инструменты ГЧП, договорной базы о торговом и инвестиционном сотрудничестве.

Открытая инвестиционная политика декларируется во многих странах, но к сожалению, все еще наблюдается высокий уровень административных барьеров для развития бизнеса, инвестиционных потоков и торгового сотрудничества. Регулярные совместные диалоги (форумы, конференции, встречи) могли бы стимулировать обмен информацией для работы над такими проблемами.

- Цивилизационный диалог

Дефицит доверия, справедливости, уважения, сотрудничества порождает международные конфликтов и кризис глобальных институтов, ответственных за развитие. Продолжают увеличиваться разрывы между странами, обществами и людьми. При этом, учитывая высокую значимость Великого Шелкового пути нельзя допустить потери смысла цивилизационного существования. Сплетение культур, традиций и религий, а также обмен знаниями исторически способствовали укреплению мира и дружбы между народами. В этом контексте, особое внимание должно уделяться культурно-гуманитарному сотрудничеству, как основе в укреплении доверия и взаимопонимания.

Культурный диалог способствует повышению доверия, трансферу культуры ведения бизнеса, понимания процессов и требований.

强化创新合作引领是"一带一路"中蒙俄经济走廊加快发展的新路径[*]

戚文海[**]

2017年5月14日,习近平主席在"一带一路"国际合作高峰论坛开幕式中指出,"我们要将'一带一路'建成创新之路。我们要促进科技同产业、科技同金融的深度融合,优化创新环境,集聚创新资源。"东北地区各省区均提出,深入对接"一带一路"倡议,积极参与中蒙俄经济走廊建设,完善对外开放平台,发展外向型产业。以对俄及独联体创新合作为引领和特色,是充分挖掘东北地区对独联体潜力和优势的明智选择,是东北地区转方式、调结构的突破口、动力源和增长点,为破解东北地区当前发展难题打开了全新路径。

一、深入对接"一带一路"战略创新资源,加快建设以对俄及独联体创新合作为先导的支撑体系

加快建设创新合作支撑体系是东北地区将潜在科技与地缘优势变成现实发展优势的明智选择,更是积极适应新常态,实现"转方式、调结构、稳增长"的基础工作。

一要打造若干国家级创新基地。努力将东北地区打造成国家级中俄及独联体科技合作的技术研发基地、中俄高新技术产业化示范基地、中俄高新技术改造传统产业示范基地、中俄科技合作人才培养基地、中俄科技合作标准基地、中俄科技合作咨询评估中心、俄罗斯高科技及其再开发集聚辐射中心、中俄科技合作信息中心、中俄知识产权合作交流基地。

二要加快建设特色产业集群。结合东北地区实际打造对俄及独联体特色产业集群:文化艺术产业集群、服务业产业集群、高端制造业产业集

---

[*] 国家社科基金重点项目《加快推动中俄经贸科技创新合作机制创新研究》(项目编号:16AGJ001)的阶段成果之一。

[**] 黑龙江大学欧亚发展研究院院长,中俄全面战略协作协同创新中心教授。

群、新材料产业集群、航空航天产业集群、新能源产业集群、生物医药产业集群、食品产业集群、石油化工产业集群、总部经济与会展经济产业集群。

三要加强技术贸易基础平台建设。一是充分发挥好中俄博览会、东北亚博览会对俄及独联体合作平台作用，切实提升各专业性展会，利用线上线下推介对俄及独联体科技创新合作项目；二是继续办好中俄及独联体人才交流合作专题讲演会、中俄高端人才交流周等人才智力推介和项目对接会；三是要积极参加俄罗斯的国际创新展等境外展会，提高市场知名度；四是走出去继续举办好新材料博览会、哈科会及中俄高层论坛。

四要加快培育外向化出口基地。一是以市场为导向，选择在"一带一路"内有广阔市场前景的高新技术产业、资源深加工产业、轻工业和农产品深加工等产业，重点扶持、加大投入；二是加强招商引资活动，形成面向整个独联体市场的进出口加工基地和优势产业集群；三是以装备制造、医药、食品、化工等主导产业为基础，以哈电站集团、哈飞集团和沈飞集团等优质企业集团为依托，强化对独联体科技研发合作，促进产业优化升级，增强产业配套能力，延长产业链条。

二、深入对接"一带一路"战略融资机制，加快建设以对俄及独联体创新合作为引领的服务体系

东北地区科技、金融和工信等部门应坚持合作双方或多方共赢原则，以技术引进为重点，以提高自主创新能力为目标，以政府组织推进为保障。

一要充分用好已有重要载体。一是用好东北地区拥有对俄合作独特的区位优势、较强科技实力、雄厚产业基础、较集中的对俄合作人才资源和稳定合作渠道；二是用好以哈工大和东北大学等一批国家重点理工院校和科研院所国际科技合作的重要支撑；用好哈长沈大和大庆高新技术开发区等国家级开发区的重要载体；三是发挥好以长春中俄科技园、哈尔滨科技创新城等为支撑的国际科技合作体系的作用。

二要加快科技金融体系建设。努力完善金融市场体系，把哈尔滨和大连建设成为国际区域金融中心。一是继续推进东北地区重点装备制造企业境外并购外汇管理改革工作；二是配合搭建对俄合作投融资平台，积极帮助企业利用境外资产进行担保融资；三是积极向国家争取更多有利于东北

地区经济发展的短债余额指标支持；四是大力引进外资银行等境外金融机构。加快以对俄合作为重点的对外金融体系建设；五是加快建设国家对独联体创新合作担保中心和产业合作基金。

三要加快科技投融资平台建设。积极推进科技型企业借力资本市场加快发展。一是扩大科技创新引导资金规模，引导风险投资者在东北地区共建天使基金、创业投资基金；二是建立天使投资风险补偿机制，引导投资机构更多地投资初创期企业；三是建立创业投资风险补偿机制，对投资科技型中小企业创业投资机构给予风险补助；四是完善知识产权质押担保补偿机制，鼓励贷款担保机构为科技型企业提供担保服务；五是组建实体性高新技术产业风险投资基金和管理公司。

三、深入对接"一带一路"战略创新环境，加快建设以对俄及独联体创新合作为引领的产业化体系

加快建设科技型外向化的产业化体系是东北地区可持续发展的不竭动力，也是东北地区建设开放型经济新体制的新思路，有利于打破"通道思维"。

一要推进科技企业孵化培育。一是努力使孵化器和在孵企业大幅增加，为新增科技型企业提供更好的发展空间；二是要加快推动孵化器由物业服务功能向创业、金融服务功能转变，为企业发展提供全方位、多层次和多元化的专业服务；三是从东北地区高新技术产业专项资金中拿出一定资金，重点支持其建设公共技术服务平台等方面；四是指导优秀孵化器建立合理的企业入孵筛选机制、孵化培育机制和毕业退出机制。

二要强化创新服务平台建设。一是针对东北地区重点产业发展的技术需求，以若干重点科研方向为切入点，整合东北地区对俄科技合作中心的研发资源、合作渠道资源等，形成横向协作的开放式平台，直接面向大院大所大企技术需求；二是建立综合性、专业化、全方位的服务体系，形成引进、消化、二次开发和产业化的链条；三是推动科技服务业发展，哈长沈大打造集研究开发、成果转化、检验检测、创业孵化、科技金融五位一体的核心示范区。

三要完善先导的高效合作体系。一是既保留讲学、进修、技术考察、种质资源和技术资料的交换，又发展共同研究、联合设计、合办联合实验室和共建科技成果产业化基地等新形式；二是应努力构建信息跟踪、技术

引进、中介、孵化和产业化系统工程的体系；三是应打造高校、科研院所、企业三支对俄科技合作队伍；四是瞄准重大装备、能源化工、现代农业生物技术、高新技术与国防尖端四大目标，联合建立实验室、研究院，深化联合办学、产学研联合。

四、深入对接"一带一路"战略有效机制，加快建设以对俄及独联体创新合作为引领的协调机制

加快建设以对俄及独联体创新合作为引领的高效协调机制，是东北地区完善加快形成对外开放的新格局，实现深入对接的基础性工作和机制保障。

一要确立创新合作总体框架。一是完善东北地区宏观管理和协调的决策支撑体系，对独联体合作重大决策和项目事前都经过专家决策论证；二是完善人才支撑体系，吸引全国对独联体合作人才和独联体专家，以重大项目和优惠政策为纽带，形成多元的人才群体；三是完善资金保障支撑体系，从科研攻关和产业化经费中拨出资金重点支持对俄合作项目；四是完善信息支撑体系，及时为省内有关部门和企业提供合作相关信息。

二要加快完善宏观管理协调机制。应继续加强东北地区对俄科技创新合作的宏观管理和协调机制。一是加强各省对俄科技合作领导小组的效能，加强其对战略和对策的研究和制定，整合资金、人力、物力资源的作用；二是充分利用好对俄及独联体科技合作渠道，与其主要科研机构、大学建立长期广泛合作关系；三是拓展已有合作领域，特别是装备制造、新材料、新能源与环保、生物工程等领域；四是完善对俄科技合作体系，提升国家级各类对俄科技合作基地和中心。

三要提升科技计划管理信息系统效能。东北地区应将原有各类科技计划系统全部纳入"科技计划综合管理系统"，建立"一站式"申报平台，梳理整合原有各系统中信息，实现"三个统一"，即统一项目库、统一专家库、统一用户账号，增加项目执行、成果转化、产业化及获奖情况跟踪管理功能，并建立科技诚信库，对诚信状况不佳的项目承担单位和负责人记入黑名单，同时增设纪检监察等监督窗口功能，促进各类科技计划的统筹协调与有机衔接。

四要积极营造良好合作法律氛围，认真落实好东北地区各省相关科技进步条例。一是用好县级以上政府及相关部门在促进科技进步中的各项责

任与义务；二是用好促进科技成果转化、发挥市场配置科技资源的决定作用、保障全社会科技投入等措施；三是用好用足在促进企业成为创新主体、激励科技人员创新创业等方面出台的有力措施；四是开展法律经济技术需求情况调查摸底，对企业发展面临的问题进行汇总分类，并组织相关专家研究解决。

五要积极营造吸引人才的有效机制。一是认真贯彻落实国家和东北地区吸引人才的政策法规，完善调动科技人才创新创业积极性的有效机制；二是鼓励企事业单位采取科技成果作价入股、股权期权激励、优先购买股份等方式奖励有突出贡献的科技人才；三是相关机构转化职务科技成果的，所获股权或净收益的30%—90%用于奖励有关科技人员；四是由职务科技成果完成人依法创办企业自行转化或以技术入股进行转化的，完成人最高可享有该成果在企业中股权的70%。

新疆面向中亚的外贸经济发展趋势及观点建议

——"丝绸之路经济带"背景下的探讨

刘遵乐[*]

一、新疆外贸经济发展的特点和新趋势

（一）新疆外贸经济发展的基本特征

一是外贸经济禀赋特征明显，但在全国占比较小。新疆作为我国向西开放的窗口，拥有5600公里漫长的边境线，与蒙古国、俄罗斯、哈萨克斯坦、吉尔吉斯斯坦、塔吉克斯坦、阿富汗、巴基斯坦、印度等8个国家接壤，是我国边界线最长的省区，拥有国家一类口岸17个、二类口岸12个，具有发展外向型经济的先天禀赋。但长期以来新疆外贸经济发展滞后，在全国对外贸易总额中所占比重较小，一直徘徊在0.5%—0.9%之间，2017年新疆外贸总额为1398.43亿元，占全国外贸总额的比重仅为0.5%，且新疆对外贸易依存度不高，低于全国平均水平20—30个百分点。外贸经济发展与新疆得天独厚的地理位置禀赋不相适应，新疆外贸经济发展潜力没有得到充分释放，拥有较大发展空间。

表1　2006—2017年新疆和全国外贸额及对外贸易依存度对比表

（单位：亿元人民币）

年份	新疆 进出口额	新疆生产总值	对外贸易依存度（%）	全国 进出口额	国内生产总值	对外贸易依存度（%）	新疆外贸额在全国占比（%）
2006	725.67	3045.26	23.83	140974	216314	65.17	0.52
2007	1042.96	3523.16	29.6	166864	265810	62.78	0.63
2008	1542.99	4183.21	36.89	179922	314045	57.29	0.86
2009	944.59	4277.05	22.09	150648	340903	44.19	0.63

---

[*] 中国人民银行乌鲁木齐中心支行经济师，新疆金融学会中亚金融研究中心研究员。

续表

年份	新疆 进出口额	新疆生产总值	对外贸易依存度（%）	全国 进出口额	国内生产总值	对外贸易依存度（%）	新疆外贸额在全国占比（%）
2010	1159.48	5437.47	21.32	201722	401202	50.28	0.57
2011	1480.94	6610.05	22.40	236340	471564	50.12	0.63
2012	1588.90	7505.31	21.17	244160.2	539116.5	45.29	0.65
2013	1706.96	8443.84	20.22	258168.9	590422.4	43.73	0.66
2014	1720.09	9273.46	18.55	264241.8	644791.1	40.98	0.65
2015	1226.21	9324.80	13.15	245502.9	682635.1	35.96	0.50
2016	1188.16	9550.00	12.44	243300.6	744127.0	32.70	0.49
2017	1398.43	10920.09	12.81	277923	827122	33.6	0.5

注：对外贸易依存度 = 进出口额/国内生产总值 * 100。

数据来源：《中国统计年鉴》《中华人民共和国2017年国民经济和社会发展统计公报》《新疆统计年鉴》《2017年新疆维吾尔自治区国民经济和社会发展统计公报》。

二是与中国周边邻国贸易互补性强，对外贸易中出口占比较大。新疆毗邻中亚地区，与中国周边邻国存在着较大的产业结构互补性，形成了基于产业差异的外贸产品特征。进口产品为能源资源型，主要为纸浆、农产品、铜铁矿石等（见图2）。出口商品为劳动密集型商品，主要为机电、服装、鞋类等（见图3）。一直以来，新疆对外贸易都是出口占绝对规模（见图1）。2017年新疆出口规模为177亿美元，占进出口总额的85.8%，规模同比增长了11.4%。

三是贸易投资对象高度集中，哈萨克斯坦为最主要的贸易伙伴。新疆贸易投资的对象集中度较高。新疆对外贸易对象主要集中在以中亚五国和俄罗斯为主的中国周边国家，其中对哈萨克斯坦贸易往来占比接近全疆对外贸易规模的一半（见图4）。从2017年的情况来看，贸易规模排前五的贸易对象分别为哈萨克斯坦、吉尔吉斯斯坦、塔吉克斯坦、俄罗斯和乌兹别克斯坦，中国新疆与这五国贸易往来达165亿美元，占全疆外贸总额的80.1%。其中，对哈萨克斯坦的贸易往来规模就达94亿美元，占全疆外贸的46.5%。从投资对象来看，辖区境外投资的主要对象也是以中国周边国家为主。截至2017年末，累计对中国周边国家（样本包括哈萨克斯坦、塔吉克斯坦、吉尔吉斯斯坦、俄罗斯、巴基斯坦、蒙古国、印度、阿富汗等 8 个国家）投资 19.93 亿美元，占新疆维吾尔自治区总投资额的 50.66%。从主要行业分布来看，投资主要集中在石油和天然气开采业（51.7%）、有色金属采矿业（11.4%）、批发和零售业（7.5%）和纺织业（2.6%）等，石油天然气开采及矿产资源开采是辖区对周边国家投资的主要行业。

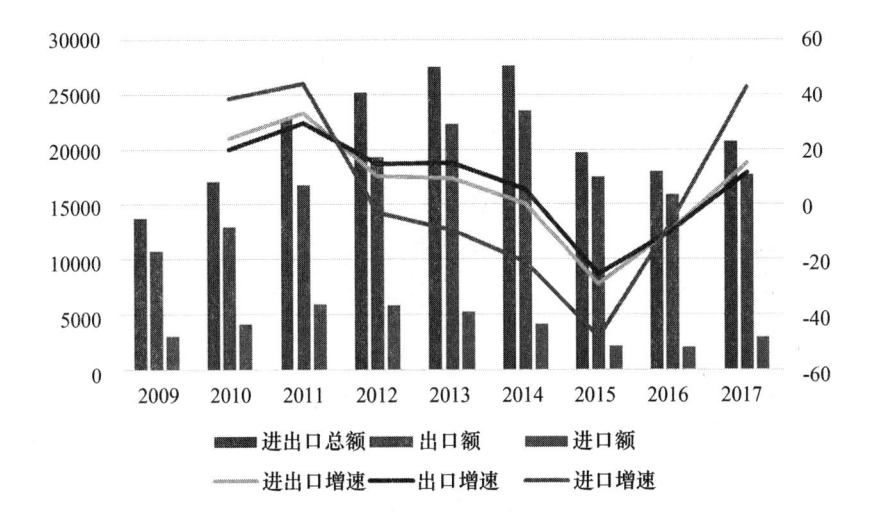

图 1　2009—2017 年新疆外贸变化趋势图

数据来源：乌鲁木齐海关公开数据，http://www.arumqi.customs.gov.cn。

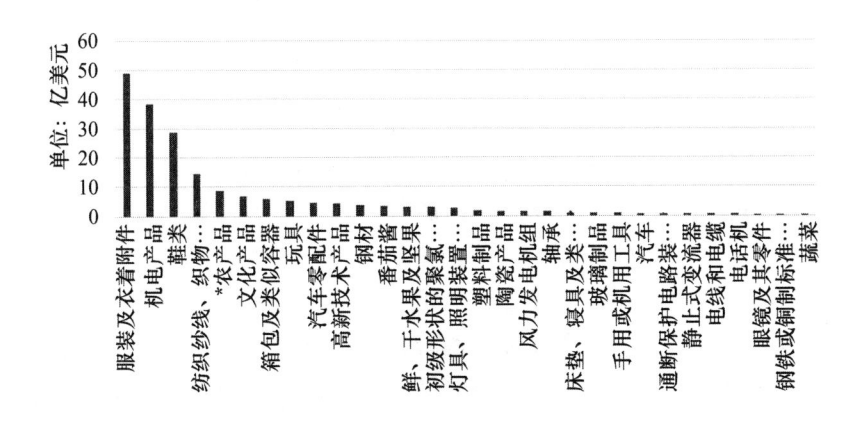

图 2　2017 年新疆外贸进口部分商品量值

数据来源：乌鲁木齐海关公开数据整理，http://www.arumqi.customs.gov.cn。

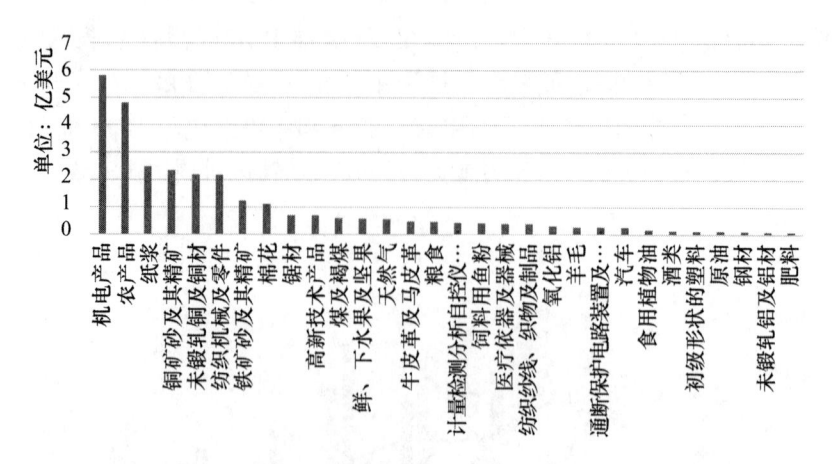

图 3　2017 年新疆外贸出口部分商品量值

数据来源：乌鲁木齐海关公开数据整理，http://www.arumqi.customs.gov.cn。

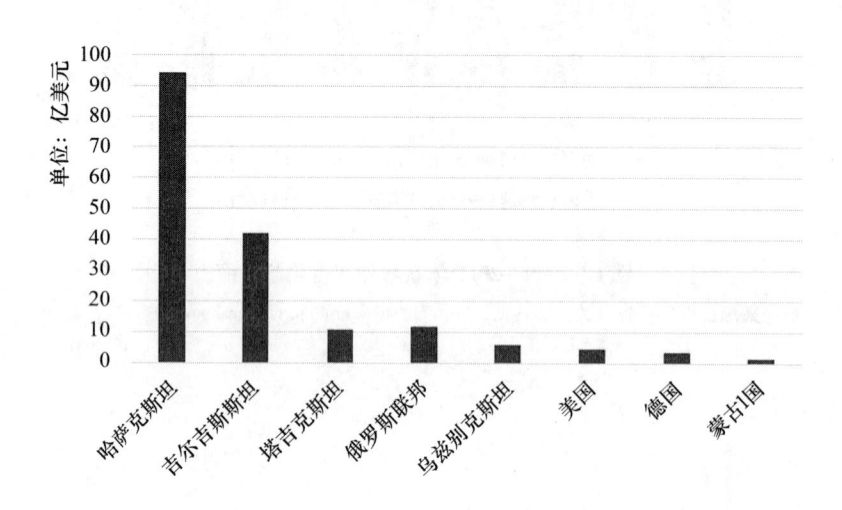

图 4　2017 年新疆主要外贸对象

数据来源：乌鲁木齐海关公开数据整理，http://www.arumqi.customs.gov.cn。

四是贸易方式多样，以边境小额贸易为主。新疆拥有边境小额贸易、补偿贸易、易货贸易、加工贸易、旅游贸易、转口贸易、边民贸易等种类多样的贸易方式。这从多种渠道促进了新疆开展对外贸易，丰富了新疆对外贸易的内涵。其中具有地方特色的边境小额贸易一直以来是新疆最主要的外贸方式（见图5）。2017 年新疆边贸进出口总额 138 亿美元，占全疆对外贸易额的 66.9%，占全国边贸额的 37.2%，无论是在新疆对外贸易还是全国边贸中都有重要影响。边贸规模同比增长 25.2%，高于贸易平均增速8.1个百分点,是拉动辖区外贸增长的主要力量。

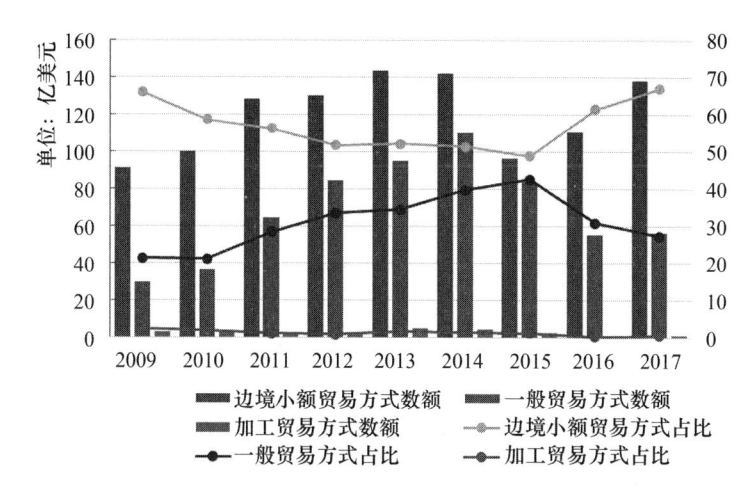

图5 2009—2017年新疆进出口贸易方式

数据来源:乌鲁木齐海关公开数据整理,http://www.arumqi.customs.gov.cn。

(二)新疆外贸经济发展的新趋势

2013年以来,由于国际市场大宗商品价格走低,对中国周边国家经济造成负面影响,新疆外贸出现下滑趋势。2015年,大宗商品价格触底反弹,以中亚国家为主的中国周边国家经济回暖,新疆外贸经济回升。同时随着"丝绸之路经济带"建设的不断推进,2018年中美贸易摩擦的不断加剧,新疆外贸经济出现几个新的发展特征值得重点关注。

一是贸易进口增速加快。长期以来,新疆出口一直高于进口,贸易顺差较大。2016年新疆进口明显加速,2017年新疆进口增速达到42.6%,高于出口增速28.8个百分点,五年来出口增速首次高于进口增速。

二是边境小额贸易迅速增长。长期以来,边境小额贸易在新疆外贸经济中占比较高,2012年以来,受欧亚经济联盟影响,边境小额贸易一度出现逐年下滑趋势。2016年,这一趋势出现反转,边境小额贸易快速回升,2016年、2017年边境小额贸易同比增速分别为14.8%、25.6%。2017年,在全国所有的内陆边境省区中,新疆边境小额贸易额排名第二。

三是劳动密集型产品在出口产品比重中有所下降。随着新疆外贸经济发展的不断深化以及主要贸易对象国需求的变化,劳动密集型产品在新疆产品出口总额的占比总体呈现下降趋势。服装、鞋类产品、纺织制品出口额占出口总额的比例由 2009 年的 58.01% 下降至 2017 年的 52.2%。而与之相对应的是，具有较高技术含量的机电产品出口增速较快。2017 年，机电产品出口总金额达到 38.41 亿美元，同比增长达到 4.3%，占出口额的比重由 2009 年的 16.3% 上升至 2017 年的 21.7%，在所有出口产品种类中排名第二位。

四是与丝路沿线各国贸易规模大幅增长。在外需回暖的趋势下，加之"一带一路"倡议成效显现，2017 年，新疆地区与丝路沿线国家贸易额达到 183.9 亿美元，同比增长 24.8%，高于全疆贸易额增速 7.7 个百分点；贸易规模占全辖区贸易总额的 89%，占比较 2016 年提高 2 个百分点。

五是对美贸易出现大幅下跌。美国是新疆地区的重要贸易对象，在排名中处于前五位的位置，但是自 2016 年起，新疆地区与美国贸易额出现大幅下滑，2016 年、2017 年贸易额增幅分别为 –41.6%、–55.1%。

二、影响新疆外贸经济发展的因素分析

（一）外部因素

一是中国周边国家经济整体欠发达，市场需求不足。新疆最主要的贸易对象区域为中国相邻国家，其中中亚五国都为苏联加盟共和国。苏联解体后，都经历了阵痛的政治经济转型，国内市场机制发展不健全。其中除哈萨克斯坦、土库曼斯坦近几年通过能源经济带动发展成为农业—工业国家之外，吉尔吉斯斯坦、乌兹别克斯坦以及塔吉克斯坦还都是典型的农业国家。巴基斯坦、印度与中国相邻区域多为高山区域，人口较少，交通不顺畅。而俄罗斯、蒙古国等国与新疆地区相邻区域为各国经济相对落后地区，开展外贸经济的需求空间有限。2008 年金融危机后，以中亚五国为主的周边国家经济增速出现不同程度的放缓，到 2015 年达到近年来历史最低，2016 年有小幅回暖（见图 6）。但受国际大宗商品价格持续低迷的影响，中国周边国家以资源出口为主的单一经济结构难以为经济快速增长提供足够动力。地理位置优势明显但外需不足是导致新疆地区外贸经济在全国占比较小的主要因素。

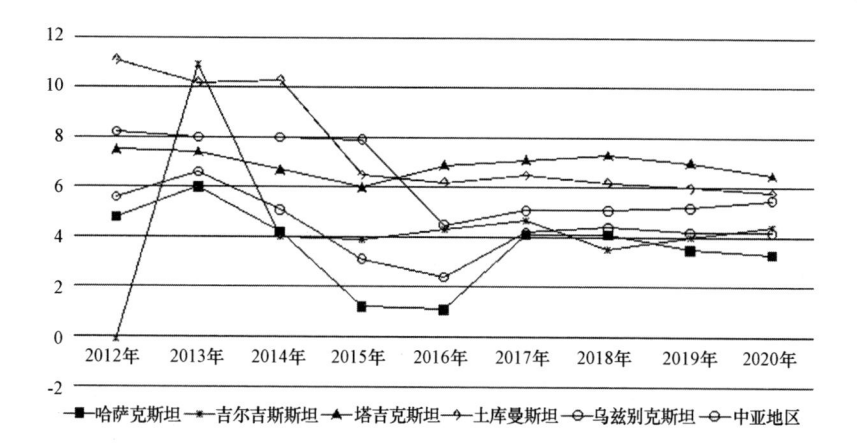

图6 2012—2020年中亚五国国内生产总值增长率（%，年变化率）

数据来源：亚洲开发银行（https://www.adb.org）《Asian Development Outlook2018》相关数据综合整理，2019年、2020年为预测值。

二是区域型的关税同盟对新疆外贸造成不利影响。欧亚大陆局势复杂多变，中国新疆地区毗邻的主要国家各有对外经济发展战略，如俄罗斯主导的"欧亚经济联盟"、哈萨克斯坦提出的"光明之路"新经济政策等。其中，欧亚经济联盟实行统一关税（见表1）、统一市场，推行协调一致的经济政策，进出口商品检验繁琐程度上升，形成一定的贸易壁垒，一度导致我国向哈、吉等国出口的关税及运费成本上升（见表2）。如在关税同盟正式运作后，新疆最重要的贸易对象哈萨克斯坦当年在新疆外贸总额中的占比有较为明显的下滑，由2010年的54.06%下滑至2012年的42.46%，下滑幅度达到11.6个百分点，其后占比有所恢复，但短期冲击明显。虽然2015年7月习近平主席与俄罗斯总统普京表示将开展"丝绸之路经济带"与欧亚经济联盟的对接合作，但外贸通关、关税互惠、口岸共建等方面的具体措施尚未明确。

表2 欧亚经济联盟建立前后关税同盟成员国关税变化

国别	加入关税同盟前平均关税		2010年施行关税同盟共同对外关税后的平均关税		WTO标准下的最终平均关税	2020年欧亚经济联盟施行的共同对外平均关税
	非加权	贸易加权	非加权	贸易加权	非加权	非加权
2009年关税水平						
白俄罗斯	12.0	8	11.1	NA	NA	7.9
俄罗斯	11.9	11.6	11.1	11	8.6	7.9

续表

国别	加入关税同盟前平均关税		2010年施行关税同盟共同对外关税后的平均关税		WTO标准下的最终平均关税	2020年欧亚经济联盟施行的共同对外平均关税
	非加权	贸易加权	非加权	贸易加权	非加权	非加权
哈萨克斯坦	6.7	5.3	11.1	9.5	6.1	7.9
2013年关税水平						
亚美尼亚	3.5	3.4			8.5	7.9
吉尔吉斯斯坦	4.6	4.1			7.5	7.9

资料来源：kz.mofcom.gov.cn。

三是与中国新疆毗邻国家经济金融存在潜在风险，对进一步深化贸易合作造成不利影响。这些国家经济基础差，易受到外部环境变化影响，各国外汇市场波动幅度较大。2016年到2018年5月底，除哈萨克斯坦（0.47%）、俄罗斯（10.3%）和吉尔吉斯斯坦（10%）本国货币兑美元呈小幅升值外，其他国家货币均呈现贬值，乌兹别克斯坦、塔吉克斯坦、巴基斯坦、印度本国货币兑美元分别贬值184.1%、30%、10.29%和2.18%。贸易投资国的货币大幅贬值，会直接造成贸易、投资资金的汇兑损失，对深化贸易投资造成不利影响。

丝路沿线国家外债问题凸显。丝路沿线国家银行业机构普遍存在资产规模小，银行业资产指标不能满足巴塞尔协定的规定要求，导致我国金融机构与之合作难以达到国际金融合作的相应监管要求。现阶段，中国金融机构与丝路沿线国家开展"丝绸之路经济带"项目合作，多采取的是依托与当地金融机构合作，利用当地国政府主权信用担保开展的项目合作。由于世界经济不景气带来的冲击，丝路沿线部分国家外债问题凸显（见表3），哈萨克斯坦（105%）、印度（70%）、巴基斯坦（68.1%）和吉尔吉斯斯坦（62%）债务占比均已超过警戒线。外债负债率较高，导致国际信用评级机构下调国家主权信用等级，易造成从国际市场融资困难，项目后期资金跟进不到位，项目信贷产生逾期。

同时，由于丝路沿线国家多数并没有形成良好的社会诚信体系，导致我国企业受到的损失多来源于当地合作者的欺诈和违约，而当地政府的不作为减少了违约成本，加剧了违约风险。

表3 2017年丝路沿线中亚国家外债余额　（单位：亿美元）

国家	2013	2014	2015	2016	2017
哈萨克斯坦	1500.33	1575.62	1534.22	1636.32	1674.85
吉尔吉斯斯坦	59.3	63.71	66.7	68.3	69.08
塔吉克斯坦	21.52	20.98	21.83	22.76	28.33
土库曼斯坦	86.53	80.43	83.54	—	—
乌兹别克斯坦	75	83.99	118	131	150

资料来源：ADB（亚洲开发银行）亚洲经济展望（2017）。

四是中美贸易摩擦升级，新疆地区对美贸易结构和规模发生显著变化。2018年上半年，新疆地区对美贸易规模合计2.2亿美元，同比增长7.1%，其中，出口1.1亿美元，同比下降17.6%，进口1.1亿美元，同比增长51.3%。上半年对美贸易整体表现为"出口显著下降、进口快速增长"的特征。中美"贸易战"对新疆辖内高新科技等企业的进出口贸易已经产生不利影响，新疆地区部分涉美外贸企业已经开始采取"出口转内销"、开拓中亚市场等方式规避贸易战的不利影响。

（二）内部因素

一是进出口贸易结构性问题突出，过境贸易较多，对本地经济贡献较少。近年来，新疆外贸保持高速增长，但增长并未与本地经济发展保持同步的增长态势。出现这种局面的原因在于新疆外贸表现为"贸易通道"特征，出口产品中本地制造产品占比较低。新疆地区与中国周边国家资源禀赋相差较大，产业结构上存在的互补性决定了新疆进口产品以资源性产品为主，主要供应内地市场；出口产品则集中在传统劳动密集型产品上，制造地也多为内地省份，本地含量较低。近几年，我国致力于构建能源资源安全体系，实施能源陆上国际大通道建设，对资源型产品进口给予进口退税等优惠政策，同时中哈石油管道、中土天然气管道建设体系日益完善，带动了新疆的能源资源型产品进口增加。而随着中亚国家经济发展、产业体系完善、日益融入国际市场，需求层次提升，传统的劳动密集型产品在中亚竞争压力加大。

二是新疆尚未形成完整的外贸产业体系，外贸出口以低端产品为主，没有形成品牌优势。新疆位于中国西部地区，目前社会生产力发展水平仍然较低，工业化整体处于初级阶段，产业配套能力较差，科技创新能力不足，尚未形成外向型的产业体系，参与国际市场竞争的物质技术基础薄弱。在新疆缺少相关生产基地和企业的形势下，利用地缘和人文优势，发挥"通道"作用发展外贸,在短时期内可以发挥作用。但是随着国际市场化程度的加深,中亚客户选择增多,对新疆产品出口造成不利影响。随着中亚地区经济发展,外部市场需求层次提升,新疆原有以低端产品为主的边境小额贸易受到了国际市场竞争对手的强烈冲击。而新疆"通道型"的外贸发展模式不能够有效判断国外市场需求变化特征,在整个国际竞争格局中处于不利地位。

三是口岸基础设施建设落后,交通瓶颈影响新疆外贸发展。新疆拥有着包括陆路口岸、国际航空港、管道运输等多样化、立体化的外贸交通运输方式,但是受地理环境、气候条件和资金来源等多方面制约,新疆口岸基础设施建设落后,口岸的电子化程度和基础设施完善程度不能满足口岸经济发展地位的需要,影响通关效率提高和综合功能提升。随着外贸经济的进一步发展,运输"瓶颈"对外贸发展的制约愈加突出。现阶段中国新疆与中亚区域仅有中哈铁路实现了货物运输,而由于铁路轨距不一致,货物需要在阿拉山口进行换装,由于换装效率较低以及通过口岸的进出口货物量不平衡,新疆区内外贸企业所需车皮满足率不及50%,不能与外贸经济快速发展的现状相适应。

三、促进新疆外贸经济转型发展的思路

(一)面对新形势,坚定不移推进新一轮对外开放

2018年4月,习近平主席在博鳌亚洲论坛上发表《开放共创繁荣 创新引领未来》的主旨演讲,明确提出中国将全面深化改革、扩大开放,并宣布进一步扩大开放的四项具体举措。其中主动扩大进口对于新疆外贸具有现实意义。新疆地区在与中国周边国家的经贸往来中,长期处于贸易顺差地位。扩大出口,"丝绸之路经济带"沿线国家的各类商品可以通过新疆进入中国市场,一方面有助于中国和丝路沿线各国形成更为紧密的贸易共同体,实现区域贸易平衡;另一方面也有助于拓展丝路沿线国家的潜在市场,为中国企业开拓新的市场空间。

(二)立足提升自身制造能力,培养健全的外贸产业体系

要切实发挥外贸对新疆经济的拉动作用,培养外贸经济成为新疆新的经济增长点,必须重新构建新疆外贸发展的发展模式。通过对本地企业进行技术改造或产业升级,形成外向型产业体系。充分利用现阶段产业承接机会,改善投资环境,吸引国内外企业入驻新疆,对外建设出口商品加工基地,对内成为进口原材料的初级加工甚至深加工基地,将"通道型"外

贸转变为两头在外的"加工基地"型外贸经济。抓好公共服务平台和进出口基地建设，形成"外辟市场、内建基地"的外贸发展格局。

（三）完善外贸基础设施建设，通过设施联通促进贸易畅通

新形势下，新疆充分利用地缘优势，积极推进"丝绸之路经济带""五通"建设。通过与中国周边邻国的积极协商，完善区域交通网络建设，以设施联通促进贸易畅通，重点支持对于中国克服外贸发展中的物流瓶颈具有重大意义的中哈霍尔果斯—阿腾科里铁路建设，中吉乌公路规划建设等重大项目规划建设。加强与中国邻国就口岸基础设施建设方面的工作协调，完善基础设施，提升口岸货物进出口效率。

（四）加大开拓国际市场力度，实现贸易对象多元化，增强出口产品竞争力

当前，世界经济继续复苏的基础并不牢固，单边主义和贸易保护主义抬头。这就要求应充分发挥"一带一路"倡议，积极引导和鼓励企业开拓美国以外的国际市场，加快对新兴市场和"一带一路"沿线国家市场的开发，实现贸易市场多元化，分散风险。企业应加强贸易对象国市场需求调研，针对消费国市场需求提供产品，增强产品竞争力。

（五）规范外贸行业秩序，提高产品质量，打造中国品牌

新疆出口产品的2/3以上是通过边境小额贸易实现的，但是这一模式中存在部分以次充好、无序竞争等现象，不仅削弱了我国产品和企业的竞争力，也严重损害了中国商品在周边国家的形象。在新形势下，应当纠正边贸中存在的问题，按照国际外贸标准引导边贸健康发展。加强海关、商检、国税、外汇管理、财政、口岸等部门的协作配合，及时解决边贸发展中的矛盾和问题。鼓励边贸企业壮大发展，形成一批在周边国家有较大影响力和竞争力的贸易企业集团或跨国公司。提高中国出口产品的质量和层次，在邻国中塑造中国产品良好的品牌形象。

俄罗斯养老金改革及其社会影响

王桂香[*]

当今世界正处于大发展、大变革、大调整的新时期。科技成果不断涌现，改变着人们的生活方式，随着医疗技术的不断提高和和平年代生活水平的不断提高，各国人民的平均寿命普遍有不同程度的提高，再加上二战后人们对生命质量更为关注，欧洲各国都不同程度上为低出生率所困扰，低出生率、人口老龄化和劳动力人口相对缺乏的问题越来越突出，因此最近几年，世界许多国家都相继不同程度地加以调整，提高领取养老金的年龄，这已是一种国际趋势。

德国在2007年实行养老保险改革，将法定退休年龄从2012年起至2029年逐步由65岁延迟至67岁，不过2014年德国联邦议院通过《法定养老保险改进法案》，进一步修订为缴费满45年的参保者，可以提前至63—65岁退休并领取全额养老金。

日本政府2013年在安倍首相的推动下已经将退休年龄由60岁提高到了65岁。随后进一步实行弹性养老金制度：鼓励延迟领取（每延迟一个月领取额就增加0.7%，延迟5年就能增加42%），最晚可延迟到70岁（自愿延迟领取养老金的仅占1.2%，绝大多数老人还是选择了不延迟领取）。

白俄罗斯总统卢卡申科于2016年4月11日签署总统令，宣布该国男性与女性职工均将延迟三年退休：自2017年1月1日起，每年将该国职工退休年龄延长半年，最终将女性退休年龄由目前的55岁延长至58岁，男性退休年龄由60岁延长至63岁。副总理娜塔莉娅·科查诺娃在"白俄罗斯—1"电视台直播节目介绍说：这是最可接受，也是最温和的方案。

中国按照国家劳动和社会保障部的规定退休年龄为男性60周岁，女性50周岁（干部女性55周岁），从事井下、高空、高温、繁重体力劳动和其他有害健康工种的职工，男性年满55周岁，女性年满45周岁，连续工龄或工作年限满10年。我国人社部部长尹蔚民表示，针对人口老龄化加速发展的趋势，适时研究出台渐进式延迟退休年龄等应对措施，2015年指定

---

[*] 中国社会科学院俄罗斯东欧中亚研究所副研究员。

"渐进式延迟退休"方案→2017年上报中央同意并公开征求意见→计划2018年底完成方案制定并公布：女性退休年龄每3年延迟一岁，男性退休年龄每6年延迟1岁，直到2045年同时达到65岁→2022年最早实施时间。虽然官方没有正式通报，但根据延迟退休的大体政策，网上推测公布了退休时间表格（女职工退休年龄最新规定正副处级女干部60周岁退休）。

俄罗斯的养老金改革进行得十分艰难，这与其具体国情密不可分。

俄罗斯经历了20世纪90年代苏联解体的社会剧变，"休克疗法"带给国家经济的重创、带给俄罗斯民众的创伤，导致人口出生率急剧下降，由于20世纪七八十年代的低出生率和90年代至21世纪初长达15年的人口负增长，俄罗斯正在步入老龄化时代。

在世界能源价格急剧下滑和西方近几年对俄罗斯的经济制裁的当下，俄罗斯经济发展受阻，因此人口老龄化使养老金发放问题愈发严重，2018年度俄罗斯的养老金赤字预计将达2650亿卢布（约折合40亿美元），约占国家预算的1.6%。为此，普京总统不得不放弃在其总统任期内不延迟退休年龄的许诺，启动修订这项关乎所有职工就业生活的重要政策，6月中旬俄罗斯总理梅德韦杰夫宣布2019年启动分阶段延迟退休年龄改革。一石激起千层浪，引发各地抗议游行。是否延迟退休年龄一时间成为俄罗斯电视、广播、网络媒体甚至街头巷尾的谈论主题。8月末普京总统发表《告全民的延迟退休年龄修订案》电视讲话，言辞恳切地对民众做出解释延迟退休年龄的必要性——继续推迟将"威胁俄罗斯社会的安全与稳定"，并恳请民众予以理解和支持。普京总统的电视讲话平息了部分民众的心绪，但各地仍出现多起抗议示威游行。

此项政策的调整为何在俄罗斯引起如此大的震动？首先我们一起回顾一下苏联时期的养老金制度。

一、苏联时期的社会福利

为保障苏联人民的基本生活和社会经济权利，以体现社会主义制度优越性，苏联实行的是高度国有化和国民高福利的制度，采取的方式是依靠社会消费基金来实现，主要由国家预算（约占3/4）、企事业单位以及集体农庄和其他社会团体的资金共同筹集而成。苏联社会福利主要包括：（1）完全的免费教育（高校学生还人人享有助学金）；（2）苏联的所有公民都享受免费医疗；（3）免费疗养、休养和度假，每个职工每年可享受20天休假时间，可领取免费疗养证；（4）基本生活必需品几十年一贯地保持低价位，由国家财政给予价格补贴；（5）自 1928 年起苏联一直实行低房租的国家财政住房补贴政策，居民缴纳的房租仅占房屋维修费的 1/3；（6）充分的劳动休息制度。1917 年十月革命胜利后，苏联就宣布实行 8 小时工作日制，后来缩减到 7 小时工作日制，1967 年又进一步实行 5 日工作周制，外加每年 20 天的带薪休假和每年的 8 天节假日。如此计算下来苏联职工每年的休息日为 130 天左右，比全年总天数的 1/3 还多。

关于养老金方面：1956 年实施《苏联退休法》，国有企业员工和国家机关工作人员退休后享有领取养老金的福利，由国家负责发放；1965 年实施《集体农庄庄员养老金和补助费法》，农庄的农民也开始享有养老金待遇。1977 年修订颁布了新宪法，进一步健全社会保障制度，苏联的退休制度规定：一般是男性为 60 岁退休，女性 55 岁退休。

综上所述，苏联在社会福利和社会保障制度方面具有很大的优越性。苏联时期，民众是在没有失业压力的平均分配收入的、有社会福利最低保障的社会状态下生活的，80 年代由于生活用品不断出现短缺，"供应紧张""短缺"是当时使用频率最高的单词，严重的短缺经济进而影响了民众的生活而引起强烈不满，改革呼声不断高涨。

二、叶利钦时期俄罗斯社会保障体系失灵

1991 年 12 月 25 日苏联解体，叶利钦成为俄罗斯联邦第一任总统。当年 12 月 27 日俄罗斯政府颁布《退休养老基金法》，摒弃了以前主要依靠国家预算拨款的方式，实行国家、企业和个人三方承担的筹集方式（企业按工资总额的 31% 缴纳、个人按其工资的 5% 缴纳）①，建立独立于国家预算的退休养老基金。

自 1995 年起，俄罗斯开始养老保险制度改革。1997 年俄罗斯公布同意采纳世界银行的"三支柱"养老保险制度改革思路——社会养老保险、强制养老保险、补充养老保险。

激进的私有化改革和"休克疗法"等措施使俄罗斯经济陷入混乱，导致财政危机，逃税漏税现象严重，国家税收不力直接影响养老金的发放，拖欠养老金问题一时成了严重的社会问题。那些年拖欠工资、拖欠养老金已是家常便饭，严重困扰了俄罗斯民众的生活。

---

① Основные институты социальной защиты населения в Российской Федерации (конституционно - правуовое исследовани е) б Лепихов М. И. - М.：издательство РАГС, 2005.

1998 年爆发金融危机和之后持续的经济低迷，养老保险制度改革受到冲击，无法很好地得到落实。总而言之，叶利钦时期俄罗斯社会保障体系严重失灵。

三、普京时期养老保障制度的改革

新千年之交，普京当选俄罗斯联邦总统，利用国际原油价格大涨的有利局势，俄罗斯政府启动了养老保险制度改革和税制改革，2001 年底落实"三支柱"养老保险制度，政府相继出台了四项法案——《俄罗斯联邦国家养老保险法》《俄罗斯联邦强制养老保险法》《俄罗斯联邦法》《俄罗斯联邦税法及关于税收和保险缴纳金规定的增补与修正》。[1]

普京上台执政后，用石油出口换汇清理长期拖欠的工资和养老金，三年时间全部补发完毕，并提高工资和养老金水平。

2008 年至 2009 年间俄罗斯退休基金收入有了显著增长，俄罗斯退休人员养老金由基本养老金、养老保险金和养老储蓄金三部分组成。2009 年平均养老金接近 5 千卢布，领取最高的是参加过第二次世界大战的军人以及由于战争创伤造成残疾的人们，他们可以领取两份养老金，合 1 万 2 千多卢布，第二次世界大战中牺牲军人的遗孀、父母都可领取两份养老金，合 9 千卢布左右。

2010 年俄罗斯开始新一轮的养老保障体系改革，由"强制养老保险缴费替代统一社会税"。2015 年其采取积分制的劳动养老金给付额度计算公式。

有必要加以说明的是，"在俄罗斯联邦领土内长期居住的外国人和无国籍人，和俄罗斯联邦公民同样有权领取国家养老保障养老金"。[2]这项政策关系到大量来俄罗斯打工的原苏联各加盟共和国的外来务工人员。

总的来说，俄罗斯人的最低平均退休金普遍比在岗时的工资要低很多，参见下图俄罗斯人平均退休金增长表格[3]。从图表上来看，2017 年平均退休金为 13700 卢布/月（约折合为 220 美金每月），另据俄罗斯媒体报道，2018 年俄罗斯平均退休金为 14100 卢布/月，预计 2020 年平均退休金将增加到 14900 卢布。莫斯科市的最低退休金要比地方的多 3000 卢布，

---

[1] 许艳丽：《俄罗斯社会保障制度》，中国劳动社会保障出版社，2017 年版，第 20 页。
[2] 许艳丽：《俄罗斯社会保障制度》，中国劳动社会保障出版社，2017 年版，第 20 页。
[3] https://pensiagid.ru/poleznaya-informaciya/srednyaya-pensiya-v-rossii.html.

2018年莫斯科最低平均退休金为17500卢布。当然，这只是平均最低退休金，军人、第二次世界大战的参与者、荣誉市民、俄罗斯（苏联）英雄、俄罗斯（苏联）人民演员等还另有几千甚至几万卢布不同的加薪。总的来说，在身体健康状况允许的情况下，退休后继续找份工作来贴补家用是大部分俄罗斯民众的做法。延迟退休也就是无法在领退休金的前提下另觅一份工作，从而令很多俄罗斯民众感到不满。

ПЕНСИОННЫЙ ГИД

年份	金额
1999	449
2000	694.3
2001	1023
2002	1378.5
2003	1637
2004	1914.5
2005	2364
2006	2726.1
2007	3115.5
2008	4198.6
2009	5191.1
2010	7476.3
2011	8202.9
2012	9040.5
2013	10400
2014	10889
2015	11783
2016	13132
2017	13700

图1

数据来源：俄罗斯退休金资讯网站，http://helpguru.ru/pensiya-v-moskve-kakaya-srednyaya-povyishenie-razmera。

四、2018年俄罗斯养老金政策改革的影响

俄罗斯现行的养老体系是在苏联的基础上建立的，养老基本靠国家。

日益严峻的人口问题让俄罗斯的养老体系问题日益凸显，《俄罗斯黄皮书：俄罗斯发展报告（2018）》显示，截至2017年初总人口中高于劳动力年龄人口为3668.5万，占总人口的24.99%，且占比持续提高。据俄罗斯官方估计，到2025年高于劳动力年龄人口将接近4000万，占总人口的比例将达到27%。这种严峻的发展趋势对俄罗斯劳动力市场和社会保障体系形成巨大的挑战，适时研究出台渐进式延迟退休年龄等应对措施迫在眉睫。

俄罗斯政府为应对人口老龄化、劳动力短缺，在人均预期寿命延长的综合考量下，经过了几年的酝酿（2016年5月普京签署了《关于对俄联邦

某些法律中特定类别公民退休年龄的修改》的法案，计划将男性退休年龄推迟到 65 岁，女性推迟到 63 岁，但面对世界石油价格低迷和西方经济制裁的双重压力下迟迟没有启动），2018 年夏秋启动养老金政策改革工作。

从操作的时间点上可以看出，俄政府颇费了一番心思。6 月 14 日，政府在人们沉浸在足球世界杯开幕的欢乐喜悦时，向普通民众正式公布这一关乎所有职工就业生活的重要政策——延迟退休计划，从 2019 年起逐步将男性退休年龄由 60 岁提高至 65 岁，女性退休年龄则由 55 岁提高至 63 岁。

消息公布后仅几小时，俄罗斯足球国家队就在世界杯揭幕战中实现了 5∶0 战胜沙特的惊人战绩，这个好消息强烈激发了爱国热情。但次日俄罗斯舆论呈现出了空前的分裂态势：有人陶醉于庆祝俄罗斯足球队的胜利，有人激烈讨论养老金系统是否会崩盘。

计划一经推出，就遭到国民强烈反对，各地纷纷举行示威游行，抗议活动此起彼伏，据报道，90% 俄罗斯人反对这一改革。一时间，电视、广播、网络、报刊杂志以及街头巷尾处处谈论延迟退休年龄法案。为了安抚民众，8 月 29 日俄罗斯总统普京亲自发表电视演讲，在考虑民众的抗议和感受后，普京总统做出了妥协，男性退休年龄与原计划一致，从 60 岁提升至 65 岁，将女性退休年龄由推迟 8 年改为推迟 5 年，即由 55 岁提高至 60 岁，而非最初提议的 63 岁。

普京的电视讲话是非常庄重的，诚恳地向民众倾诉，称 2020 年俄罗斯将面临严重的人口危机，提高退休年龄已经被耽搁数年，继续推迟这一计划将"威胁俄罗斯社会的安全与稳定"。普京的经济助理别洛乌索夫曾表示，俄罗斯的养老金制度面临日益增长的赤字达 2 万亿卢布。巨额的赤字给财政带来的负担越来越大。解决养老基金缺口问题的路径有"提高缴费增加养老金收入"和"延迟退休年龄降低养老成本"两种方法，在提高缴费不现实的当下只好采取延迟退休年龄的做法。普京总统直言道：如果不改革，养老金体系"将出现裂缝，并最终崩溃"，"我请求你们理解这一点"，他言辞诚恳地呼吁民众支持提高退休年龄的政策。

普京的电视讲话安抚了部分民众。据列维坦民意调查中心的数据，如果说 8 月份愿意参加抗议活动的人占被调查的 53%，那么普京电视讲话后，9 月份愿意参加抗议活动的占比明显下降到 35%。[1] 之所以引起巨大反响，一是即将退休的 60 后人群对苏联时期的福利政策仍然记忆犹新，延长退休年龄就意味着不能早日安享晚年，还要不情愿地继续工作。二是俄罗斯人平均

---

[1] https：//www.newsru.com/russia/27sep2018/smirilis.html.

寿命不如西方发达国家高，有人担心自己根本活不了那么长时间，部分民众反对称“活不到领养老金”，或者担心刚刚退休，还没领几年养老金就去世了。2017 年世界各国人均寿命排行榜上日本名列前茅，平均寿命 80.93 岁，法国、德国、美国平均寿命在 80 岁上下，俄罗斯位居一百多名，平均寿命男性 67.66 岁，女性为 77 岁。三是养老金数额比较低。如西班牙法定退休年龄为 65 岁，而实际平均退休年龄为男 61.8 岁，女 62.4 岁，2010 年西班牙人平均月养老金 906 欧元。四是年轻人反对。因为延迟退休就意味着工作岗位空额变少，受美国和西方的经济制裁以及世界石油价格下降，经济下滑严重，工作机会自然就少，2017 年俄罗斯 GDP 增速只有 1.4%。

9 月 26 日杜马第二次审读投票的结果是 326 票赞同延迟领取养老金年龄议案，59 票反对，1 票弃权。[①] 9 月 28 日杜马第三次审读通过法案，过渡期延迟至 2028 年。尽管讨论议案时各地反响激烈，不过，俄罗斯民族是执行力很强的民族，一旦通过定下来了，还是会执行的。

为了向民众解释为何要延迟退休，俄罗斯 ЯНДЕКС 网站统计的一张图（比较微妙的是此图并没有标注日本是 65 岁就可以退休的，根据个人意愿最迟可以延迟到 70 岁退休，而是直接把日本的退休年龄标注为 70 岁），如下：

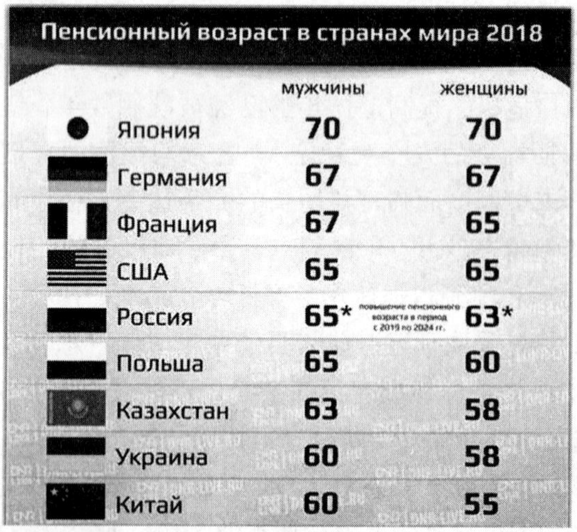

Пенсионный возраст в странах мира 2018

	мужчины	женщины
Япония	70	70
Германия	67	67
Франция	67	65
США	65	65
Россия	65*	63*
Польша	65	60
Казахстан	63	58
Украина	60	58
Китай	60	55

* повышение пенсионного возраста в период с 2019 по 2024 гг.

图 2

数据来源：俄罗斯网站 Yandex：2018 年世界主要国家退休年龄表，http：//helpguru. ru/pensiya - v - moskve - kakaya - srednyaya - povyishenie - razmera。

---

① https：//www. newsru. com/russia/27sep2018/smirilis. html.

俄罗斯推进延迟退休改革遇到阻力颇大，实属不易，说明民众并没有做好思想准备，经历了反复博弈和妥协。此项改革使普京的支持率有所下降，俄罗斯民众对现政权的支持率也随之下滑，毕竟这是一项触动民众切身利益的改革。不过若未来经济能逐渐好转，退休金能逐步调高，民众对此项改革将会逐渐平静接纳，不会影响到俄罗斯的政治稳定。

/进口食品的国际市场化/

奥尔加·佐罗塔列娃[*]

在这个报告中我想讨论一个问题，就是我们如何能够克服各个国家之间的一些差异，形成统一的异国食品或者进口稀有食品的统一市场。

昨天谈了从对接到一体化，今天有很多中国的同行们谈到政治的一体化。我们知道对接要有政治的含义，要有经济的层面，也要有非常重要的人文领域的内容。

刚刚在上半段 H. 巴伊多列托夫曾经谈到目前上合组织的范围已经非常之大，所以我们知道在这样一个巨大的空间和众多的国家中各个国家生活方式、传统、宗教和民族都有自己的特点。很显然，目前还是差异比共性要多，这也体现在饮食文化上。

饮食文化是任何一个民族文化的重要的组成部分，包括一些宗教餐食的仪式、上菜的礼仪、如何摆桌子、不同食品的象征性含义等等，这都是饮食文化的内容。但是也有由来已久的偏见，不同的国家之间要更多地去寻找彼此的共性，其实在上合组织不同的国家之间，在饮食方面有相当大的差异。比方说像印度和巴基斯坦这两个上合组织的新成员国，两国人民更多地在饮食中吃肉吃鱼，但是在同时我们也看到其他的一些欧亚地区的国家饮食也有自己的特点，尤其是中国的饮食文化非常有特点。众所周知，中国人的食材选择范围非常广泛，包括对欧洲人来说不太能理解的昆虫都可以摆上餐桌。

上合组织的成员国在饮食方面的差异也充分体现了东西方文化的差异，因为对于欧洲人来说吃昆虫这件事还是不可思议的。我想强调的是，欧洲人对一些饮食是有偏见的，目前严禁食用低等动物，就等于默许了可以大规模屠杀高等动物。我们知道有相当多种类的昆虫，主要是在温带进行饲养，这些昆虫包含有丰富的蛋白质、维他命和矿物质，并不比牛肉和鱼肉的营养价值低。而且我们看到人工饲养这些昆虫所产生的能源消耗要远远低于饲养高等动物的能源。在过去 20 年中，为了要饲养高等动物，世界上 50% 的热带雨林都从地球的表面消

---

[*] 白俄罗斯布列斯基大学副校长，教授。

失了，为了畜牧业的发展差不多世界上 1/3 的人类可以到达的土地都被开发和利用了，我们看到发生了大规模的土地退化，主要是化肥破坏了土壤的质量。

食材选择以及饮食习惯的改变会是一个比较长期的过程，这里面除了文化的因素外还有不同国家人民的心理因素。可以利用上合组织成员国之间的这种饮食文化的差异，在各个国家推广来自其他成员国的稀有食品。比如说向欧亚地区国家餐桌上引入更多的昆虫以降低这些国家经济发展的成本，因为饲养这种低等动物所带来的利润率要明显高于高等动物饲养的利润率，整个欧亚地区都可以把它作为一个国家财富的全新的来源，比如可以大规模地饲养昆虫，用昆虫代替肉类的消耗。

我们经过研究发现一个可以解决问题的办法，就是成立由不同国家参与的昆虫饲养的产业集群，比如两个国家在对方的国家境内互设这样一个园区，在这个园区中培育本国人民原来不吃的这些种类的肉类或者是食品，每一个集群的参与者既是整个食品的提供方也是这些食品的消耗方，这样有利于我们消除饥饿，更有效地保护高等动物。我想这样一种环保意识是最为重要的。这个问题的解决也不能一蹴而就，但是需要大家有足够的耐心，当这个产业有足够的利润率之后，包括这些以逐利为主的私营经济也会参与到异国食品推广过程中。我想最主要、最基本的原则就是我们要形成这些食品统一的市场空间，就是我们刚刚提到的这种跨国产业集群的运营模式。在这方面必须要有国家政府出面提供政策方面的支持，也要注意在食品安全上要遵循严格的程序，比如每一种食品都应该有它的生物编码可以去对这个食物来源进行追溯。

因为最初需要通过由国家补贴的低价格向居民推广这些新型的异国食品，所以我们的提议就是建立上合组织异国产品的统一经济空间，这个空间形成之后会带来非常明显的效果。

（根据现场同传速记稿整理）

【俄文原文】

К единому рынку экзотических пищевых продуктов

Золотарёва Ольга Александровна *

  Среди целей, поставленными участниками ШОС, а также партнёрами этой организации, значится углубление культурного и экономического сотрудничества между народами стран Евразии. Мы желаем, оставаясь самобытными народами, обитать в общем культурном и экономическом пространстве.

  Народы Евразии очень разные по многим критериям — по климатическим условиям проживания, культуре, языку, политическим режимам, истории, нравам и обычаям. Имеются существенные различия и в привычках и склонностях, сопряжённых с употреблением пищи.

  Национальные традиции потребления пищи и культура питания являются важными составляющими общей культуры народов. Ритуалы религиозной трапезы, церемонии подачи блюд, сервировка стола, символизм напитков и кушаний, застольный этикет — все эти веками устоявшиеся культурные формы служат эффективным средством коммуникации внутри стран и могут стать элементами международного общения.

  Существует устойчивый предрассудок, согласно которому принято считать, что возможность сотрудничества и взаимодействия народов разных стран находится в прямой корреляции от степени общности их культур. Мы же считаем, что для того чтобы обрести единство, нам совсем не обязательно быть похожими. Разность культур и экономик наших стран создает основу для взаимодополняемости этносов стран ШОС, в том числе и что касается пищи и культуры ее употребления.

  Глобализация мировой экономики резко повысила роль международной торговли и создала условия для разрушения преград, разд-

---

 * Проректор Учреждения образования Полесского государственного университета, доктор экономических наук.

еляющих народы. Например, в постсоветских странах в последние четверть века стали широко употребляться продукты из южных стран. До конца 80-х моей семье не приходилось употреблять в пищу бананы, а сейчас эти фрукты по масштабу употребления народами постсоветских стран соперничают с яблоками и грушами. Первый раз я попробовала киви в начале 90-х. Теперь у нас едва ли найдется такой универсам, в котором нельзя найти этот приятный и полезный фрукт. У нас появилось очень много видов орехов, мы узнали ранее неизвестные нам сорта чая, познакомились с африканским напитком ройбуш.

В свою очередь страны Дальнего Востока, а также народы Индии и Пакистана, отчасти в силу быстрого экономического развития, стали гораздо больше и чаще употреблять в пищу мясо, рыбу и молочные продукты.

Вместе с тем в культурном пространстве ШОС есть заповедные места чрезвычайно редких пищевых продуктов, производство и потребление которых является уникальной особенностью того или иного народа.

Экзотические пищевые продукты подразделяются на пищевые табу и те, предназначенные в пищу продукты, редкость которых обусловлена случайными факторами. Например, редкость производства и употребления молока в Китае обусловлена спецификой организма среднего китайца, с трудом перерабатывающего содержащуюся в молочных продуктах лактозу.

Есть полезные и вредные пищевые табу. Полагаем, неприятие употребления в пищу телятины в Индии является полезным не только для народа этой страны, но и – с учетом актуальных проблем глобального потепления – для всего мира. То же самое можно сказать о религиозном табу на употребление свинины в другом члене ШОС – в Пакистане: этот запрет также способствует более здоровой экологии нашей планеты. Но есть и такие культурные запреты, которые содержат в себе вменённые затраты для человечества в целом и народов, придерживающихся этих запретов, в частности.

Например, медузы из-за своего непривлекательного вида заслужили негативную репутацию в кулинарии европейских народов. Тем не менее, мясо медуз, пользующееся всё большей популярностью в Китае, содержит массу полезных веществ, ценные микроэлементы и редкие аминокислоты. Китайцы употребляют в пищу и лягушек, широко распространенных в водоемах России и Беларуси. Культура употребления таких животных, укорененная в массовом потреблении, могла бы практически во всех странах бывшего Советского Союза служить заменой потреблению мяса более продвинувшихся по эволюционной лестнице животных, более дорогостоящих и менее полезных мясных продуктов.

С другой стороны, в Китае и других странах Азии слабо распространено употребление таких полезных продуктов, как мед и гречневая крупа-продуктов, широко распространенных в пищевой индустрии России и Беларуси.

Постепенно многие предрассудки и недоразумения, связанные со спецификой национальной истории исчезают. В Китае даёт свои позитивные результаты правительственная программа «Школьное молоко», у нас, в постсоветских странах, открываются китайские и индийские рестораны, но пищевые предрассудки и недоразумения уходят слишком медленно. Можно значительно ускорить данный процесс.

Отдельной и очень значимой и актуальной практически во всех странах Азии проблемой является формирование культуры употребления насекомых в пищу. На нашей планете обитает около 1900 съедобных видов насекомых. Здесь, как ни в какой другой сфере нашего социального бытия, дает о себе знать культурное различие между Западом и Востоком. Для жителей многих стран Азии употребление в пищу насекомых не является чем-то отвратительным (хотя не является массовым), тогда как для граждан европейских государств, а значит, и для России, и для Беларуси данные продукты однозначно оказываются в сфере культурного табу. При этом отсутствует какая-либо мотивировка нерасположенности потреблять съедобных насекомых, позиционируется одно лишь чувство отвращения, выработанное у человека, видимо с древних времен, когда обилие насекомых ассоциировалось с грязью и опасностью заразиться какой-нибудь смертельной инфекцией.

Времена изменились, и сегодня, напротив, категорический,

немотивированный отказ употреблять в пищу низшие организмы означает молчаливое согласие с массовыми забоями высокоорганизованн-ых животных.

Около двух миллиардов людей потребляют съедобных насекомых ежедневно. Мясо личинки жука чернотелки, обитающего и в умеренных регионах планеты, богато белками, витаминами и минералами и по питательной ценности сравнимо с говядиной и рыбой, но выращивание личинки требует в несколько раз меньше ресурсов, чем производство говядины и свинины. Данное обстоятельство имеет не только экономический смысл, но является важным фактором проблемы улучшения экологии планеты.

Мясо кузнечика тоже можно поставить в один ряд с мясом говядины и свинины, однако в мясе этого насекомого нет жира, что делает его диетическим.

В исследовании Продовольственной и сельскохозяйственной организации ООН (FAO) и нидерландского Вагенингенского университета [1] рекомендуется повсеместно употреблять в пищу больше съедобных насекомых, чтобы справиться с перманентно возникающими проблемами в производстве достаточных объемов продовольствия. В том же исследовании в качестве примера отмечается, что сверчкам для производства килограмма протеина нужно в 12 раз меньше корма, чем коровам, и в четыре раза меньше, чем овцам. Говядина содержит всего шесть миллиграммов железа на 100 граммов продукта, тогда как у саранчи этот показатель составляет 8 – 20 миллиграммов.

Влияние на природные процессы насекомых ограничено. Кроме того, насекомые очень быстро размножаются, так что и самые масштабные потери какой-нибудь популяции можно будет без особого труда быстро восполнить.

В последнее время на массовых потребительских рынках развитых стран всё более рельефно проявляется фактор так называемого «осознанного потребления» (mindfulness). Граждане всё чаще интересуются составом продуктом (об ингредиентах, нюансах производства, политике компании – изготовителя), и большое значение в их выборе начинает приобретать этическая составляющая. Людям уже не безразлично знать вмененные издержки своего потребления: не наносится ли вред окружающей среде, можно ли ограничить страдания высокоорганизованных животных и т. п. Согласно данным агентства Innova Market Insights, семь из десяти потребителей в Великобритании и США желают знать точный состав продукта.

В Европе и США быстро растет количество «этичных акций» в продуктовом ритейле. Так, сеть CVS проводит кампанию с призывом покупать ради помощи бедным слоям населения и отчисляет часть дохода от каждой покупки на благотворительность [3]. Нет никакого сомнения, что данная тенденция рано или поздно проявится и в наших странах. И принципиально важное значение здесь имеет то обстоятельство, что ставка на потребление многих экзотических продуктов позволяет внедрять этическую составляющую в инновационные стратегии маркетинга. Если потребители наших стран будут уверены, что сделанный ими акцент на потреблении мяса низкоорганизованных организмов этически корректен, более экономичен и более экологичен, чем традиционные сферы производства мяса, формирование соответствующей культуры массового потребления резко ускорится.

Роль государства каждой из участвующих в проекте стран видится в осуществлении следующих функций:

1. Государство должно вести широкую разъяснительную кампанию, направленную на преодоление культурных предрассудков, способных затруднить спонтанное формирование рынка полезных экзотических пищевых продуктов.

2. Особые государственные институты, или же частные предприятия, стимулируемые правительством, должны разработать систему биомаркеров, призванных обеспечить безопасный режим внедрения экзотических пищевых продуктов в систему массового потребления данной страны.

3. Государство должно осуществлять страхование и поощрение частного бизнеса, взявшегося за это трудное дело.

4. На первоначальном этапе необходимо стимулировать и потребление экзотических продуктов посредством субсидирования приемлемых

для населения цен.

5. Наконец, государству надлежит осуществлять координирующую роль. Здесь следует отметить, что многие редкие продукты оказываются более приемлемыми только в сочетании с другими продуктами. Например, мясо медуз само по себе безвкусно, но разнообразные салаты, содержащие в себе так называемое «хрустальное мясо», могут обрести должную меру пикантности, и вместе с ростом их популярности появится устойчивый тренд повышения спроса на мясо медуз. В контексте инд-икативного планирования эту проблему решить нетрудно, и государство должно обеспечить данный рынок институтами, способными осуществл-ять индикативное планирование в правильной последовательности.

Задача заключается не в том, чтобы создать еще больше ресторанов национальной кухни, но попытаться внедрить некоторые сегодня мало-распространённые продукты именно в массовое потребление. И поскольку речь идёт о массовом потреблении необходимо учитывать, что многие потребительские блага требуют должной культурной оболочки.

В производстве пищевых продуктов малый и средний бизнес демо-нстрируют наибольшую эффективность. Однако в деле формирования культуры потребления редких продуктов необходимы значительные первоначальные инвестиции, направленные и на стимулирование спроса, и на формирование культуры потребления редких товаров, которые не под силу не только малому бизнесу, но и частному сектору вообще.

Эффективным способом формирования культуры употребления пол-езных экзотических товаров могла бы стать организация специфического экономического кластера. На определенной территории под эгидой госуд-арства организуется группа взаимосвязанных компаний, корпораций, университетов, НИИ и банков, заинтересованных в распространении полезных экзотических товаров. Компании должны взаимодополнять друг друга, а также актуализировать свои конкурентные преимущества.

Возможно, каждый такой кластер должен быть пропитан духом той или иной культуры и обязательно – духом общечеловеческой солид-арности. Каждый участник данного кластера, будь то агент спроса или агент предложения, должен сознавать, что он участник великого дела сублимации человеческих потребностей, развития сотрудничества между народами, борьбы против голода, улучшения экологии планеты, защиты высокоорганизованных животных. Эта идеология должна стоять на первом месте, мы не должны соблазняться желанием получить немедленную прибыль. Преодоление предрассудков и развитие новых вкусов может затянуться на долгие годы, здесь надо уметь ждать, но, в конце концов, терпение будет вознаграждено, и тогда можно будет задействовать хрестоматийный корыстный интерес классического частного бизнеса.

Основной принцип: формируется общее рыночное пространство, в котором две, три, или больше, страны берут на себя обязательства стимулировать потребление тех табуированных и редких в договорной стране пищевых продуктов, которые не являются табуированными или редкими в странах партнерах. Эквивалентность обмена можно обусловить разными способами.

1. Страны договариваются о создании на своих территориях кластеров одинакового размера. СтранаА обязуется создать необходимые условия для организаторов на ее территории кластера экзотических продуктов, которые не являются экзотическими в стране В, обладающей соответствующим экспортным потенциалом. В рамках того же договора страна В создает необходимые условия для организаторов на ее территории кластера экзотических продуктов, которые не являются экзотическими в стране А, и тоже обладающей потенциалом экспорта своего пищевого экзотического продукта.

Полагаем, принимающая кластер страна должна обеспечить лояльность или, по крайней мере, терпимость населения к предлагаемым экзотическим пищевым продуктам посредством планомерной и последовательной разъяснительной кампании.

2. Эквивалентность обмена может быть достигнута и посредством договорного равенства групп бизнесменов, участвующих в этом проекте. Например, в Беларусь приезжает группа из 100 китайских бизнесменов, которые некоторое время живут в Беларуси, потребляют наши молочные продукты и изыскивают возможности включить их в свой

бизнес. Предварительно следует подготовить систему биомаркеров, которые будут способствовать мониторингу тех адаптационных механизмов, которые будут происходить в организме китайца. Этот подход гораздо лучше, нежели возить каждый из продуктов белорусской молочной промышленности в Китай, а потом еще изучать меру рентабельности каждого из них. Ведь китайский бизнес должно интересовать, какую рентабельность могут дать те или иные молочные продукты в условиях именно массового спроса, характерного для потребления молочных продуктов в Республике Беларусь.

В ответ группа из 100 белорусских бизнесменов едут в Китай и изучают специфику китайской еды с тем, чтобы потом у себя в Беларуси обустроить экономический кластер экзотической еды из Китая.

Дело ускорится, если правительства каждой из договаривающихся стран ещё и обеспечат режим свободной экономической зоны для первопроходцев рынков экзотических пищевых продуктов.

Ожидаемые результаты реализации программы создания единого в рамках ШОС рынка экзотических пищевых продуктов:

– формируемое в рамках ШОС единое культурное пространство станет более транспарентным;

– массовое потребление пищевых продуктов окажется более экологичным и более здоровым для населения стран ШОС;

– интенсифицируются экономические связи в рамках ШОС;

– повысится синергетика разделения труда между странами ШОС;

– каждая из стран обретет в качестве элементов своего национального богатства те ресурсы, используемые для производства экзотических пищевых продуктов, которые, хотя теперь и имеются на их территории, ныне совсем не ценятся.

Мы должны и дальше находить разнообразные формы превращать наши национальные особенности в средство как становления, так и укрепления нашей общности, и, в конце концов, единства.

Источники

1. ООН предложила накормить голодающих насекомыми. / Режим

доступа：https：//lenta. ru/news/2013/05/13/fao/ , а также：http：// www. fao. org/docrep/018/i3253e/i3253e. pdf/ дата доступа：10. 09. 18.

2. Innova Market Insights Highlights Key Food Drivers for 2018. / Режим доступа：https：//www. nutraceuticalsworld. com/issues/2017 – 12/view _ breaking – news/innova – market – insights – highlights – key – food – drivers – for – 2018；дата доступа：10. 09. 2018.

3. Charitable snack zones Адрес доступа：https：//www. trendhunter. com/trends/snacks – that – give – back；Дата доступа：10. 09. 2018.

"一带一路"沿线国家产业内贸易与经贸合作方向

徐坡岭[*] 黄茜[**]

今天和大家交流这样一个问题，即"从产业内与中间品贸易视角看'一带一路'区域生产分工网络的成长"。

"一带一路"建设目标是构建中国与沿线国家的发展共同体，"一带一路"区域生产分工网络的形成与成长是检验"一带一路"建设成果的重要指标。在中美贸易摩擦和世界经济大变局的背景下，"一带一路"区域分工网络和欧洲区域分工网络、北美区域分工网络的竞争与合作的关系决定着中国未来几十年的国际角色和发展前景。

"一带一路"沿线国家的经济发展梯度差异是很大的，既存在次区域的水平分工，也存在大区域的垂直分工，这里将"一带一路"划分为东亚、东南亚、南亚、中亚、西亚、北非和东欧几个大区域，以便观察这种分工的区域特征。

这些大区域各自具有不同的分工和发展特征。东南亚区域结构中，工业制成品大大超过初级产品，机械与运输设备的出口占比最大，说明该区域的资本密集型产业具有一定的优势。南亚区域出口结构中，劳动密集型产品占比较大，从与中国的贸易结构来看，可以看出南亚资本密集型产品的出口占比远远低于其进口占比，说明该区域的工业化水平较低。中亚区域可以看出它的出口产品结构是比较单一的，并且主要是依赖能源与原材料。西亚北非同样呈现出能源依赖性的特征，从与中国的贸易结构来看，向中国出口的产品当中能源产品占比70%以上。东欧区域的出口结构当中可以看出能源产品和机械设备的出口占比较大。

"一带一路"沿线区域和国家的产业结构与经济发展水平差异比较大，并且都存在自身发展不足的问题，而这些问题使得其中大部分国家难以抵御外部经济环境变化的冲击。在逆全球化趋势不断扩大的背景下提倡合作

---

[*] 中国社会科学院俄罗斯东欧中亚研究所俄罗斯经济室主任，研究员。
[**] 中国社会科学院俄罗斯东欧中亚研究所世界经济专业博士研究生。

共赢的"一带一路"可以为解决这些问题找到一个新的出口。

"一带一路"倡议提出以来，内部贸易合作呈现出逐步增强的态势，这是"一带一路"区域内分工合作关系不断深化的一个重要标志。从沿线国家贸易增速和世界贸易增速的对比图可以看出 2008 年到 2017 年沿线国家的贸易出现了两次负增长，并且下滑程度都超过了世界水平，在经历 2015 年、2016 年两年贸易持续低迷衰退之后，2017 年贸易增长转负为正，并且增速超过世界平均水平将近 4 个百分点。沿线国家贸易大幅度增长的原因除了有世界经济复苏和能源价格上涨之外，还有一个重要因素在于"一带一路"内部的贸易合作在加强。

从中国与沿线国家贸易额占中国与全球贸易额的比重可以看出，近五年来中国与沿线国家的贸易整体呈上升趋势，而进口占比在 2017 年有一个较大幅度的提升。从贸易结合度指数变化角度来看，中国与沿线国家的贸易联系程度是比较紧密的，并且在 2013 年之后可以看出它是呈现逐年深化的态势。从"一带一路"沿线国家的角度来看，对中国与美国的出口占其总出口的比重以及进口比重，呈现一个逐渐分化的态势，说明沿线国家对以美国为首的发达国家市场依赖程度逐渐减弱，并且再次印证"一带一路"内部的贸易合作在逐渐地增强这一判断。

从国际经济学的角度来看，衡量区域生产分工网络成长的重要指标有两个，一个是产业内贸易，一个是中间品贸易。从产业内贸易的视角来看，水平越高意味着参与产业内国际分工的程度越高。通过计算得出中国与沿线国家产业内贸易指数的变化情况，可以看出这个指数水平比较低，但是却呈现逐年上升态势。通过两个指标来分析产业内贸易的变化情况，一个指标是产业内贸易占总贸易的比重，另外一个是 SSIPC 所有前三位数的产品组的变化情况，通过这两个指标可以看出二者都是呈上升的趋势，并且在 2014 年之后这个上升幅度是逐年明显的。

分区域来看，中国与东南亚区域的产业内分工程度是比较高的，其次是东欧，指数变化方面除了南亚区域，其他区域与中国的产业内分工的程度也是在逐年上升。通过这些数据可以反映出一方面中国与沿线国家的产业内贸易水平还处于一个比较低的水平，因为产业互补性大，另一方面指数逐年上升说明中国与沿线国家的产业内分工程度在不断地深化。

从中间品贸易（我们也经常称之为"产品内贸易"）的角度来看，更能发挥沿线国家的要素禀赋和比较优势，中间品贸易占比也能反映异国参与生产分工的网络程度。中国与沿线国家中间品贸易占中国与世界中间品贸易的份额变化，除了 2015 年小幅下降之外，其余年份和整体的情况都是呈上升的态势。尤其是出口占比，可以看出是明显的呈逐年上升的态势。这说明沿线国家对中国的中间品的进口依赖在逐年加大。

从统计得到的图表数据可以看出，无论是从产业内贸易的视角还是从产品内贸易的视角，中国与沿线国家的生产分工合作体现出越来越密切的特征。在金融危机后，在发达国家制造业回流以及美国重振制造业的大环境下，中国倡导的"一带一路"可以将沿线这些产业结构高度各不相同的国家拉动与互补起来，逐渐形成由中国主导的"一带一路"生产分工网络。需要注意的是这个生产分工网络不是制度强加的，而是由国际分工自然选择的一个结果。这个生产分工网络不仅可以发挥沿线各国的比较优势和要素禀赋，从整体上提高产品的生产效率，同时也可以实现生产网络中的产业协同发展，使各国的福利水平得到完善。"一带一路"建设中中国利用市场优势、资本优势和地区技术优势，为"一带一路"区域生产分工网络的成长提供了巨大的动力。

这一区域生产分工网络不同于欧洲以德国为中心的生产分工网络，也不同于北美以美国为中心的生产分工网络，中国引领的"一带一路"更倡导公平、公正、合作共赢，以共同繁荣和共同发展为原则。过去由新自由主义主导的全球化，使得大部分的财富增值流入到少部分人手中，使得居民收入分配不平等拉大。贸易保护与"逆全球化"只会阻碍世界经济的繁荣与发展，造成总体社会福利的损失，并不能真正解决问题。中国引领的"一带一路"倡导的是开放、包容、合作、共赢，通过互联互通构建真正公平公正的生产分工网络，在发挥沿线各国特长的同时也能通过合作来弥补短板，从而使各国能够更好地分享共同发展的成果。

后　记

　　2018年是"一带一路"倡议提出五周年，五年来"一带一路"建设在各方面都取得了显著进展。欧亚地区是"一带一路"建设的重要合作地区和伙伴，既面临区域安全领域的新挑战，也面临"一带一路"倡议带来的新机遇。历史的经验与未来的挑战都要求我们进一步总结过去、展望未来，认真考察与研究当前欧亚地区存在的问题。经上海市人民政府外事办公室批准，上海大学与中国社会科学院俄罗斯东欧中亚研究所于2018年10月24日至25日在上海联合举办第三届"一带一路"上海国际论坛，为沿线国家政产学研各界对"一带一路"开展综合研讨打造高端平台。本论文集就是与会专家学者研讨的集成，在此向所有与会的中外专家学者表示诚挚的谢意！

　　"一带一路"上海国际论坛是由上海大学与中国社会科学院俄罗斯东欧中亚研究所联合举办的大型学术论坛。2016年10月于上海举办了第一届，主题为"'一带一路'与中亚的繁荣稳定"；2017年10月于上海举办了第二届，主题为"'一带一路'与扩员中的上合组织"。本届论坛中来自中国、俄罗斯、中亚、乌克兰、白俄罗斯、外高加索、印度等欧亚地区国家的专家学者与驻华使领馆的官员与会，围绕上海合作组织扩员进程展望、"一带一路"框架内的人文与科技合作、上海合作组织发展的新机遇、"一带一路"框架内欧亚地区经济合作等四个主题开展了富有成效的研讨。

　　在为期两天的研讨中，各国专家对于"一带一路"倡议能够促进欧亚繁荣稳定具有高度的共识，这主要得益于过去五年的逐渐积累，也让所有与会学者看到了未来的希望所在。同时，相较以往，本届论坛中，学者关注问题的视角有了明显的变化，不仅关注国别问题、双边问题，而且立足于多边，更立足于全球，关注全球化进一步深化发展所面临深刻挑战的问题，包括水问题、气候问题、食品安全问题、老龄化问题等，这表明论坛正在回应这个时代向前走避不开的一些挑战，也体现了与会学者身处这样一个大变革时代的一种责任与担当。今后让我们在和平合作、开放包容、互学互鉴、互利共赢的丝路精神指引下共创美好的未来。

论文集能如期出版不仅要感谢与会专家学者，还要感谢论坛会务组的老师同学们，以及时事出版社的编辑。

上海大学上海合作组织公共外交研究院
张恒龙